麺の歴史

ラーメンはどこから来たか

安藤百福＝監修
奥村彪生＝著

角川文庫
20664

目次

第一章 「麺」とはなにか

対談編 18／麺は小麦の粉である 23／麺条(ミエンジャオ)と麺片(ミエンペン) 24／麺条の始まりは後漢のころ 27／小麦はなぜ粉食するのでしょうか 31

第二章 麺の源流をたどる―「水溲餅(スイソウピン)」から「水引餅(スイインピン)」へ

対談編 36／中国の南北朝のころ小麦粉の文字は「麪」が「麵」に 40／「水溲餅」を受けついだ「水引餅」 42／清少納言も食べた「餺飥(ハウトン)」 43／円仁も留学先の中国で食べた「餺飥」「餛飩(フォントン)」 45／漢代には「索餅(ソウピン)」も食べられた 48／奈良時代、「索餅(さくべい)」は「麦縄」と呼ばれた 52／「索餅(さくべい)（麦縄）」は短期の保存食 57／長寿を願って食べた長寿麺は「索餅(さくべい)」 61

第三章 麺類の確立―碱水(かんすい)が出現

対談編 66／汴京(べんけい)（現開封(かいほう)）にできた本格的なファースト・フード店 70／サービス業が発達した汴京 73／南宋で食べられた麺条は切麺(チエミエン)が主体 76／宋・元時代の料理書に出てくる麺の数々 79／「索餅(ソウピン)」と「経帯麺(ジンダイミエン)」が山東式拉麺(さんとうしきラミエン)

のルーツ 90

第四章 日本における麺食文化の開花

対談編 96／禅宗が広めた調菜 100／調菜の技術が華と咲く室町時代 102／干椎茸でだしを引く起源は道元 106／室町前後に入った中国菜と点心 108／京都の相国寺で試作された碱水入りの経帯麺 114／気候風土に左右される嗜好 117／肉体労働をするかしないかでも嗜好は変わる 119／日本古層の食文化は生食 121／和食化とは引き算の文化 123／点心とは少量の食べ物を空腹に納める意 125／「餛飩」は北京語でフォントン、広東語でワンタン 128／「餛飩」から紐状のうどんへの説は誤り 131／うどんの食べ方は温飩と温飩吸物 135／植物油で麺条の表面をコーティングする索麺（そうめん）へ 137／江戸初期にあった油を塗らない平そうめん 141／冷やしそうめんやひやむぎ、ざるうどん、ざるそばは麺条の刺身 143／餺飥から「やせうま」「ひっつみ」「ひんのべ」「ほうとう」へ 144／「切麦」の仲間が出そろう安土桃山時代 149／短冊型の「きしめん」から「紐革（ひもかわ）うどん」へ 152／日本の伝統的麺類の熱い食べ方は入麺系式 154

第五章 山東式拉麺（さんとうしきラミエン）は明代に誕生

対談編　160／明時代に生まれた「鶏子麺（ジーズミエン）」「手延べの拉麺（ラミエン）」　163／貨幣経済が生み出した合理性を備えた「うどん」　166／製粉の生産性が高まった江戸期　170／手延べする中国山東省の福山地方の拉麺　172／一人前ずつ手延べする蘭州式拉麺　177／蘭州式拉麺は処変わればまずくなる　181／ウイグル特有の延ばし方に変容したラグマン　183／黄門さんはラーメンを食べていない　186／日本にも存在した全蛋麺　191／伊府麺（イーフーミエン）は保存食、全蛋麺を油で揚げた炸麺条（ツァミエンジャオ）　193

第六章　大正時代に生まれた日本の「ラーメン」

対談編　196／留学生相手の飲食店メニュー　200／大衆的中国菜と中国菜館（店）　202／支那そばを売り出した「來々軒」　206／灰汁（あく）を加えた麺条に親しんできた沖縄の人たち　211／明治期、中国大陸でラグマンを食べた堀賢雄（ほりけんゆう）　215／明治期、横浜でラウメンを食べた長谷川伸（はせがわしん）　216／大正期、大当たりした札幌「支那料理竹家」のラーメン　221／クッキングブックスにみる「支那麺（チャーメン）」「支那そば」の作り方　224／山東式拉麺を日本で初めて紹介した料理書　229／舞子はんも食べた中国式麺条の点心　231

第七章　世界に飛躍する食文化「ラーメン」

対談編　236／札幌・ラーメンの町　240／ラーメンが日本人に周知・認知されるのはチキンラーメンから　249／『サザエさん』にみるラーメンの登場と回数　253／月に九回は麺類を食べる女子学生　257／「ラーメン」は何語？　258／今だにない「ラーメン」の定義　260／聞き間違え説、新日本語説　265／ラーメンは日本で育った帰化料理　267／なぜインスタントラーメンが世界的になったか　272／世界のインスタントラーメン事情　282

主な参考文献　291

『進化する麺食文化』に寄せて　安藤百福　295

文庫版あとがき　安藤百福氏の思い出　奥村彪生　304

〈付録〉
日本全国麺類マップ　8

中国の名物麺条料理　10
インスタントラーメンの世界の総需要　12
江戸時代〜明治初年　日本の麺類マップ　146
日本の麺類の系譜　314
麺の源流を再現する　318

編集協力／日清食品ホールディングス株式会社
図版作成／小林美和子
P318〜P324組版／木村図芸社

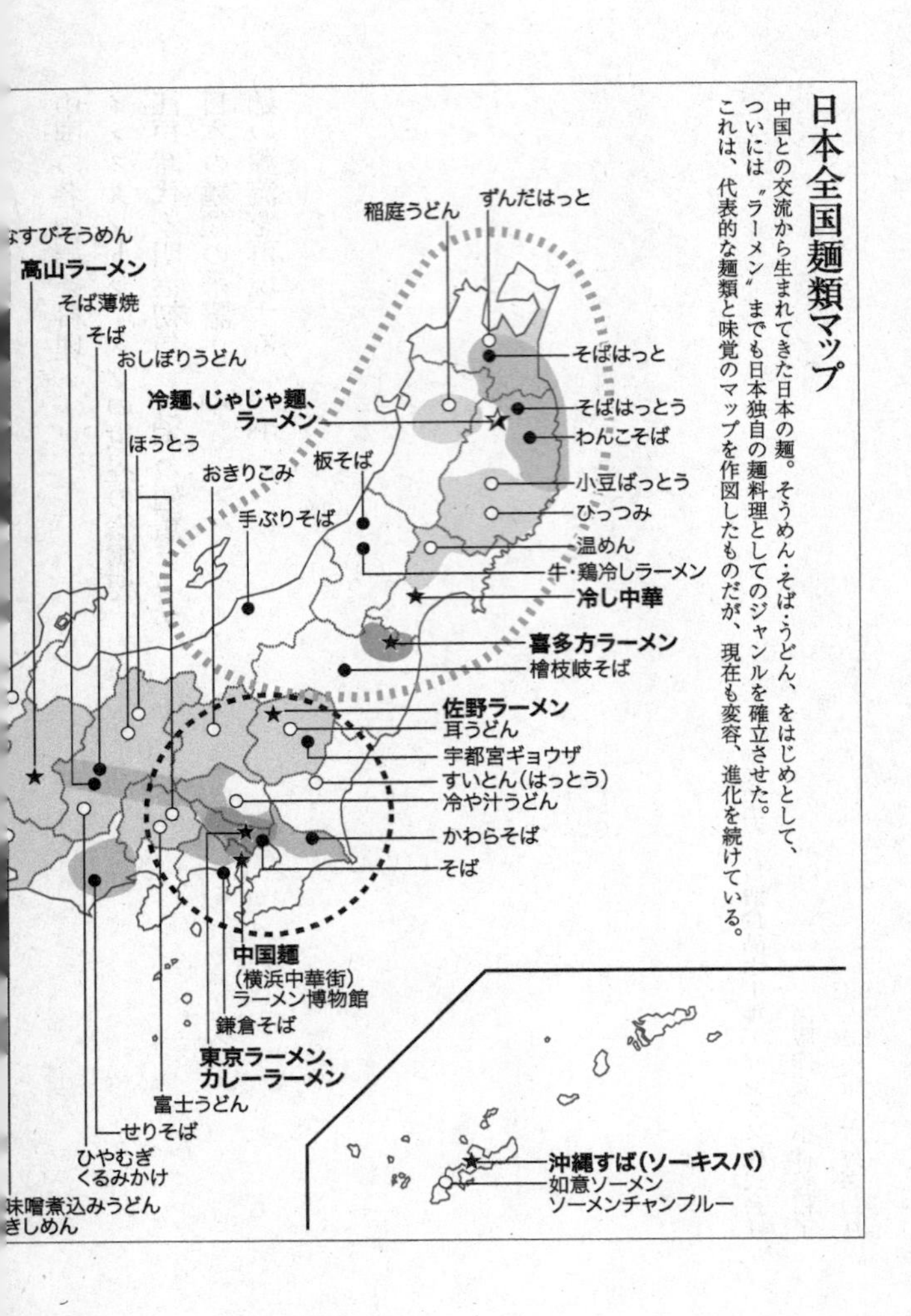

日本全国麺類マップ

中国との交流から生まれてきた日本の麺。そうめん・そば・うどん、をはじめとして、ついには〝ラーメン〟までも日本独自の麺料理としてのジャンルを確立させた。これは、代表的な麺類と味覚のマップを作図したものだが、現在も変容、進化を続けている。

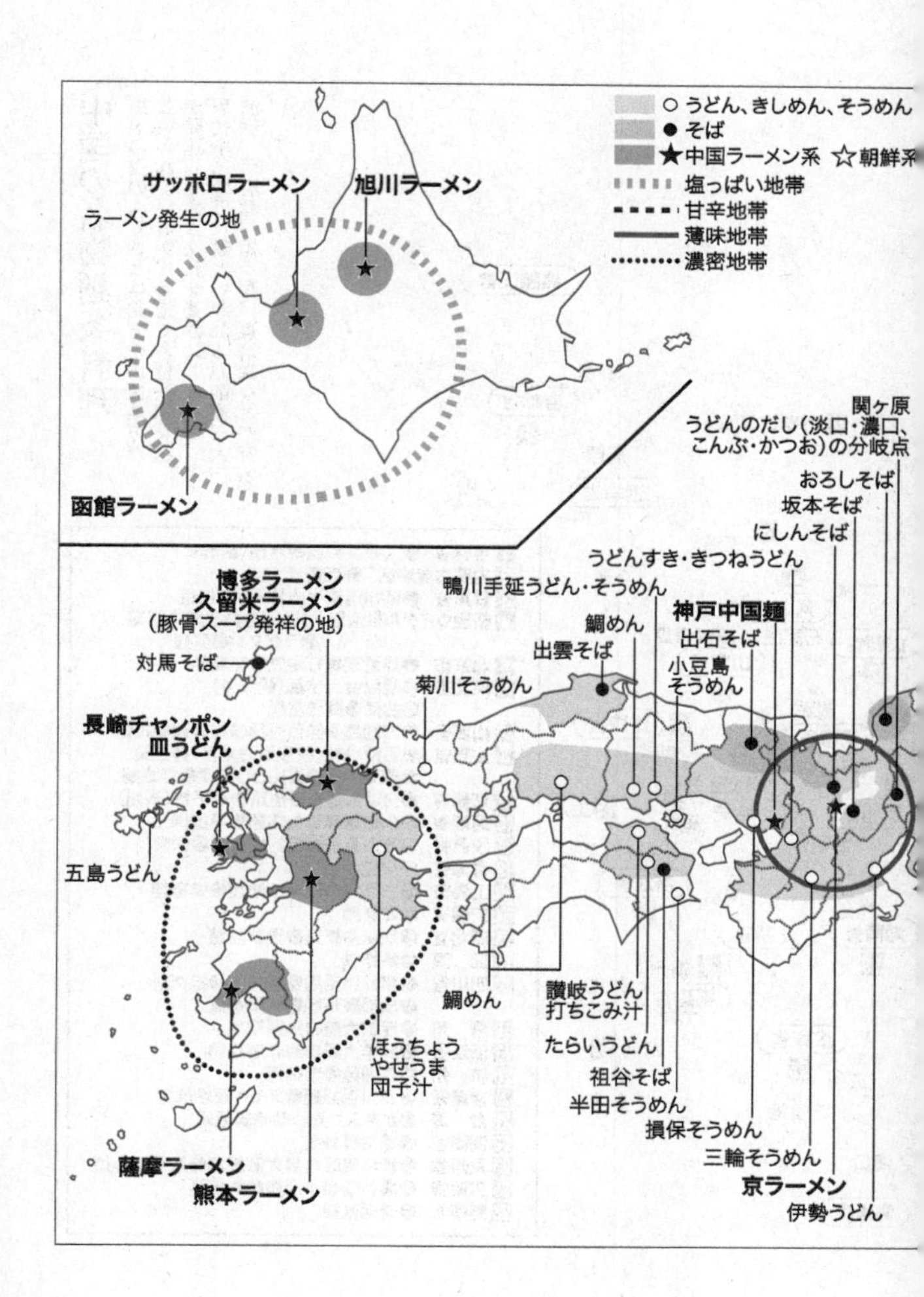
○うどん、きしめん、そうめん
●そば
★中国ラーメン系 ☆朝鮮系
塩っぱい地帯
甘辛地帯
薄味地帯
濃密地帯
サッポロラーメン
ラーメン発生の地
旭川ラーメン
函館ラーメン
関ヶ原
うどんのだし(淡口・濃口、
こんぶ・かつお)の分岐点
おろしそば
坂本そば
にしんそば
うどんすき・きつねうどん
鴨川手延うどん・そうめん
博多ラーメン
久留米ラーメン
(豚骨スープ発祥の地)
神戸中国麺
鯛めん
出石そば
出雲そば
小豆島
そうめん
対馬そば
菊川そうめん
長崎チャンポン
皿うどん
五島うどん
鯛めん
讃岐うどん
打ちこみ汁
ほうちょう
やせうま
団子汁
たらいうどん
祖谷そば
半田そうめん
揖保そうめん
三輪そうめん
京ラーメン
伊勢うどん
薩摩ラーメン
熊本ラーメン

中国の名物麺条料理
中国の麺のふるさとは北方の山西地方だといわれているが、各地で多種多様な麺が発達して麺食文化を豊かにしている。現代中国の五代麺といわれる刀削麺、大滷麺、伊府麺、担々麺、魚焙麺などが有名だ。
黒龍江省
長春
吉林省
1
2 内蒙古自治区
瀋陽
遼寧省
北京
5
天津
大連
6
太原
河北省
山西省
石家庄
済南青島
山東省
7
8
鄭州
9 江蘇省
河南省
14
南京
10
安徽省
15
18
13 上海
湖北省
合肥
16
蘇州
武漢
20 杭州
浙江省
南昌
長沙
19
湖南省
江西省
23
21 福州
台北
福建省
広東省
台湾 22
25
広州
香港
海口
海南省
1 吉林省 ●人参長寿麺●冷麺(朝鮮式)
2 内蒙古自治区 ●莜麺
3 甘粛省 ●蘭州清真牛肉麺=蘭州拉麺
4 新疆ウイグル自治区 ●新疆涼麺●庫車陽麺 ●ラグマン●剪麺
5 北京市 ●炸醤麺●打滷麺●龍鬚麺
6 河北省 ●饒陽金絲雑麺(饒陽県) ●曲麺●藁城宮麺
7 山西省 ●刀削麺●発魚児麺●猫耳朶●拉麺
8 山東省 ●蛋酥炒麺(胶東治海地区)●拉麺 ●蓬莱小麺●泰山とうふ麺●打滷麺
9 江蘇省 ●白湯大麺●刀魚麺●裾帯麺(揚州)
10 河南省 ●魚焙麺●鯉魚焙麺●漿麺條
11 陝西省 ●岐山臊子麺●蛤蟆骨朶●栄娘
12 青海省 ●朶麺
13 上海市 ●三虾麺●開洋葱油麺●陽春麺
14 安徽省 ●海老麺
15 湖北省 ●武漢熱乾麺●雲夢魚麺
16 武 漢 ●熱乾麺
17 四川省 ●邛崍奶湯麺●牌坊麺●担々麺 ●成都酸辣麺●Kanji麺魚
18 蘇 州 ●楓鎮大麺●飛翡翠麺
19 浙江省 ●酥羊大麺●海老爆鱔麺
20 杭 州 ●西湖麺●素絲麺
21 福建省 ●漳州手抓麺●アモイ風炒線麺
22 台 湾 ●かき入り麺線●猪脚麺線
23 湖南省 ●楊裕興麺条
24 貴州省 ●貴陽腸旺麺●太師細麺●綏陽空心麺
25 広東省 ●雲呑麺●伊府麺●魚糸麺
26 雲南省 ●過橋米銭

モンゴル
4 新疆ウイグル自治区
敦煌
3 甘粛省
銀川
青海省 12
西寧
蘭州
11
陝西省
チベット自治区
ネパール
長江
17 四川省
成都
ブータン
貴州省
24
貴陽
昆明
雲南省 26
自治区
ミャンマー
ベトナム
ラオス

インスタントラーメンの世界の総需要

二〇一六年（平成二八年）の統計によるとインスタントラーメンの輸出先国数は五四ヵ国を超えた。

海外での現地生産も増加し、世界で年間九七五億食も食べられている。

まさに日本が世界に発信するインターナショナル食品となった。

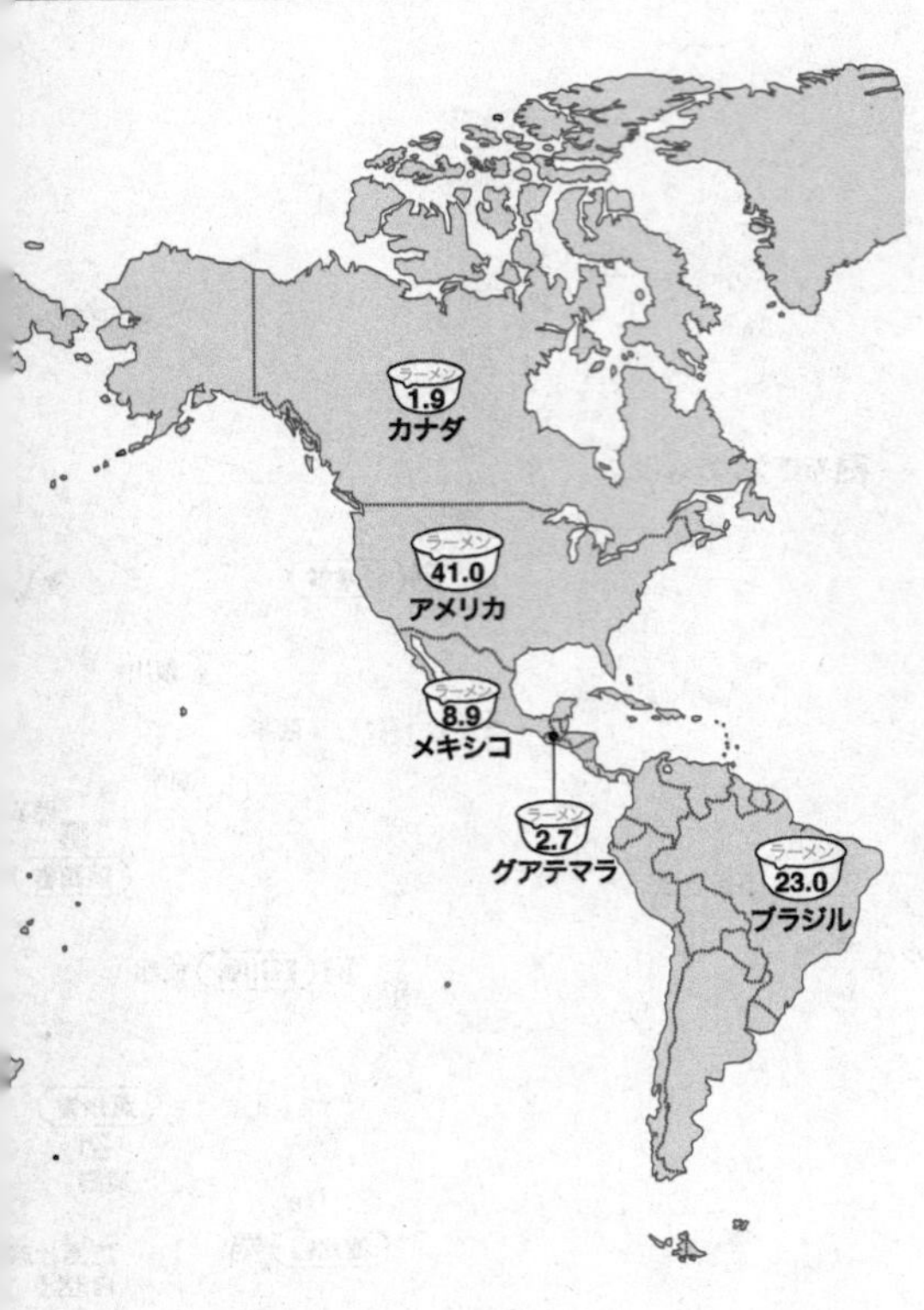

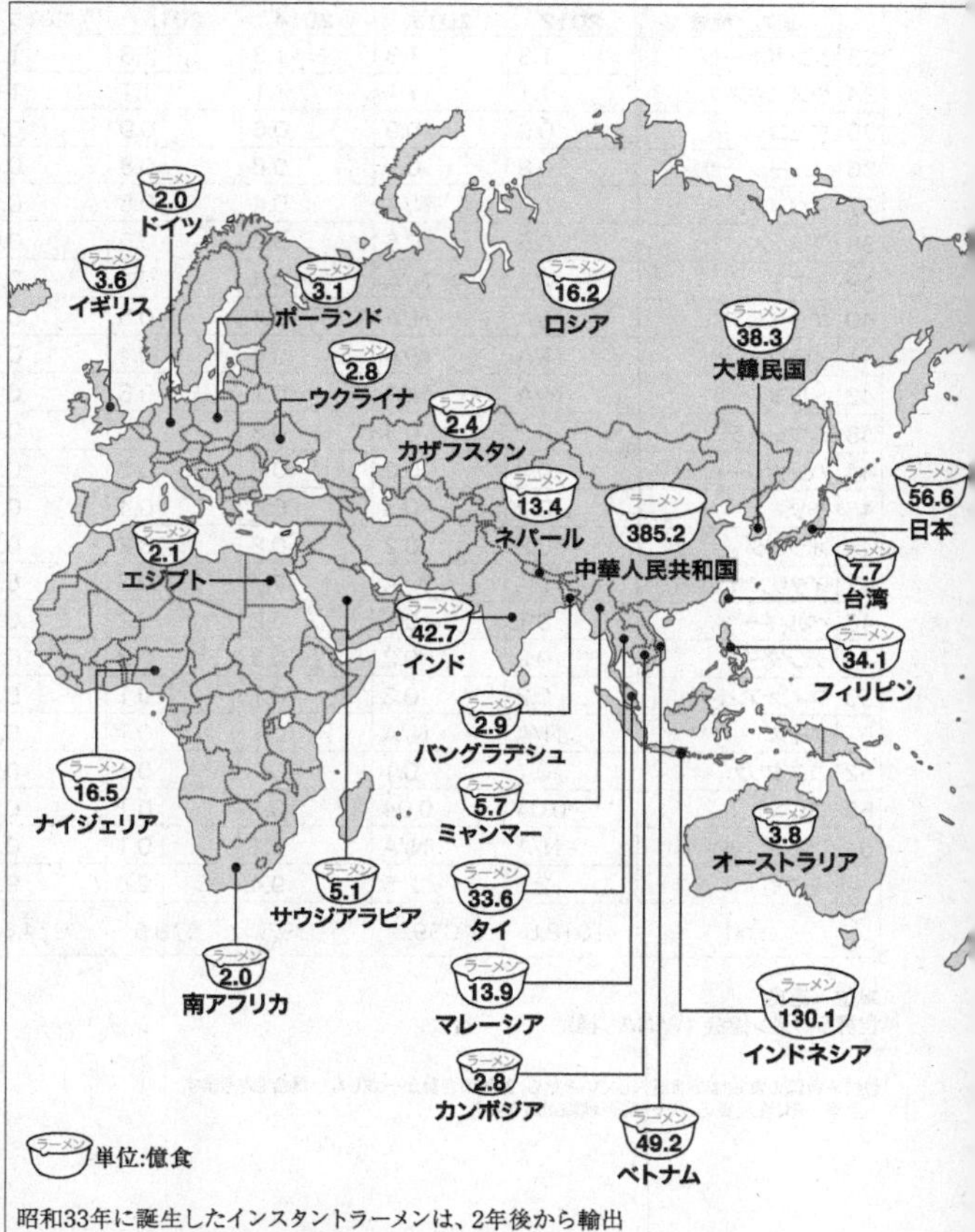

昭和33年に誕生したインスタントラーメンは、2年後から輸出を開始。世界各国の味やスタイルの即席麺も生産されている。
（資料：（社）日本ラーメン協会）

	国名／地域	2012	2013	2014	2015	2016
33	シンガポール	1.3	1.3	1.3	1.3	1.3
34	ウズベキスタン	1.1	1.1	1.1	1.1	1.0
35	チェコ	0.9	0.9	0.6	0.9	0.9
36	ニュージーランド	0.8	0.7	0.8	0.8	0.8
37	スペイン	N/A	N/A	0.4	0.5	0.7
38	フランス	0.5	0.6	0.6	0.6	0.6
39	ケニア	N/A	N/A	0.4	0.4	0.5
40	エチオピア	N/A	N/A	0.4	0.5	0.4
41	イラン	N/A	N/A	0.4	0.4	0.4
42	トルコ	N/A	N/A	0.2	0.3	0.4
43	スウェーデン	0.2	0.3	0.3	0.3	0.4
44	ハンガリー	0.2	0.2	0.2	0.2	0.3
45	チリ	0.2	0.3	0.4	0.4	0.3
46	オランダ	0.2	0.2	0.2	0.2	0.2
47	イタリア	N/A	N/A	0.1	0.2	0.2
48	ベルギー	0.1	0.1	0.2	0.2	0.2
49	デンマーク	0.2	0.2	0.2	0.2	0.1
50	フィンランド	0.2	0.2	0.1	0.1	0.1
51	スイス	N/A	N/A	0.1	0.1	0.1
52	コスタリカ	0.1	0.1	0.1	0.1	0.1
53	コロンビア	0.04	0.04	0.1	0.1	0.1
54	アルゼンチン	N/A	N/A	0.1	0.1	0.1
-	その他	2.3	2.5	9.4	9.4	9.3
	合計	1018.0	1059.9	1039.6	976.5	974.6

単位：億食
世界ラーメン協会（WINA）推定

【注】※各国の食数は四捨五入しているため、食数の合計が一致しない場合もあります。
※一部、遡及修正している国・地域があります。

インスタントラーメンの世界の総需要

2017年5月11日現在

	国名／地域	2012	2013	2014	2015	2016
1	中国／香港	440.3	462.2	444.0	404.3	385.2
2	インドネシア	147.5	149.0	134.3	132.0	130.1
3	日本	54.1	55.2	55.0	55.4	56.6
4	ベトナム	50.6	52.0	50.0	48.0	49.2
5	インド	43.6	49.8	53.4	32.6	42.7
6	アメリカ	43.4	43.5	42.8	42.1	41.0
7	韓国	35.2	36.3	35.9	36.5	38.3
8	フィリピン	30.2	31.5	33.2	34.8	34.1
9	タイ	29.6	30.2	30.7	30.7	33.6
10	ブラジル	23.1	23.7	23.7	23.7	23.0
11	ナイジェリア	13.4	14.3	15.2	15.4	16.5
12	ロシア	20.9	21.2	19.4	18.4	16.2
13	マレーシア	13.0	13.5	13.4	13.7	13.9
14	ネパール	8.9	10.2	11.1	11.9	13.4
15	メキシコ	8.9	9.2	9.0	8.5	8.9
16	台湾	7.8	7.5	7.1	6.8	7.7
17	ミャンマー	3.0	3.4	4.1	4.6	5.7
18	サウジアラビア	6.4	6.6	4.9	5.1	5.1
19	オーストラリア	3.5	3.5	3.6	3.7	3.8
20	イギリス	3.5	3.7	3.6	3.6	3.6
21	ポーランド	2.7	2.6	3.0	3.1	3.1
22	バングラデシュ	1.6	2.2	2.5	2.7	2.9
23	ウクライナ	5.6	5.8	5.8	4.1	2.8
24	カンボジア	2.6	2.4	2.5	2.7	2.8
25	グアテマラ	N/A	0.8	2.1	1.9	2.7
26	カザフスタン	1.3	1.4	1.4	1.4	2.4
27	エジプト	1.5	1.7	1.9	2.0	2.1
28	ドイツ	1.8	1.8	1.8	1.9	2.0
29	南アフリカ	1.7	1.7	1.9	1.9	2.0
30	カナダ	2.1	2.1	1.9	1.9	1.9
31	パキスタン	1.3	1.3	1.5	1.6	1.7
32	ペルー	0.7	0.8	1.2	1.3	1.3

本書のルビは、中国語読みはカタカナで、日本語読みはひらがなで表記しました。

第一章 「麺」とはなにか

「麺」とはなにか《対談編》

安藤百福（あんどうももふく）×奥村彪生（おくむらあやお）

安藤　奥村先生とは、このような食文化の勉強でお付き合いが始まって、もう十年以上にもなります。

奥村　本当に、安藤会長とは麺類のあるところ日本国内はもちろん、中国十五都市を二年間にわたりご一緒させていただいて、大変、勉強になりました。

安藤　麺類について本格的な探求に着手したのは、『麺の系譜研究会』でしたね。昭和六十二（一九八七）年からチキンラーメン発売三十周年記念事業に合わせて、麺の発生から伝播（でんぱ）のあとを研究しました。

奥村　石毛直道（いしげなおみち）、鄭大聲（チョンデソン）、野村雅一（のむらまさいち）の各先生、そして私も参加させていただいたのですが、これは「麺食」を一つの文化として総合的に取り上げたおそらく、最初の試みだった。

安藤　そうですね、あのときは「麺の系譜図」をつくりまして、現在もいろいろな書物や論文に引用されてます。

奥村　非常に意義のある事業でした。

安藤　今回は、千五百〜二千年前、中国で発祥した麺食の文化が、ラーメン（ここでは即席麺を包含した意味として定義したいと思いますが、後に詳しく検討しましょう）を介して、世界の食文化へと発展する、その進化の経緯をたどるのが目的です。

奥村　やはり、安藤会長が開発された即席麺の元祖『チキンラーメン』のいつでも、どこでもがキーワードになりますね。

安藤　しかし、『チキンラーメン』が突如として出現するのではない。ここへ至る長い道程があるわけです。

奥村　道程そのものをテーマとしたいと思います。最初のころは、中国で生み出されたさまざまな麺類が一方的に日本へ流入してくる。それを麺好きな日本人が懸命に改良に改良を重ねて定着させていった。日本式の麺類が外国へ出て行くのは戦後のことでしょう。それも昭和三十三（一九五八）年、チキンラーメンが発明されてからです。

安藤　食文化というのは不思議なもので、勢いのある国、発展している地域のものが模倣されるんです。同じような食事をすれば、同じように発展できると思い込むのですね。もっとも小説や絵画といった他の分野でもそうかもしれませんが……。敗戦後の日本では、パン食がもてはやされましたし、ずいぶん、アメリカ式の食文化がはいってきました。「パンを食べると頭が良くなる」とかいった本も刊行されましたね。

奥村　たしかに、麺類をはじめとして、すしやさしみなど、海外での日本食浸透にはみるべきものがあります。もっとも、このごろのように日本経済がふらついていると、見捨てられてしまうかもしれませんが……。

安藤　一般に食の習慣は保守的で、地域的に古い形が残っていますが、麺類に限ると伝播する軌跡が大きな筋道として文献的にも明らかになってきており、非常に興味深いですね。

奥村　とくに日本と中国で資料が整っています。そうした意味からも、主として中国と日本の麺食文化交流史を内容としたらどうでしょう。

安藤　賛成ですね。

奥村　本論に入る前に、麺の概念を整理しておいた方がよいと思います。たしかに麺は中国からやってきましたが定義は同じではありません。

安藤　十数年前、中国を訪問したとき知ったのですが、彼の地では「麺」を「面」と書く。共産党政権下で、略字化が日本とは別の基準で進んでいるのです。同じ漢字文化圏にいるのに、ちょっと残念な気がしますけど、まあ、やむを得ないことなんでしょう。それより、もともと「麺」の意味合いが、中国と日本とでは異なっているのですね。

奥村　そうなんです。中国で「麺＝面」は小麦粉、さらに小麦粉から作ったひも状のもののほかに、ワンタンやギョウザの皮、すいとんの練り粉まで含みます。もっとも、石毛先生が『文化麺類学ことはじめ』（現在『麺の文化史』として文庫化）で指摘されているように、広い中国のこと、日本と同じ意味で使われている地域もあり、それほど簡単ではないのですが……。

安藤　なるほど、それでわかる気がします。あのときの説明（一九八五年、中国北京(ペキン)市にある北京市食品工業研究所の副所長との対談）では、小麦粉の練り粉の固まりであるドゥを平たく延ばしてシュウマイやギョウザの皮にしても麺とする。麺類も途中までは同じ過程ですね。うどんなんかは、平たく大きく延ばしてからたたんで切ります。だから、小麦粉の食品は、麦偏に面と書いて「麺」となる、というわけです。中国では、点心類の饅頭(まんじゅう)も、麺類と同じ仲間に入ってしまうのでしょうか。他国の文化を理解するには充分な勉強が必要なのですね。

奥村　中国の古代では、小麦粉つまり「麺」で作った食品を「餅(ピン)」と呼んでいました。日本のもちではありません。日本でいう麺類は「餅」の一種だったことになります。その麺は加熱の仕方によって、「湯餅(タンピン)」「焼餅(シャオピン)」「炸餅(ツァピン)」「蒸餅(チョンピン)」「炉餅(ロウピン)」といった具合に分類されるのです。「湯餅」は麺条(ミエンジャオ)や餛飩(フオントン)などをゆでて、熱いスープに浮かべて食べます。麺条は細くて長いもの、餛飩や餃子の皮は麺片(ミエンピイン)（掌ぐらいの大きさに延ばした正方形に薄く切ったもの、あるいは丸く薄く延ばしたもの）です。要するに麺類は麺条か麺片のどちらかになり、すいとんの種は麺糊(ミエンフー)です。そして饅頭は蒸餅です。

安藤　面倒なことになりました。

奥村　要するに、麺とは小麦粉を原料とし、ひも状、あるいは細い帯状、または平べったくて粘力と弾力、張力、つるつる感を持ち、かつ、ゆでて冷やしたり熱くして食べるものと定義できるのです。しかしここは、両国の違いを頭に入れたうえで、話を進めていくことにしましょう。

麺は小麦の粉である

「麺」は中国では小麦粉のことをさします。古い時代には麺を麪と書いたこともあります。じつは麪が正字で麺は俗字であるといいます。後漢の時代に許慎という学者が著した『説文解字』*1という古代文字の解説辞典には「麪は麥（小麦）の末（粉）である」と書かれています。

この小麦粉に水、あるいは鹹水やスープ、甘酒などを加え、ゴム状のコシの強い練り粉の固まりであるドゥを作ります。コシの強いドゥになったり、発酵して気泡をたくさん作る働きをするのが、小麦粉に含まれているたんぱく質グルテニン（弾力を出す）とグリアジン（粘着力をつける）が結合したグルテンです。

水や鹹水、スープで練ったドゥはおもに紐状に細く長く延ばして麺条にしたり、平べったく押し広げてから調理します。古代は両方とも手でなされ（手工という）ましたが、のちに麺棒で延ばされ、正方形に庖丁で切ったり、小さな麺棒で円形に延ばすようになりました。これが麺片です。大きく薄く延ばしたものを幾つかに折りたたみ、

*1　説文解字（せつもんかいじ）。後漢代中期の字書。全三〇巻。許慎の撰で紀元一〇〇年になる。一万五一一六字の字形・意味・音声を解説しており、漢字を体系的に解明した最初の字書。飲食関係の字も多い。

庖丁で細く切ったのが切麺、いわゆる切り麺です。切麺には平たく幅のあるもの、中細、極細などがあります。今日、中国において多く消費される麺条はほとんど製麺機によって作られます。手延べされる麺条や切麺、麺片は、一部の家庭や小麦粉製品を専門に扱う面点（麺類専門）店ぐらいです。

甘酒を使って発酵させる技術は現在の中国ではあまり見られず、日本の酒饅頭や東京の木村屋のあんパンにその名残りをとどめています。このような発酵法を酒精発酵と呼びます。

現在の中国ではイーストやベーキング・パウダーを使ったりしますが、天然酵母で発酵させる古風な技術を使う地域があり、それは広東省広州で今も行なわれています。小麦粉を発酵させるために用いるスターター（種）としての発酵した古い練り粉を老麺と呼びます。この発酵したドゥを小分けにして生地を作り、肉や野菜、小豆あんを包んで蒸して食べるのが包子（本来はあんなし）で、あんを入れないで蒸したのが饅頭（本来はあん入り。日本の饅頭類は古風を伝えている）です。しかし、ここではこれらを扱わず、麺条と麺片に絞って話をすすめることにします。

麺条と麺片

一九八五年の夏のこと、中国の首都北京市にある北京市食品工業研究所の副所長をしていた傅銘（フーミン）氏にお会いする機会に恵まれました。日清（にっしん）食品株式会社の会長、安藤百福氏もごいっしょでした。傅銘氏はこの研究所で二十数年にわたって麺を中心に食品加工、開発にたずさわってきた、麺の来歴やその加工食品に詳しい方です。その傅銘氏に「麺とはなにか、それを用いて作る加工食品や日常食に対して現在の中国はどう定義しているのでしょうか」と、質問を投げかけました。すると氏は当惑したような顔をして、次のように答えてくださいました。

「麺は小麦粉のことです。この小麦粉に水を加えて練り、細くひも状にした食品を麺（ミエン）条（ジャオ）と呼びます。その麺条にはいろいろな形状と歴史があります。手だけで細く、長く延ばすもの、これを日本流にいえば手延べですね。中国では拉麺（ラミエン）といいます。練り粉（ドゥ）を平たい板の上で麺棒（桿（ガン））を使って薄く、平たく、大きく延ばし、それを折りたたんで庖丁で細く、あるいは幅広く切ったものが切麺（チエミエン）です。しかし、現在はほとんど製麺機を使って作ります。手延べするより、ずっと生産性が上がります」

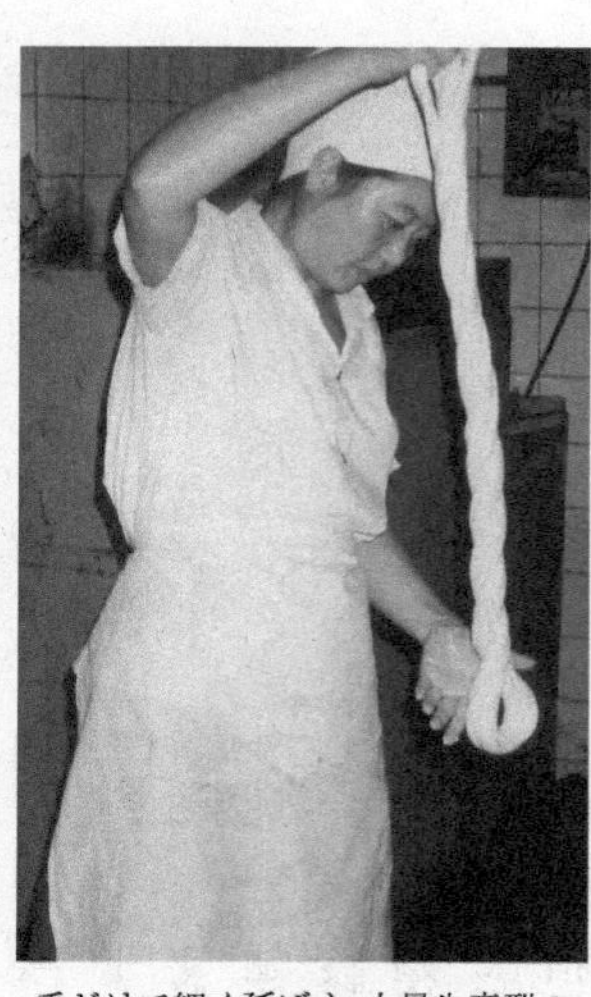
手だけで細く延ばす。大量生産型の山東式拉麺（ラミエン）・抻条麺（テンジャオミエン）（北京市にて）

製麺機によって作られる麺条(広東にて)

「こういった麺条以外に掌や麺棒を使って平たく、薄く延ばす餛飩(フォントン)や餃子(ジャオズ)の皮を麺片(ミエンペン)(あるいは麺皮(ミエンピー))と呼びます。これには製麺機作りもありますが、今のところ点心(軽食や間食)店や家庭では専用の小さな麺棒で延ばします。この仲間には、まったく手だけで太い麺条をちぎって親指と人差指で薄くひねるものもあります」

「しかし、現在の中国では、小麦粉も、それから作る麺条や麺片、あるいは饅頭、包子などすべてを簡略文字の面一字で表記します」とおっしゃいました。これには私も安藤会長も面くらいました。

正直なところ現在の中国には麺の定義はありません。また日本においても中国系の麺の食べ方であるラーメンの定義はありません。中国においては、小麦粉やほかの穀類の粉で作る点心も総称して「面点」と呼びます。

中国の北方で作る緑豆澱粉(でんぷん)を熱湯で練り、機械で圧力をかけながら細い穴から押し出してゆでて乾燥させる粉糸(フェンスー)(はるさめ)、あるいはそば粉や莜麦(ユウマイ)(燕麦(えんばく))の粉を緑豆澱粉同様に熱い湯で練り、木製の餄餎桟(ホウロウサン)と呼ぶ押し出し機で押し出してゆでたり蒸すものもありますが、これらも麺類の範疇に入れています。山西省では燕麦の粉を練り、私も子供のころ、うどんを作ったように小さくちぎった麺体を両掌で挟んでもみ出して麺条にしていました。福建省で作る米の粉を原料とするビーフン（米粉、北京語読ではミーフェン。これも粉糸同様の押し出し式）までも麺の仲間にいれています。これは中国に限ったことではなく、日本でもうどんやひやむぎ、そうめん、きしめん、そば切りや、長崎県島原のろくべと呼ぶ、さつまいもを薄切りにして乾燥させてからひいた粉（対馬ではさつまいもを発酵させて採ったでんぷん）で作る押し出し麺まで麺として扱っているではありませんか。

麺といっても間口は広いのです。本書では先にも書いたように小麦粉を使用し、コシのある細く、あるいは平たく、長い、いにしえの中国でいう麺条、ならびに四方形や円形の麺片（皮）までを麺類として扱うことにします。

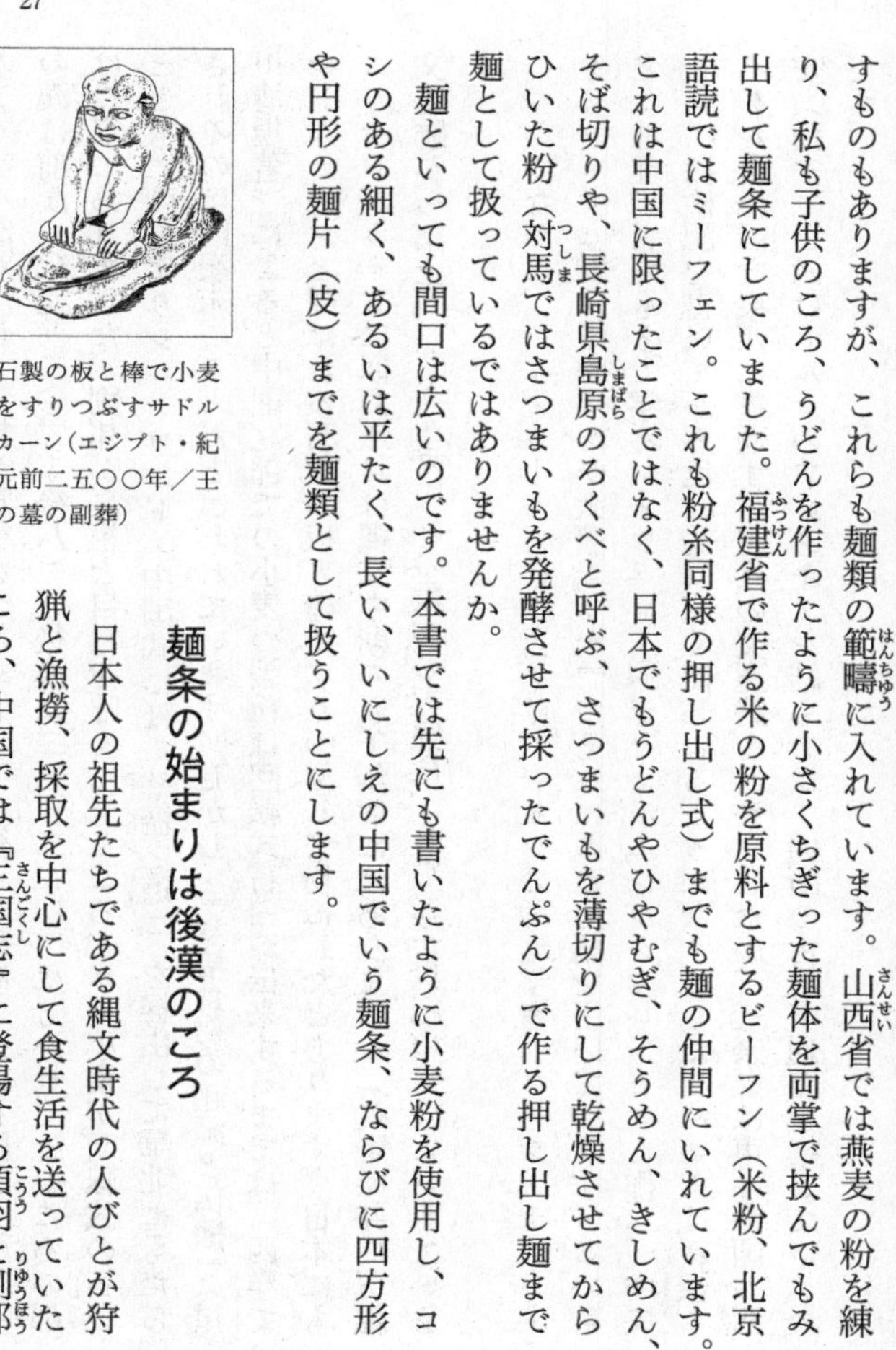

石製の板と棒で小麦をすりつぶすサドルカーン（エジプト・紀元前二五〇〇年／王の墓の副葬）

麺条の始まりは後漢のころ

日本人の祖先たちである縄文時代の人びとが狩猟と漁撈、採取を中心にして食生活を送っていたころ、中国では『三国志』に登場する項羽と劉邦のライバルが対決し、劉邦が勝利をおさめ、天下を統一して漢の王朝を開きます。その漢は前漢（紀元前二〇二～後八）と後漢（二五～二二〇）に分かれ、そのころの都は長安にありました。劉邦が高祖と自らを呼んでいたころ、パン小麦が回転式の石臼とともに西方よりシルクロード（中国式には「絲綢之道」）を経由して華北にもたらされるのは前漢末のことだと言われています。しかし、『栽培食物の起源と伝播』（星川清規著）によると中国北部での小麦の製粉は回転式石臼が伝来するまでは、西洋でサドルカーンと呼ばれる石製の板と棒ですりつぶして粉にしたとあります。日本にもこのサドルカーンに似た道具は縄文中期の五千年前にはありました（長野県井戸尻縄文遺跡から出土）。サドルカーンの最古の記録は、BC二十世紀のものとされています。

ついでながら、シルクロードという言葉は、ドイツの地理学者、フェディナント・フォン・リヒトホーフェンが大著『シナ』でそれに似た用語を用いています。この著名な地理学者のもとで学んだスウェン・ヘディンが「シルク・ロード」と称し、中央アジア探検記を書いてから世界的に広く使われるようになりました。かつては新疆ウイグル自治区を東西に貫通する古代の交通路をさしましたが、近来では東は中国の西安（長安）と西はトルコのアンタキアを結ぶアジア横断の古代交通路を指しているのです。

麺条や麺片様のものが、春秋（紀元前七〇〇～四三一）の時代にはすでにあったと思われますが、記録に登場するのは、後漢のことです。『中国面点史』（邱庞同（キュペントン）著）を見ると、春秋時代の遺跡から出土した餛飩（フォントン）と餃子（ジャオズ）（扁子（ピアンズ））がカラー写真で載っています。[*2]『四民月令（しみんがつりょう）』や同じく後漢のころの『釈名（しゃくみょう）』と呼ぶ辞典に出てくる煮餅（チューピン）は、餛飩や麺片をゆでて熱いスープに浮かべたもので餃子はゆでてソースをつけて食べました。もしかすると紐状の麺条もあったかも知れません。『釈名』に紐状の索餅（ソウピン）が出てきますから。これは後述します。

『四民月令』は、後漢のころ華北に住んだ豪族の生活を歳時記風に描いた一種の農業暦です。その本の五月の項に「煮餅」と「水溲餅（スイソウピン）」、「酒溲餅（シュウソウピン）」が登場します。この月から立秋に至るまで油っこいものや煮餅、水溲餅を食べないようにといましめているのです。気温や湿度が高くなり体調もかんばしくなくなるので、あっさりしたものを食べなさいとすすめているのです。先にも書きましたが、餅（ピン）とは「もち」ではなく、小麦粉を使った製品を総称した言葉で、焼くと焼餅（シャオピン）、蒸すと蒸餅（チョンピン）、小麦粉で作る麺片や団子をゆでてスープに浮かべて食べるものを煮餅と呼んだのです。水溲餅は麺条に

*2　四民月令（しみんがつりょう）。二世紀ごろ、後漢後期の歳時記。崔寔（さいしょく）の撰で、月ごとになすべき農事を記しており、中国の現存最古の歳時記。五月の部に、煮餅、水溲餅（麺）の語があり、これが麺類を示す語の初出。

したものです。その麺条をゆでて熱いスープに浮かべて食べると湯麺(タンミエン)です。

水溲餅の溲は小麦粉に水を加えて練ることをさします。その溲の字の上に水があるので、ある程度ひも状に手延べした麺条を少しの間水に浸し、親指と人差指でもみながら引き延ばしたものです。これをゆで、熱いスープに浮かべて食べたのです。要するに湯麺にして食べたのです。また、酒溲餅は小麦粉に酒を加え発酵させたものを蒸したもので、酒は甘酒です。甘酒には炭酸ガスが多く含まれていますから、蒸すと小麦粉のドゥは炭酸ガスの力でよくふくれます。これが酒饅頭のルーツです。

後漢のころ華北の黄河(こうが)流域に小麦粉で作る麺条や麺片が普及していたのですが、それは貴族や豪族など金持ちの食べ物でした。なぜなら、手廻(てまわ)しの回転式石臼を持つのは誰でもというわけにはいかなかったからです。ひき臼を持つのは金持ちの貴族や大地主でした。畑を耕し、小麦を栽培し、粉にひく作業はすべて農奴の仕事でした(『麺談』石毛直道と小松左京(こまつさきょう)両氏をリーダーとする対談集。日清フーディアム刊)。小麦粉は身を粉にし、額に汗して下働きをする、食うや食わずの人々によって支えられていたのです。ローマ時代や、奈良時代の日本においても同じことでした。それでも、ローマ軍は携帯用の手廻しの石臼を持って遠征に出たといわれています(『麺談』)。

小麦はなぜ粉食するのでしょうか

ここで話は横道にそれます。小麦はなぜ粉食するかについて少し語りたいのです。まず粒食について。これは搗精した穀物を粒のまま煮たり、炊いたり、蒸したりして食べることをいいます。粒食するのはおもに米です。このほかに粟や稗、大麦などが日本で食べられてきました。現在、世界で米を食べている人は約三十五億人います。そのうち米を主食にしているのはインドの南部と東南アジアや中国淮河から下の南部ならびに南西部、韓国、そして日本を含むアジアモンスーン地帯の人々です。ここでは米は搗精してから水で洗い（インドから西は洗いません）釜あるいは鍋で煮炊きして粥や飯にします。この方法で食べる米は粳種で、糯種は水を含ませてから蒸して強飯にします。蒸したてを搗くと「もち」です。中国雲南あたりではムーチと呼びます。福建やこの地の影響を受けた食文化を持つ台湾や沖縄でもムーチと呼びます。米は粒食だけではなく、ときには両方（粳、糯とも）粉にひいて粽や団子、あるいはライスペーパーやビーフン（ライスペーパーやビーフンに使用するのはサラリとしたインディカ種）のように麺条にするものがあります。しかし、粉にひく場合はいったん精白米を洗って水

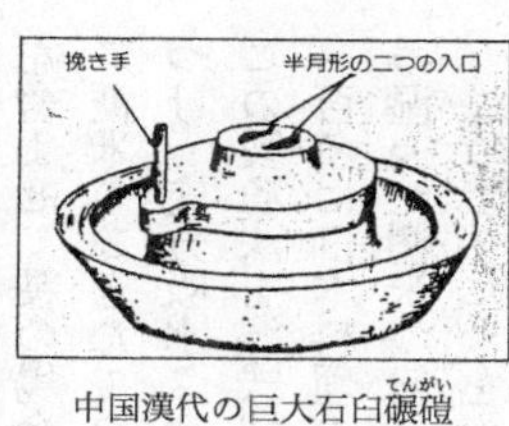

中国漢代の巨大石臼碾磑

を含ませ、粳の場合は少時乾かしてからひき臼でひきます。韓国ではやや湿り気のある粳米のひきたての粉でトック（もちに似たもの）や菓子類を作ります。糯米は水につけ、充分吸水させてから水とともにひき、水分を布袋で絞って除去して使用します。この製粉法を湿式製粉と呼びます。筆者は湖南省長沙市の特級や一級厨師に一週間延べ百名に日本料理の技術指導をしたことがありますが、あちらの厨師たちはひきたての湿った糯米の粉（乾燥させると日本の白玉粉）で団子を作っていました。

　このように米を粉にするときに湿らせてからひくのには理由があります。それは胚乳部が固いためにひきにくく、そのうえ石臼の目が逆に摩耗するからです。その胚乳部が固いことが幸いして、玄米を搗き臼に入れ、杵で搗いて形成質層（糠）を簡単に除去することができます。あとは粳米なら水を加えて炊くか、糯米は水を含ませて蒸せば簡単に食べられます。エレクトリック・ライス・クッカー（電気炊飯器）が世界に普及するにともない、米の粒食が広まっているのです。

　しかし、小麦は皮が固く、逆に胚乳部が柔らかいのです。そのために搗いて精白すると胚乳部がつぶれてしまって形成質層がなかなかはなれないといった欠点があります。

　それではいっそのこと形成質層をつけたままの玄麦を石の板に乗せ、石棒でこするかひき臼でひき、粉篩でふるって糠と胚乳部の粉に分ければよいという考えになり、製粉技術が発達してゆくわけです。

先にも書きましたが、この小麦粉に水を加えて練ると粉に含まれている成分、グルテニンとグリアジンが結合してグルテンになり、粘力と弾力、張力がでて引き延ばしてもちぎれない麺条や麺片が誕生することになりました。

中国とは別にローマではパスタの祖先ラガヌムが誕生します。小麦粉のドゥ（練り粉）は形状を自由に、さまざまに変えることが可能ですから現在ではイタリアではパスタ専門のデザイナーもいるのです。麺の食べ方は、イタリアはソースで和えますからセミドライ型で、中国は熱いスープに浮かべたり、スープにとろみをつけたあんをかけて食べることが多いからウェット型。中国の影響を受けた日本もだしやつけ汁で食べますからウェット型です。

第二章　麺の源流をたどる

——「水溲餅（スイソウピン）」から「水引餅（スイインピン）」へ

麺の源流をたどる――「水溲餅」から「水引餅」へ《対談編》

安藤百福×奥村彪生

安藤　麺類の祖先は何で、どこから日本へきたか、ということですが、これはもう言うまでもなく中国ですね。

奥村　シルクロード経由で小麦が中国に渡来し、回転式の石臼（いしうす）や粉篩（こなふるい）といった道具が整備されたのが前漢（ぜんかん）の末、後漢のころには麺類と目される「麺条（ミエンジャオ）」が発明されます。

安藤　紀元前後から二、三世紀ですか。

奥村　後漢のころ、華北の豪族の生活を描いた『四民月令（しみんがつりょう）』という書物があり、この中に「水溲餅（スイソウピン）」が出てきます。

安藤　石毛先生の『文化麺類学ことはじめ』では、「水溲餅は麺条であり、つぎにのべる水引餅（スイインピン）とおなじものであるという意見がある。しかし、水溲餅も酒溲餅（シュウソウピン）とおなじく蒸してつくるパン状の食品であり、麺条とは認めがたいという説もある」と、結論を出しておられない。このへんはどうですか。

奥村　たしかに異論はあります。でも私は一応、この「水溲餅」が次の「水引餅」へと進化していった、と考えています。そして水引餅からでんぷんを打粉にする索餅（ソウピン）へと進化したようです。水溲餅は文字の意味からいえば麺条を水に浸して手でもみ延ばし、ゆでてから熱いスープに浮かべた麺であると……。

安藤　製法はわからないのですか。

奥村　『四民月令』は農業の歳時記みたいなものですから、作り方までは書いてないのです。

安藤　文献で間違いなく麺類と確認できるのは、やはり『斉民要術(せいみんようじゅつ)』ですか。大変むずかしい本なので私は目を通しておりませんけれど……。

奥村　そうです。「水引餅」ですね。『斉民要術』は全一〇巻からなっていて第一巻は総論、あと六巻までは農業・畜産の生産編、七～一〇巻までが加工・調理編。この部分に「水引餅」を初めとする麺類の製法が出てきます。一九九七年、読みやすい現代語訳が『現存する最古の料理書斉民要術』として、雄山閣(ゆうざんかく)出版から刊行されました。

安藤　「水引餅」は以前、奥村さんが石毛(いしげ)先生と再現されました。いずれにせよ、見るからに原始の製法という感じがします。

奥村　手で一本ずつ延ばしていくのですから、大変、全く生産性がよくない。でも初めて「麺条」を作ろうとしたら、まずこの製法を思いつくでしょうね。最初は小さくちぎったドゥ（麺体）を両掌で挟んでもみ出します。これは麺条の始まりでしょう。これを水にくぐらせて親指と人差指でもみもみしながら引き延ばします。ゆでると口当たりが実になめらかでつるりと食べられていいです。やがてこれが、水溲餅（水引餅）と同じころ、麺の紐を熟成させたのち、両手で引っ張り、合わせ縄状になってから更に引き延ばす索餅へと進化するのです。その後、唐代になると麺棒（桿）でドゥを平たく大きく打ち延ばし、それを屏風たたみにして庖丁で切る切り麺や押し出して作る麺などの革新があって、麺類の一大体系が形作られていくわけです。

安藤　麺の系譜研究会では、麺の分類を、たしか製法によって区分けしました。

奥村　そうです。ここで、おさらいしておくと、①手延べ麺（拉麺）系列　②そうめん系列　③切り麺系列　④押し出し麺系列　⑤河粉系列（米の粉を使った平たく長い麺、ベトナムのフォ）に分類し、どのように伝播していったかを、それぞれ文献を当たり、フィールド・ワークも中国から日本、東南アジア、中央アジア、さらにイタリアまで足をのばし、徹底的に調べたのです。中国では何ヵ所か、安藤会長とご一緒しました。

安藤　当時は中国の航空事情が整っていなかったので、一日中、空港で飛行機待ちをしたり、苦労も多かったのですが、今、振り返れば、楽しい思い出です。ところで、この分類でラーメンはどの系列に入るのですか。

奥村　ラーメンは拉麺とつながりはありませんから一応、③の切り麺系列ですね。

安藤　最近のラーメン屋では切り麺が大勢でしょう。チキンラーメンもですが、即席麺はたいてい、切り麺系列ですよ。

奥村　おっしゃるとおりで、「麺の系譜図」が万能であるわけではありません。系譜研究会の分類法はこれからも基本として重要ですが、別の分け方も必要だと思います。素材や調理、調味や食べ方（器（皿か丼鉢（どんぶりばち）か）、食具（箸（はし）かフォークか））などの視点ですね。

安藤　麺の世界は多彩ですから……。

中国の南北朝のころ小麦粉の文字は「麪」が「麵」に

中国の明末の科学者、宋応星撰による技術の百科全書である『天工開物』*3に次のようなことが書かれています。

曰く、「麦には数種類がある。小麦は來といい、麦の最上のものである。……中国では河北、陝西、山西、河南、山東などの地方で庶民が食用とするのは小麦がその半分を占め、黍（もちあわ）や稷（きび）、稲、粱（うるちあわ）などと合わせてやっと半分である。西のはて四川や雲南から東の福建、浙江に至るまで、江蘇・湖北全域では小麦を植えるのは、僅か二十分の一である（注、稲作が主ゆえ）。ここでは小麦粉に磨いて捻頭（ひねって揚げた小麦粉の菓子）、環餌（ドーナツ状の小麦粉の菓子）、饅首（饅頭）、湯料（スープで煮る麵条や麵片類）の原料とするが、主食には用いない」とあります。その理由は、このあたり、華南では米が主食であったからです。この時代、淮河を境にして北は小麦や雑穀（粉食）、南は米（粒食）という主食とその食べ方の区別があったのです。

しかし、現在はいずれの地域においても両方食べられています。インド風にいえば、ナンとプーリ（大麦の粉で作る揚げパンの一種）と飯をカリーとともに食べるのと似かよっています。

小麦粉を水で練り、麺片で作る餛飩、餃子が生まれるのは、先にも書いたように春秋時代で、孔子（儒家の祖）や老子、荘子（共に道家）、荀子、墨子などの「諸子百家」が活躍した時代でもあります。ひも状にして作る麺条が生まれるのは後漢のころです。武帝のあと漢は衰えますが、漢の王族であった劉秀が漢朝を復興し、都を長安から洛陽に移しました。その人が後漢の光武帝（在位二五〜五七）です。

前漢のころ西域はすでに領土になっていたためにパン小麦が入ったのです。後漢のころ西域をおさめる機関（西域都護府）の長官の命令で、甘英という人が使者になってローマ帝国に行きますが、麺の技術を伝えたかどうかはわかりません。

そのころ日本は倭と呼ばれていました。紀元五七年、倭の奴国（読み方諸説あり）の使者が中国へみつぎ物を持ってきた際、光武帝から印を賜りました。その印は金印で福岡県志賀島で江戸時代に発見され、現在は国宝になっています。小麦は朝鮮半島を経由して日本に入っていたようですが、弥生中期、回転式の石臼も小麦粉を使って作る麺の製法もまだ日本に伝わっていませんでした。

後漢のころ小麦粉は麪と書かれました。その麪で作られた食品を餅と呼び、しだい

＊3　天工開物（てんこうかいぶつ）。明代末期の科学技術の百科全書。全三巻。一六三七年、宋応星の撰。上巻で穀物・衣服・染色など、中巻で製陶・鋳造・舟車など、下巻で製錬・醸造などを詳述。

にその食品の代名詞になりますが、南北朝（四一二〜五八〇）のころになると麪は再び麵となり、これから作る麵条や麵片にも何々麵と書かれるようになるのです。

「水溲餅」を受けついだ「水引餅」

後漢のあと、魏(ぎ)、蜀(しょく)、呉(ご)の三国が対立します（二二〇〜二八〇）。諸葛孔明(しょかつこうめい)が活躍した時代です。この三国のうち魏が生き残りますが、魏から晋(しん)が出て、一度は中国を支配します（二八〇）。しかし、北方の異民族の侵入をうけ、江南(こうなん)に逃れます。この時代を魏晋・南北朝時代と呼びます。約四百年にわたって争いました。

この時代になると湯餅(タンピン)類の種類がふえます。北魏時代の人、賈思勰(かしきょう)の撰になる黄河(こうが)流域の農業および食品の加工書である『斉民要術(せいみんようじゅつ)』*4（五五〇前後）にはさまざまな湯餅類の作り方が記述されていて、絹布張(けんぷば)りの篩(ふるい)も見えます。

後漢のころ食べられていた水溲餅(スイソウピン)を受け継いだ麵条に「水引餅(スイインピン)」があります。『斉民要術』の訳者は「みずもみ」と訳しています。

その水引餅は、石臼や水車でひいた小麦粉を目の細かい絹布張りの篩できめ細かくふるい（その小麦粉を『天工開物』では羅麵(ラミエン)と呼んでいます）、清らかに澄んだ豚のスープを加え、練ってドゥを作ります。スープには塩味をつけておきます。塩が小麦粉に含まれるグルテニンやグリアジンと結合したグルテンの活動をよくするためです。

水分と塩はグルテンの目を醒ますのです。

それを小分けにして両掌に挟んでもみ、箸ほどの太さに延ばします。それを一尺（約三〇センチ）ずつに切り、この麺条を水をはった盤（盆）の中に浸します。

表面が少し柔らかくなったならば一本ずつ取り出し、それを湯を沸かしている鍋(なべ)の上で、湯気を当てながら左手の人差指と親指でもみ、右手で引っぱって韮(にら)の葉のようにしてゆでます。湯気の温かさでグルテンがよく延びます。しかも、麺条の表面がつるんとした触感になります。このゆでた水引餅を味つけをした熱いスープ（湯(タン)）に浮(あ)かべるか、あるいは冷やしあらい、薬味入りの酢をベースにしたソースをかけて、和えて食べました。

唐の時代では冷やして食べることを「冷淘(レンタオ)」と呼んでいます。現在の冷やしそうめんや冷やし中華麺（中国では涼拌麺(リャンパンミエン)という）のルーツでもあるのです。

清少納言(せいしょうなごん)も食べた「餺飥(ハウトン)」

水引餅に続いて「餺飥(ハウトン)」が書かれています。その作り方は、先の水引餅同様に羅麺

＊4　斉民要術（せいみんようじゅつ）。六世紀前半、北魏代末期の農書。全一〇巻。賈思勰（かしきょう）の撰。農業・林業・牧畜から醸造・調理に至るまで当時の技術と経験、先行書の理論を収録。食物に関する記事の採録範囲が広く、記述が具体的。

を豚のスープで練り、親指ほどの大きさに延ばし、二寸（約六センチ）ずつに切ります。これを水をはった盤に一切れずつ入れ、掌を使って押さえ（掌托）、盤の向こう側のわきへ力強く押し延ばすと、幅広で長いだ円状（舌状）の麺片ができあがります。水引餅同様につるんとして滑らかで艶がよい麺片になります（賈思勰もそういっています）。おそらく餺飥は他の具材といっしょにスープに浮かべて食べたのでしょう。

餺飥とは薄く手で押し広げた麺片で、不托ではありません。不托は掌托をしない（掌で押して延ばさない）庖丁で切った麺片をさすのです。餺飥はもともとは麺体を手でつまんで薄く引き延べたのです。現在、岩手県や長野県で伝承されているひっつみやひんのべにその名残りはあります。

唐代（六一八年成立）になって庖丁切りの麺条や麺片の出現で生産性も効率も上がり、多くの人々の要求に応じて供給することが可能になり、しかも味のうえからいっても手延べより秀でています。唐代は麺条作りの第一革命期なのです。

日本にもこの餺飥の製法がすでに平安時代に伝わっており、『和名類聚抄』に方形に切った麺片とありますが小麦粉をすりおろした自然薯（中国では絞り汁）で練って手延べの平たい麺条に変容しました。そのころ活躍した才媛、清少納言は夏のデザートとしてゆでて冷やしあらい、きな粉（炒大豆の粉）、あるいは甘煎汁と呼ぶ深山に自生する蔦の樹液を煮つめた甘味料（奈良女子大学で自校に生えている蔦を用いて再現。上品な甘味だったそうです）をかけたり、水飴で甘く味つけした小豆汁で食べていました。その食べ方の名残りは、現在の大分県由布市挾間町古野地区の「やせうま」です。手延べした餺飥（大分市では「団子」と呼びます）をゆで、きな粉をまぶして食べます。

円仁も留学先の中国で食べた「餺飥」「餛飩」

鎌倉時代になりますと、米の粉をすりおろした自然薯で練り、麺棒で薄く延ばして細く切り、ゆでて清少納言同様小豆汁で食べる餺飥が出現します。安土桃山時代になると饂飩同様に湯漬にしてつけ汁をつけて食べるようになりました（『松屋會記』）。この餺飥は江戸時代にいう薯蕷麺です。

平安時代餺飥は清少納言だけでなく、一条天皇や堀河天皇、藤原道長などは奈良の春日詣に京都から餺飥女と呼ぶ女性集団を連れ、音曲に合わせて手延べさせて食べています。そればかりではありません。遣唐使たちも中国で食べています。その一人が僧円仁[*5]（慈覚大師）です。円仁は承和五（八三八）年の遣唐使の第一船に乗り込んでいます。遣唐大使は藤原常嗣でした。六月十三日に九州の博多を発とうとしますが、

＊5　円仁（えんにん）。天台宗山門派の祖。天台座主。下野（しもつけ）国の人。最澄に師事し、八三八年に入唐し、顕密二教を学んだ。帰朝後、天台教学を大成し、比叡山興隆の基礎を確立した。

天候に恵まれず、三日間待ちぼうけをくらいました。その後博多湾にある志賀島で風待ちのため五日間滞留し、やっと二十二日に風に恵まれて出港しました。

五日後に中国大陸の湾岸、揚子江口近くに至ったのです。しかし、彼には正式なパスポートがなかったために、中国側から下船の許可がおりず、下船できないまま待ちぼうけとなります。そのために遣唐使一行に同行することができなかったのです。その目的をはたすために、遣唐使一行が山東半島東に至ったころ、こっそり下船して民家に隠れ、天台山、長安への密行を企てたのでした。それは承和六（八三九）年四月五日のことでした。

密行については前もって遣唐大使藤原常嗣の許しを得て、*6新羅の僧と偽っています。これは遣唐大使との共謀です。円仁は天台山へ参ることは不可能と知り、五台山（河北省）へとその行き先を変更します。

しかし、企てはやすやすと達成するものではありません。彼は山東省近くの海寄りの江蘇省、雲台山の支山の麓に隠れていましたが、この地に住む新羅人に見つかり、密告され、偵察兵に捕らえられて訊問を受けるはめになりました。円仁は腹痛と脚気のため下船したと偽ります。翌六日、役人が来て円仁が乗っていた船の所在を調べたところ、置き去りになっていたことを知り（策略どおり）、可哀想だと思い、情をかけたのでしょう。明日（八三九年四月七日）餺飥を作って待っているから家に来るようにと、命じました。

七日の昼、役人の家を訪ねると餺飥でもてなしてくれました。しかも、その後は目的を達し、帰国するのです。長安の資聖寺（しせいじ）に寄住していたとき、冬至に餛飩（フォントン）（ワンタン）も食べています。当時正月にも餺飥や餛飩、索餅（ソウピン）が行事食として食べられていたのです。遣唐使の時代、中国での巡礼の旅は自炊でした。

宋（そう）の時代になるとファースト・フードとしての飲食店がたくさん出現します。しかし現在、水引餅も餺飥も索餅も中国にはなく、これらの文字も使いません。

こういった麺類のほかに切麺粥（チエミエンチヨ）、別名碁子麺（チエズミエン）があります。これの作り方は小麦粉に少量の水を加えて堅めに練り、充分にこねます。これを多くの塊に切り分け、小指ほどの大きさにします。これらを小麦粉の中に再び入れ、さらにもんで太箸ほどの大きさにします。これを切断して、小さなサイコロ型の塊（あられ切り）にします。塊のまわりについた小麦粉をふるい落とし、甑（こしき）に入れて蒸します。これを干して乾かし、袋に入れて保存したのです。

用いる場合は沸とう湯でゆでて、肉の熱いスープに浮かべて食べました。その様が

*6　新羅（しらぎ）。古代朝鮮の国名。東南部慶州の地から起こり、前五七年、朴赫居世の建国と伝える。六六八年、唐と結んで百済・高句麗平定、朝鮮全土を統一した。九三五年、五六代で高麗の王建に滅ぼされた。

粥に似ていたので切麺粥と呼んだのです。じつは碁子麺は碁盤の目のような正方形、いわゆるサイコロ型の小さな切り麺だったのです。

漢代には「索餅（ソウピン）」も食べられた

餛飩は小麦粉の練り粉を小さくちぎり、掌で押さえて丸く平たくしてから再び掌にのせ、逆手の指先でつまんで廻しつつのせている手の人差指、中指、薬指、小指の四本を揃えて押さえながら薄く直径九センチぐらいに広げます。この方法は現在もブータンで行なわれています。蕎麦（そば）粉（苦蕎麦）を熱湯で練って皮を作り、かぶらの干菜をもどして刻み、塩やバター、唐辛子で味をつけて包みます。ゆでて食べるのです。

餛飩はその麺片の中央に肉（豚）や野菜のあんをのせて包み、ゆでて熱いスープに浮かべて食べるものです。餛は小麦粉に水を加えて混ぜることで、飩は掌や指でトントンとかるくたたいて平たくすることです。今は麺棒を使って薄く平たく延ばすか大きく延ばした生地を正方に切ります。現在流通しているのは機械で型抜きしたものです。

この餛飩は現在、中国の広東（カントン）省でいうところの雲呑（ワンタン）です。これは餛飩の広東語読みのワンタンを当てた文字で、熱いスープに浮いている様が浮雲のように見え、それをスープといっしょにスプーンですくって食べる（呑（の）む）食べ方からつけられた俗名なのです。

餛飩は元来中国北方のものでした。『中国面点史』には春秋の時代の墓から出土した麺片製品を写真で紹介していますが、それは今日の王冠型の餛飩と餃子にそっくりです。

私も新疆ウイグル自治区のウルムチにある博物館で唐の時代に出土した餃子を見たことがあります。

餛飩と餃子はもともと麺片を用いる同じ仲間です。麺片に肉や野菜の餡をのせ、二つに折って麺片の端同士をしっかり合わせて、ゆでます。強いていえば餛飩は匙ですくいやすくするために王冠状にしたりします。

大きく異なるのは食べ方です。餛飩はゆでてから味付けした肉の熱いスープに浮かべます。餃子はゆでたてを酢、または酢をベースにしたソースを付けて食べます。この食べ方が本来の姿なのです。漢代には湯餅や水引餅、餛飩、切麺粥などの他に索餅も食べられていました。劉熙の手になる字書『釈名』[*7]の飲食の部にその名が登場します。「形状によってその名がある」と書かれていますが、その形状はさっぱりわかりません。しかし、清代に書かれた『釈名』の解説書である『釋名疏證補』には「索餅

*7　釈名（しゃくみょう）。後漢中期の字書。全八巻。劉熙（りゅうき）の撰。釈天・釈地など二七類に分け、天地山水・人体・衣食住などの事物別の名称を音声に近い言葉で語源を説明している。

長く手延べした麺の紐を竹管にまわし掛ける前に両掌で挟んで縄をなうようによりをかける。現在も「縄なう」という。再現・筆者。

とは、すなわち、「水引餅である」としています。だとすると索餅（さくべい）は水引餅から進化した手延べ麺であることになります。麺としての索餅の索は「縄をなう形」ですが、象形文字では[象形文字]、上部は縄の結びはじめを示し、中の88はなっている形状を表し、中央の——は麺の縄の両端を持って左右または上下に引っ張る動作を示しています。ということは小麦粉の練り粉のドゥを小片にちぎり、両掌で挟んでもみもみしながら、細く長くもみだす（この手法は今も山西省で燕麦粉（えんばく）で作る麺で用いられており新疆ウイグル自治区でもサンズ作りに用いています）か、板の上に置いて両掌で押さえてもんで長くしたもの（現在も山西省で見られ鼠毛麺（シュウマオミエン）という）の両端を持ち、縄状に捻（ねじ）り、再び左右に引っ張って細く手延べした麺であったと考えられます。縄状になうと引っ張っても麺条はちぎれにくいのです。

この手法は現在にも受け継がれており、中国東北部山東省を起源とする抻条麺（テンジャオミエン）こと拉麺（ラミエン）作りに生きています。他に浙江省温州（おんしゅう）市南山村の索麺（ソウミエン）作りにこの手法を用いています。

おそらく唐代に更に進化して棒管や竹管二本を台に差し込み、それに長く細くした麺条を何回もまわし掛ける時に、麺の紐を両掌ではさんで捻りをかけるようになったのです。それを更に細く長く引き延ばして乾燥させる技術へと進化していったのです。

その技術が奈良時代に日本に伝わりました。

日本最古の辞典である『新撰字鏡』には、索餅に牟義縄と和名を当て、「縄なう」と解説しています。この言葉はすべて手作業で行う現在のそうめん作りに生きており、竹管に麺の紐をまわし掛ける前によりをかけています。

のちに述べる聖武天皇の左大臣だった長屋王邸宅跡から出土した木簡（木片に墨で書かれた記録）にも「麦縄」とあります。

通説で多いのは縄のようにない、短く切って油で揚げた唐菓子の一つであるということです。しかし索餅の材料の中には胡麻油や他の油は出てきません。索餅を唐菓子の一つに挙げたのは平安時代の『西宮記』ですが、残念ながら索餅は麺であって菓子ではありません。また蒸した菓子でもありません。れっきとした麺条です。平安時代

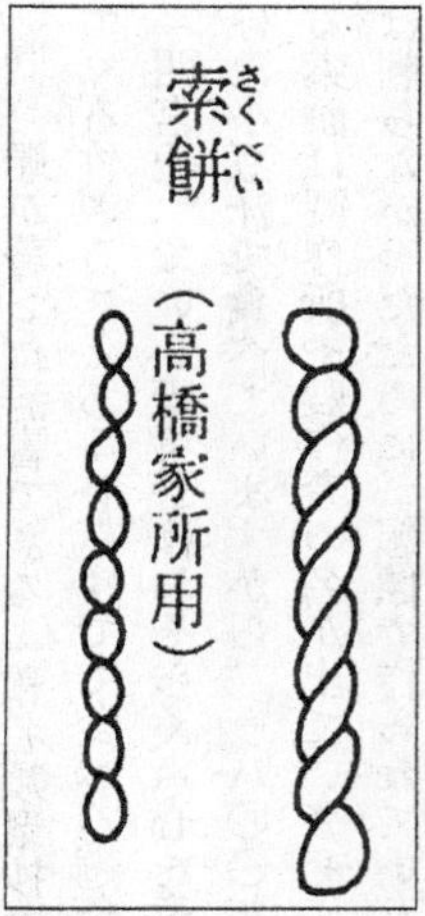

索餅（高橋家所用）

高橋家索餅の図
『新訂建武年中行事註解』
（講談社）

源順（みなもとのしたごう）が著した辞書である『和名類聚抄（わみょうるいじゅしょう）』の竹器類の部に笊籬（むぎすくい）（『斉民要術』に出てくる竹ざる）とあるからゆでて食べる麺条であったことは間違いありません。『西宮記』でいう唐菓子はおそらく点心を意味したものと思います。当時、甘味を付けた小豆汁で食べていますから。一八〇〇年代に描かれた藤原貞幹（ふじわらさだもと）の『集古図（しゅうこず）』にある索餅は製作所や製作者の名が出ていません。このころ索餅はとだえておりその実体は判らなかったために、想像で作られていたものと思われます。この『集古図』の索餅の図から、今長崎で作られている麻花児餅（マホワルウピン）（ねじり揚菓子）がそれだという人もおり、そのような解説をして売っている業者もいます。

多くの学者はあの『集古図』に描かれた索餅がインプットされているために、索餅は太い縄のように作った唐菓子であるというのです。

奈良時代、「索餅（さくべい）」は「麦縄」と呼ばれた

水引餅は一本一本と引き延ばさなくてはならず、引き延ばしたものから順次沸とう湯に入れると、ゆで加減が均一にならず、ゆで上がりにムラができます。そのうえ生産性も悪く、これは現在山西省を中心にして行なわれる三日月形のブリキ製のナイフで麺体を早技で沸とう湯の中へ削り入れる刀削麺（タオシャオミエン）、あるいは柔らかく練ったドゥ、麺糊（ミエンフ）を三角形の長箸で沸とう湯の中へ切りとばしてゆでる発魚児（パオユイルウ）にも通じる欠点です。

その欠点を少なくしたのが、索餅です。索餅の製法は奈良時代に中国から日本に伝わり、麦縄と呼ばれました。都であった平城京の東西の市で売られ、天武天皇のお孫さんである長屋王の邸宅跡から出土した木簡に「……山寺麦縄価……」とあります。長屋王邸には家政所があり、そこで作っていました。この木簡の記録はどこかの寺へ麦縄を売った時の伝票です。長屋王は商店も経営していました。

長屋王邸やほかの貴族たちの麦縄の食べ方は唐の食べ方と同じで、『正倉院文書』を見ると、ゆでて冷やしあらい、器に盛って食べる冷淘でした。和え料（韲料または虀料とも書く、調味料や薬味のことです）としてせん切りにしたしょうがやみょうがをトッピングし、二杯酢様のソースや酢味噌をかけ、和えて食べたのです。時にはゆで小豆の汁に水飴で味をつけ、そこに浮かべて食べました。これが善哉のルーツなのです。

麦縄を冷やして和えて食べる食べ方は今日中国の上海あたりでよく行なわれる涼拌麺や日本の冷やし中華そばのルーツでもあるのです。

ちなみに製粉用の水車は東大寺境内にあり、「碓殿」と呼ばれていました。その場所を示す転害（碾磑）門が残っています。国宝になっています。平成一二（二〇〇〇）年に東大寺境内の古井戸から水車の石臼の破片が発見されました。

そして平安時代になると麦縄を作る食材の配合や道具、乾燥させるための竹管、保存する籠までの年料が記録されます。その原文を挙げましょう。

索餅料小麦卅石。御并中宮料各十五斛。粉米九斛。同料各四斛五斗。紀伊鹽二斛七斗。絹并薄絁篩各卅二口。別四尺。曝麥調布單二條。別三尺。承塵帳四條。別二丈一尺。三年一請。褁麵布十六條。別五尺。水篦杷布四條。別六尺。席。折薦各六枚。韓櫃四合。明櫃。折櫃。鹿笘。壺各四合。缶。洗盤各四口。瓫。堝各十六口。水麻笥八口。匏十六柄。槽二隻。箕四枚。臼一腰。杵二枚。別脚案四脚。中取案四脚。刀子四枚。羅四口。乾索餅籠十六口。長三尺。廣二尺。鍬二口。竹一百五十株。褠十條。別五尺。襌十條。別六尺。頭巾廿條。別三尺。薪日卅斤。仕丁所レ採。

*8『延喜式』巻三十三 *9大膳式より

『延喜式』は藤原時平（八七一〜九〇九）忠平（八八〇〜九四九）兄弟らが、醍醐天皇の命を受け編集した宮中の年中行事の細則の法典です。

この供御料は十一月一日から翌年十月三十日までのもので、宮中に仕える下級の女官が、下働きをする女の者を率いて内膳（台盤所、料理を盛り付ける台所）の司に赴き、毎日天皇や皇后に供する索餅を作ったのです。しかし、天皇や皇后はゆでて水で冷やし洗って器に盛られた索餅を眺めるだけで、召しあがらなかったのです。眺めるだけの料理を据供御、実際に食べるものを召供御と呼びました。

原文を見てすぐわかるように、まず麦縄を作る食材が書かれています。つまり、小麦と粉米（粉にする米）、塩。この塩は紀州からの貢ぎ物です。

宮中の作業は古式を重んじますから、小麦、ならびに米を粉末にするのにひき臼は用いておらず、木臼に入れ、たて杵を持って二人して搗きくだき、粉末にしてから薄絁（粗い絹糸で平織りした布）や目の細かい絹布をはった篩にかけてふすま（小麦の糠）を取り除きました。先に薄絁の篩、後で絹布の篩でふるい、微細粉した真白い小麦粉だけを使用したのです。篩に残ったものは二たび、三たび搗いて粉にするという、じつに生産性の低い製粉法でした。古代エジプトや今日でもインドでスパイスを磨りつぶす道具である石製の板とすり棒がセットになったサドルカーンとそう効率は変わりません。

このように手をかけて得た小麦粉（一斗の小麦から小麦粉が一斗五升とれたといいます。目方はふすま（糠）の分だけ減りますが、篩にかけると空気が入って量が増え

＊8　延喜式（えんぎしき）。弘仁式・貞観式の後を承けて編修された律令の施行細則。五〇巻。九〇五年、醍醐天皇の命を受けて始められ、九六七年に完成。禁裏の年中行事・百官の儀・臨時の作法などが漢文で記されている。
＊9　大膳式（だいぜんしき）。『延喜式』の中で、宮中用の雑物、食膳、食料を司る大膳職（宮内省の所管）に関する式を集めたもの。

るから、こうなるのです）を大木をくりぬいて作った槽(ふね)に入れ、塩水を注いで鍬(くわ)でかき混ぜます。塩水の塩分濃度を変えたかどうかは不明ですが、冬は少なく、夏は多くしたかも知れません。塩を入れるのはコシを強くするためですが、夏塩が多いのは麺の紐（条）が、ダラーッと延びないためです。その練り粉であるドゥを幾つかに分け、それぞれをよく練り、しめらせた布をかけてひととき（二時間ぐらい、夏はもっと短かかったでしょう）ねかせ、熟成させました。

この間に小麦粉に含まれているグルテニンとグリアジンが結合したグルテンが目を醒まし、麺体のコシが強くなり、細く長く引っぱって延ばしてもちぎれにくくなるのです。

この麺体を薦(こも)の上にとり出し、足で踏んでというより、天皇皇后に供しますから、麺体を五〇〇グラムぐらいの大きさにし、案(つくえ)の上で手で押さえ、円板状に薄く広げ、刀子(こがたな)（小刀）でうず巻き状に切り（今日も量は多いのですがそうしています）、それを案の上でこよりをよるように両手で押さえてもみながら細く長いひも状にします。それを手にとり、両掌で挟んで縄をなうようにしてよりをかけながら固定した二本の竹管に巻きとります。このよりをかける作業を「縄なう」と呼びました。現在もそう呼びます。櫃(ひつ)に入れ、麺の表面が乾かないようにふたをして充分に熟成させてから、さらに細く延ばしました。それはおそらく現在のそうめん作りの小引きで、下の竹管を薦の上で両端を両足の親指と中指で揉み、上の竹管の両端を持ってグッ、グッ、グッと引き上げ、膝（ひざ）の高さぐらいまで引き延ばし、再び櫃に入れて一晩寝かせました。再現してみると実によく延びます。グルテンがしっかり出ているからです。

　こうして小引きした索餅を二たび櫃に入れて熟成させてから索餅を干す道具である機（はた）（穴を幾つか開けた長い太い棒を両端をたすきに組んだ細い棒で支える）の穴に竹管の一方を差し掛けて、残った竹管の両端を持って引き延ばし、風にそよがせて乾かしました。現在中国の福建省や台湾で作るそうめん（線麺（手工細麺））は、機の穴に竹管を差し、一気に横に引っぱって半乾燥させます。それは使う小麦粉が準強力粉だからです。日本の中力粉ではできません。彼らは翌日には製品として市場で売ります。

そうめんの作り方を詳しく記述し、絵図にした「小引き（小挽）の図」（「素麺一覧」の部分より―丹波修治述・溝口月耕画）

「索餅（さくべい）（麦縄）」は短期の保存食

　奈良平安期には索餅は夏にも作られていました。夏はおそらく梅雨が明けてからでしょう。『延喜式』の手束（たつか）索餅料に三月一日から八月三十日まで作るものと、九月一日より翌年二月三十日に作る材料が書かれています。

先の宮中の索餅料の記述からみても、年中作っていたことになります。『延喜式』にある索餅の出来高を見ると小麦粉だけで作っており、米の粉は打ち粉のようです。少しは混ぜることもあったようで、奈良時代の『正倉院文書』では米の粉を混ぜたものを下物としており、小麦粉だけで作るものより安く売られていました。小麦粉だけで作るより太く、味も劣りました。天皇・皇后に供する物は小麦粉一〇〇%です。平城京の東西の市で売る物には小麦粉一〇〇%製と米の粉を混ぜたものがあったのです。七夕のころは新小麦で作りました。七夕は小麦の新穂や夏作物の収穫を祝う盂蘭盆会の予祝祭でもあったのです。索餅の原料である小麦は秋の終わりに種を蒔(ま)き、春に育てて初夏に苅(か)りとります。索餅の出来高は左記の通りです。

　索餅料。小麥粉一石五斗。米粉六斗。鹽五升。得㆓六百七十五藁㆒。粉一升得㆓四藁半㆒。藁別煹㆓得三合㆒。手束索餅亦同。（『延喜式』）

注　煹は小麦粉と米の粉を合わせた一藁（把）分の粉の数量。中国の古代文字に精通している白川静(しらかわしずか)氏は蒸す意味はないと否定しています。

小麦が日本で栽培されるのは縄文中期のことです。どうも細々と作っていたようで飛鳥・奈良時代以降の政権は何回も麦（大・小）を作り、米の補いにするようにと「勧農」政策をとっています。だが百の姓を持つ人らはなかなか麦作りに精を出さず、麦の実が未熟なうちに苅りとり、馬の飼料として売って金にしています。その方が麦にするよりお金になったからです。そのためか、麦の青苅の禁止令が、天平勝宝三（七五一）年、大同三（八〇八）年、弘仁一〇（八一九）年、承和六（八三九）年と四度も出されています。「太政官符」《天平勝宝三（七五一）年》には「大小麦はなつの食糧（米）不足の助けになる。だのに愚かな百姓は……青刈りをして大麦・小麦を失ってしまう。今より以後断固青苅を禁止せよ」とあるのです。

万葉集にはその青苅の麦を歌っており、馬の飼料にされています。

「馬柵越しに　麦食む駒の罵らゆれど　なほし恋しく思ひかねつも　三〇九六」

このころの小麦は五幾内（山城、大和、河内、和泉、摂津）、そして阿波で栽培していました。

索餅は当時常食（主食）糧の米が不足する夏の大切な短期の保存食でした。そのため乾燥させたものを幅二尺（約六六センチ）、長さ三尺（約九九センチ）の籠に入れ、ふたをして保存しましたが、櫃に入れることもありました。しかし、平安時代には「去年置の麦縄がよきもの」という言い伝えがあり、当時の説話集である[*10]『今昔物語』には、「夏のころ麦縄が多くできた。客人たち多く集まり、それを食べた。しか

そうめんなどが飾られた七夕の供えもの（貝原益軒著の『女大学』より）

し、全部食べきれなかったので、誰かが、少しねかせると『古麦』と呼び薬になるといった。それを聞いて僧職の偉い地位にある別当が大きな折櫃に入れて忘れてしまった。そのまま次の年の夏ごろに別当が思い出し、もしや去年置の麦縄は損じているのではないかと、折櫃のふたを開けてみると、当の麦縄はなく、小さな蛇になっていた」というのが、大略の筋書きです。

『今昔物語』では仏供を粗末にしたたたりとしていますが、この説話のルーツは中国です。というのは、北宋の時代（九六〇～一一二五）、首都汴京（現開封）では長い索餅を蛇に見たてて縄状にない、元旦に（このころ中国では索餅は年中作っている）地面に穴を掘り、炒った黒豆やゆで卵（中国では鶏蛋）とともに埋めました。そして「蛇行かば病行り、黒豆生ぜば病行り、卵生まれれば病行る」といって埋めて邪気を祓ったというのです。

これは新年の歳神様に無病息災を願うためのお祓い

でした。そういった説話が日本に端片だけ伝わって、『今昔物語』の中に加えられたのではないでしょうか。

この『今昔物語』の説話から昔の索餅はかなり太いものであったとの説を支持する方が多いのですが、じつはそうではなく、とにかくこの別当は品性はいやしく、酒を飲んだり、女をだいたりと、元の木阿弥（もくあみ）、品性の悪い人間に戻ったという話をするために、索餅を例にたとえたのです。索餅は生地を刀子でうず巻状に切るとどくろ巻きの蛇に見えます。北宋の時代に細くて長い索餅を完全に乾ききらないうちに蛇に見たててなったのです。再現してみると索餅はかなり細く生で二・五ミリ以下の太さで乾くと更に細く一・八～一・九ミリになりました。

長寿を願って食べた長寿麺は「索餅（さくべい）」

この新物の索餅を七夕に食べる風習は奈良・平安のころ民間にありました。それを宮中に取り入れたのが、平安時代前期の宇多（うだ）天皇であるといわれています。

この「七夕（しちせき）」を「たなばた」と読むのは日本で、「しちせき」と読むのが正しいの

＊10　今昔物語（こんじゃくものがたり）。十二世紀前半に成立した説話集で、一二〇〇余の説話が天竺（インド）、震旦（中国）、本朝（日本）の三部に分けて収められている。各説話が「今は昔」で始まるのが特徴。わが国最大の古説話集で、全三一巻。作者は未詳。

です。万葉のころ朝鮮半島から布を織る機が入りました。それをモデルに国産品を作り、五白機立ての機織工場も作りました。そのおかげで、美しい絹織物がたくさん織られました。その大切な機を床より一段高い所に棚床を作り、そこに据え、布を織ったのです。そのため、棚機といいました。昔は糸をつむぎ、布を織り、断ち縫いすることは女の仕事、その手芸の上達を願い、索餅を糸に見たてて夏作物のなすや瓜、果物などを星に供え、そして食べたのです。ために、七夕をたなばたと呼ぶようになりました。正式には乞巧奠というのです。この七夕の祭は中国伝来なのです。

さてその索餅はどれくらいの長さだったのでしょうか。半乾きの索餅を竹管からはずしたその長さは再現すると一メートル強に及びます。節を切り、納める竹籠の幅に合わせて五〇センチぐらいに切り、女の人の親指と中指でひと握りして、きれいに掃除した稲わらで結え、これを一藁と呼びました。出来高を示した記録から計算すると一藁（把）約二〇〇グラムくらいです。

平安時代、天皇家における正月朝賀の儀では「歯固の儀」と称して、一本足の膳である高杯に屠蘇酒や鏡餅、高盛にした猪や鹿の切身肉、ならびに鯛の切身の高盛、押鮎の切身の高盛などを配し、天皇の長寿と健康、ならびに国家の安泰を祈願するために、殿上人達は天皇と共にこれらを拝しました。固い物（鏡餅）を食べられるということは、歯の丈夫を意味し、健康、長寿の素であると信じられていたからです。清少納言は『枕草子』の中で「歯を固める」と書いています。

この元旦の朝賀の節会に参加した殿上人である公家たちに振るまわれたのは、実際に食べる召供御で、餛飩と鮑の汁、索餅でした。索餅は細くて長いため、それにあやかって長寿であることを願ったのです。これを中国では長寿麺と呼びますが、そのルーツは中国の唐代にその言葉が出てきます。もともとは子供が生まれたときに、命の長きことを祈ったのです。今も正月やお祝いのときに春陽麺とか長寿麺と呼び、細くて長い麺条を食べる風習は中国に残っています。

今まで紹介してきた水溲餅、水引餅、餛飩、索餅は大昔すべて手延べであり、餛飩を除いては細くて長い麺条です。餺飥は薄く、平たい舌型の滑らかな麺片ですが平安時代に日本に伝わって幅広の平たく長い麺になっていくのです。

中国の文献では索餅の材料や配合、その作り方はまったく不明ですが、日本の資料を見ると、小麦粉とともに使われている粉米こと米の粉は、中国においてはでんぷんで、一部を混ぜ、あとは打ち粉にした記録があります。そのことについては後述しますが、中国において粉は日本のように穀類全般の粉をさすのではなく、でんぷんを意味します。今も中国では麺棒や桿と呼ぶ長い竹筒に腰かけて、土間を足でけりながら前後にすすみつつ薄く延ばして庖丁切りにしたり、機械打ちにする麺にも打ち粉としてでんぷんを使用します。同じ粉を使うと麺どうしがくっつきやすく、それを防ぐのに性質が異なるでんぷんを打ち粉にした方が仕事が楽で、ゆでても表面がなめらかで、つやがよいのです。触感もつるんとして心地よく、かつ、食べやすいのです。日本には奈良・平安時代、まだでんぷんはなかった（葛粉はありましたが薬用で高価なため、使えません）から、米の粉で代用したのです。使いすぎると延びにくくなります。ただし、山東省生まれの拽条麺は同じ粉を打ち粉にして手延べします。

今みてきたように、後漢から南北朝にかけてが麺片や麺条の誕生期ですが、唐代はその革新期で、桿（麺棒）で延ばし、庖丁で細く、あるいは幅広く切る切麺が生まれました。その技術は今日まで延々と続いており、日本の手打ちうどんや庖丁切りのほうとう、そば切りに受けつがれています。江戸中期元禄のころ登場する日本の蕎麦切り庖丁も中国の菜刀によく似ており、日本において改良されたものです。

第三章　麺類の確立——碱水（かんすい）が出現

麺類の確立——鹹水が出現《対談編》

安藤百福×奥村彪生

安藤　唐代を経て北宋、南宋に至って、麺の総合的な体系が完成するわけですね。
奥村　麺の原型がほとんど出そろいます。調理の歴史上、重要な時代でもあります。
安藤　唐時代、中国は世界最大の文明国になり、文化全般が爛熟する。グルメな中国人ですから当然、食べ物も発達する理屈です。
奥村　交易が活発になり、広域的に文物が交流します。商人が外国からもさかんにやって来ましてね、そのせいで外食産業が興る。北宋では旅人などを対象とした料理店や点心の専門店が繁盛しますが、これが世界最初のファースト・フード店ということになるでしょう。
安藤　麺類の店もできたのですか。
奥村　麺類を専門的に扱う店を分茶といったのですが、いちばん人気だったようですよ。
安藤　ほう、それは頼もしい。それでどんな食べ方だったのでしょう。
奥村　それまでの麺類は、二杯酢のようなソースであえるか、冷やがけのような麺スタイルが主流だったのです。北宋の時代に入ると、熱いスープにいれる湯麺（タンミエン）が好まれ、一鉢におかずもいっしょに入れるトッピングも始まります。要するにスープ、主食の麺、おかずがセットになるのです。経済の高度成長期に入って短時間で食べられる麺食が歓迎されたのです。

安藤　てんぷらうどんとかきつねうどんなどのルーツはここにあるわけですね。ラーメンはいかがですか。

奥村　基本的な構造は、この時代に整ったといえる……と思います。ラーメンを考える場合、大切なのは碱水ですが、食用に登場するのもまた、宋代なのです。小麦粉のつなぎには、卵や山の芋（薯蕷（じょよ））が用いられるけれど、碱水のないラーメンの麺は気の抜けたサイダーみたいなものです。碱水や灰水（あく）をもってラーメンの麺の一条件とすれば、肉系のスープに浮かべるとまさにラーメンが形をなした時代といえます。

安藤　『即席麺類の日本農林規格』でも「即席中華麺」の項で「即席麺類のうち、小麦粉又はこれに植物性たん白若しくは卵粉等を加えたものを原料とし、かんすいをもちいてつくられたものをいう」と碱水を必須の条件としています。独特の風味は最初、抵抗感があるかもしれませんが、癖になる味です。麺にコシを与えるのに、大切な素材です。

奥村　中国では、胃腸を調える効果あり、とされている地域もありますよ。やがて明（みん）

時代に山東省（さんとう）で「拉麺（ラミエン）」が登場しますが、手で何百本にも束ねて延ばすには、碱水が必要でした。作業性の上でも大切な役割をはたしているのです。

安藤　それにしても、碱水は不思議な食品添加物ですよね。食にとことんこだわる中国らしい風味です。

奥村　世界には奇想天外な食品はたくさんありますがこれは最たるものです。肉のスープにもこの香りが実によく合っておいしさ度は高まるのです。

安藤　碱水の主成分は炭酸ナトリウムですが、碱を含んだ湖水があり、これが自然に固まったものといわれていますが……。

奥村　モンゴル周辺は強アルカリ性土壌だそうで、大体が乾燥地帯であるうえに、日照りが続くと地表に白く固まった碱ができるといいます。地下水にも碱が含まれていたので、経験的に効果が確かめられていったのでしょうね。アルカリ土壌でない地域では、代用品として草木の灰を使ってます。西域では積々草（チィチィカオ）というよもぎの仲間を燃やし、灰を樹液といっしょに固めてかちかちにします。これを蓬灰（ほうかい）といって、ウルムチで売っていました。甘粛省（かんしゅく）の蘭州（らんしゅう）で実際に鍋（なべ）で煮溶かしているのを見ました。

安藤　碱水の重要性はわかりました。でも最近、ラーメンが即席麺の愛称のように使われます。中国や韓国の用例では、ラーメン＝即席麺ですね。

奥村　一般に世界ではラーメンは日本の即席麺という受けとめ方のように思われます。

ラーメンの語源、定義については後の章で検討したいと思います。

汴京（現開封）にできた本格的なファースト・フード店

国破れて山河在り　城春にして草木深し
時に感じては花にも涙を濺ぎ
別れを恨んでは鳥にも心を驚かす
烽火　三月に連なり
家書　万金に抵る
白頭　掻けば更に短かく
渾て簪に勝えざらんと欲す

と杜甫は荒れはてた唐の都であった長安を見てこう詠みました。

唐帝国の皇帝であった玄宗（在位七一二〜七五六）は晩年絶世の美人といわれた楊貴妃にうつつをぬかし、政治に熱が入らず、反乱軍のために楊貴妃とともに長安を脱出します。しかし、護衛兵がその途中で反乱を起こして妃は殺害されました。楊貴妃三十八歳でした。

唐帝国が亡び（九〇七年）、五代十国の時代（九〇七〜九六〇年）を経て宋朝（九六〇〜九七六年）が興り、都を長安から汴京に移しました。ここでは文治政治に重きがおかれ、科挙[*11]に合格した者が役人を務めました。首都汴京は活気に満ち、商業、農業ともに発達し、農産物の生産も上がりました。大量消費をあてこんで高級野菜の栽培、淡水魚の養殖、家畜の飼育も行なわれ、油や酢、塩なども主要な商品でした。それらとともに、工芸ことに高温で焼く美しいガラス質の磁器が大発展をとげます。これも農村で行なわれました。

また、中国の南の方では福建省泉州を中心にして南海貿易がさかんになり、アラビアやイランなどと海上貿易をし、泉州を筆頭に揚州や広州などの港が賑わいをみせます。

経済が発達すると貨幣での取り引きも進展します。銅銭ばかりではなく、金銀も貨幣に用いられ、紙幣まで流通しました。

汴京に各地から集まる旅人や商人のために飲食店や点心（麺や饅頭・包子など）専門店が多くありました。漢代にはすでにファースト・フードらしきものはありましたが（『塩鉄論』によります）宋代に大発展します。北宋の時代、張択端によって描かれた『清明上河図』[*12]にはその賑わいと飲食店が描かれています。『清明上河図』は北

*11　科挙（かきょ）。中国で行なわれた官吏登用試験。隋代から清朝末（五八〇〜一九〇五年）まで、一三〇〇年以上にわたって実施された。秀才・進士・明経などの六科に分け、教典・詩文などを試験した。

宋の都での清明節の賑わいを描いたものです。清明節は冬至の日から百五日目に当たる（太陽暦では四月初旬）もっともすがすがしい（清明）春の訪れを祝うものです。墓参りと先祖の供養を中心にした行事です。日本の春の彼岸に当たります。

この画巻は汴京の郊外の風景に始まり、新芽を萌した柳、牛をひく農家の人、あるいは椅子とテーブルで食事をする食堂が描かれ、じつにのどかな風景が展開しています。そして汴河の賑わいが描かれ、江南から運ばれてきた物資、主に米や南海貿易品などを積みこんだ輸送船も見られます。河岸には飲食店や酒店もあり、そこに出入りする人々も描かれています。

第三場面の汴河に架かる石造りのアーチ型の橋、虹橋路上では屋台や傘の下（大きな傘を広げた屋台を日本でそう言う）、振り売りが行なわれ、行き来する人がごったがえしています。その情景は喧噪そのものです。そして東角子門に至る町並には高級酒家（日本でいう料亭）や点心（軽食）を商う商店が描かれています。

東角子門を過ぎるとさらに活気が満ちてきます。

北宋以前の唐の時代は旅人はたいてい自炊をしました。それが原則であったことは先に書きました。食文化が発達するためには権力者や富豪がおり、政治が安定し、それを背景に経済も高揚し、その都市に人々が集まって来て、金が舞うことが重要です。そのことにより、庶民も潤うのです。

幸いに汴京は北宋の首都であり、そこには権力者や商売で大儲(もう)けをした大富豪たちがいました。ぜいたくになれたその人たちの味覚と食へのあくなき希求を満足させるために、高温で調理する鉄鍋や調理技術、調味料、器などが発達しました。その調理技術がこの町に集まってくる旅人や市内で生活する庶民の食べ物の味にまで影響を与え、安くてうまい食べ物が提供されるようになったのです。そして商店で働く人々に手作りの菜(さい)を食べさせていては、その食材と手間と燃料費がかさみ、それが不経済ということで、外食するのが普通でした。貨幣経済の発達がそれを促進させたのです。金さえ出せば、いつでもおいしい食べ物が食べられたのです。出張パーティのサービス業も発達しました。

サービス業が発達した汴京

北宋の首都汴京(べんけい)はファースト・フードで食生活が成りたった世界最初の町です。

＊12　清明上河図（せいめいじょうかず）。北宋代に張択端により描かれた。春の清明節を画題に、賑わう北宋末の首都・東京開封（とうけいかいほう）府の景観を描いたとされている。

＊13　東京夢華録（とうけいむかろく）。南宋代初期の随筆。孟元老（メンユアンロウ）著。全一〇巻。北宋の首都東京の栄えた様子を、年中行事・市民の生活・飲食店などを中心に想い出ふうにまとめた本。のちの風俗書の見本ともなった。各地の名物料理の記事もあり、その発祥を探る貴重な資料でもある。

その汴京の繁盛ぶりを記録したのが、十二世紀のはじめ、孟元老によって書かれた*13『東京夢華録』一〇巻です。汴京（現河南省開封市）をなぜ当時東京と呼んだかというと、かつての唐の都である洛陽を西京と呼んだのに対し、汴京が洛陽の東にあったので東京といったのです。京とは都のことです。日本でいえば西京（京都）と東京です。

城内の東華門の外はもっとも繁華な町並で、宮中御用達の品々はここで買いあげられたそうです。あらゆる飲食物、はしりものの花や果実、魚、蝦、鼈、蟹、鶉や兎、脯腊（干し肉や干し鳥、干し魚）、金玉の珍玩から衣類、どれをとってもこの世の珍品ばかりであったといいます。そして食品の種類は何十となくあり、買い手が十種か二十種類の酒肴を欲しがっても、たちどころにそろうほどで、早出しの野菜は少々高くても、皇室や富豪の人らはそんなことを苦にせず、争って買ったそうです。

これら食材のほかに酒や茶など、欲しいものはなんでもそろっていたのです。

州橋を渡ると、両側は民家ですが、その通りの東には車家と炭張家の酒家があり、その次には汴京名物と呼ばれた梅花包子（梅の花を型どったあん入りの蒸しパン）を売る「王楼山洞」という店があり、ほかに肉餅（豚肉入りの煎餅）や羊飯（羊肉入りの北方系の飯。おそらくピラフ（中国名手抓飯）でしょう）、羊肉の煮込みなどの有名店がありました。そのほかに「分茶」と呼ばれる麺類を専門にする店やスープ専門店などもあり、早朝から夜間まで営業されていました。
飲食店は以上のような店構えをした専門店だけではなく、先に書いたように、傘の下で食べさせる店や屋台、振り売りなどもありました。こういった店は『清明上河図』に描かれているとおりです。汴京の町には富豪が通う高級酒家（樓）から庶民的な屋台まで幅広く食べ物屋があり、食べる人のふところ具合でそれ相応のものが食べられたのです。

汴京のもう一つの特徴はサービス業が発達していたことです。家でパーティをしたいと思えば、調理菜から招待状の発送や宴席での給事、酒、それにともなう什器（じゅうき）、備品（テーブルや椅子など）、花、パーティのときに着る服やかつら、扇子などの装飾品までなんでもおまかせという出張パーティ専門店までありました。これ以外に家庭向けの半調理品や惣菜まで売られ、今日の日本をほう彿（ふつ）とさせる有様でした。

麺条（ミエンジャオ）や麺片（宋代は麺は麪と書く）には北方系と南方系のものがあります。北方系のものとしてはゆでた兎の肉を細く切り、塩とねぎを加えて胡麻（ごま）油で炒（いた）め、兎のゆで汁の上澄みで煮、味噌（みそ）少々を加えてさらに煮て、そこに麺条と兎の血（血の塊を細く切ったもの）を入れ、酢と塩で味をととのえる兎盤（ツバン）がありました。ほかには羊の肉を柔らかく煮たのをトッピングした罨生軟羊麺（ユアンシエンルアンヤンミエン）、豚肉の切り身にでんぷんをまぶし薄くたたいてゆでたものをのせた麺条桐皮麺（トンピーミエン）、冷して和えて食べる冷淘棊子（レイタオキーズ）、麺条と飯

えび・貝・魚など三種類の食材をのせた「三鮮麺」

を寄せ鍋風にした寄戸麺飯（おじやうどんのようなもの）がありました。四川風のものとしては焼豚風のものをトッピングした搾肉麺、とてつもなく熱い大燠麺があり、南方系のものでは、桐皮熟膾麺という和え麺がありました。

南宋で食べられた麺条は切麺が主体

　こうして栄華を誇った北宋の首都、汴京でしたが、ツングース系の女真族である金が力をつけ、華北に侵入します。汴京は一一二七年に陥落しました。そのために宋朝は江南に移り、首都を臨安（現在の浙江省杭州）に置き、南宋と呼ばれました。江南と華北を結ぶ大運河が作られたのが隋（五八一～六〇六）の時代ですが、その恩恵を受けたのが汴京（開封）と臨安（杭州）といえます。そして大運河の北端にあるのが汴京で、南端にあるのが臨安です。

　北宋から南宋へと時代が変わると、北方民族の侵入から逃れるために、華北の人びとが大勢江南へ流れて来て人口が増えました。しかし、江南には米というカロリーが高く、栄養価も小麦よりよく、連作障害もない、二毛作が可能な水田稲作がありました。江南の人々は、稲作の田圃を効率よく回転させたために、彼らボート・ピープルたちを養うことができたのです。しかし、北方から来た人たちは米よりも小麦の方が好きだったために、稲作の裏作として、小麦を栽培しました。

北宋の時代は米は江南から運河で汴京まで運ばれましたが、南宋ではその必要はなく、米を主食にしながら小麦粉製品である饅頭や包子、あるいは餃子、餛飩、麺条などが同じ食卓に並ぶようになりました。米どころの江南の地臨安で華北と華南の食文化が融合したのです。

南宋の首都・臨安は北宋の都であった汴京に負けず劣らず繁華な街でした。その繁栄ぶりを記録したのが『夢粱録』[*14]です。この記録は北宋のころに書かれた『東京夢華録』をお手本にしています。この『夢粱録』には麺食店が挙げられており、麪の文字は「麵」へと逆もどりしています。

麺条の調理も北宋のころより種類が多く、ゆでた鶏肉のせん切りをトッピングした鶏絲麺やえびや貝、魚など鮮度のよい食材を三種類のせた三鮮麺、江南竹（孟宗竹）の本場である杭州名物の竹の子と豚肉を入れた筍潑肉麺、鶏肉と麺条をいっしょに炒

*14　夢粱録（むりょうろく）。元代初期の随筆。全二〇巻。呉自牧の著で、『東京夢華録』の体裁に倣い、南宋朝の首都臨安の年中行事・商店・物産などについて記す。南宋時代の飲食を知る恰好の資料。

ゆでた鶏肉のせん切りをトッピングした「鶏絲麺」

めた炒鶏麺（ひょっとすると炒めた鶏肉をトッピングした湯麺かもしれない）、田ウナギを細く切って炒めた具をのせた炒鱔麺などがありました。炒鱔麺は清代に著されたグルマンの随園先生こと袁枚の『随園食単』にも登場します。現在も作られている息の長い麺料理です。そして西湖の魚を使ったものには、卸ろした魚の身を平たくそぎ切り、でんぷんをつけてくるくると巻いてスープで煮たものをのせた捲魚麺もありました。

北方系のものとしては羊の脚肉と胃と肺を煮た物をせん切りにし、錦糸卵や黄韮や干したマッシュルーム（磨菇）などを細い麺といっしょに熱いスープに入れる春盤麺、あるいは細い乾索麺と羊の脚肉のせん切りや錦糸卵を浮かせる掛麺（手延べそうめん）、はたまた、羊の背の皮や舌、腎臓を柔らかくゆでてからそぎ切りにし、上等の濃く熱いスープにゆでた麺条と浮かべる羊皮麺などがありました。変わったものでは乳餅麺です。乳餅は牛乳を加熱したときに表面に張るカゼインで、それを何枚も重ねて干したもの。モンゴルでいうウルムに似たものです。

そのほかに、塩蒸麺、菜麺（野菜だけをトッピングした湯麺）、肉淘麺（冷し肉麺）、素麺（精進の熱いスープに麺を浮かせたもの）、三鮮棊子、蝦蟍棊子、えびやせん切りの鶏肉を加えた棊子なども出てきます。

以上のように南宋で食べられていた麺条は切り麺が主役であったのです。そして生の切り麺以外に干したものがあり、これは手延べの麺条を竹管や綿木にわたしかけ、機と呼ぶ道具にかけて引き延ばした索麺です。掛麺とも呼びました。これは唐代の索餅の系列で、宋代末には麺条の表面に植物油を塗り、手延べするもので索麺と名を変え、その製法が臨安から日本に鎌倉時代始めに伝わるのです。

宋・元時代の料理書に出てくる麺の数々

やがて南宋はモンゴル帝国第五代フビライ・ハン（世祖）によって滅ぼされます。一二七六年のことです。

フビライは国号を元と改め都を北京に移しました。イタリアの商人、マルコ・ポーロが元で活躍した元代始め、家庭の人が生活に必要な生活便覧を作りました。それを[*15]『居家必用事類全集』といいますが百科全集の編者は不明です。この全集には宋代末から元代初の北方系、南方系の料理や麺条がたくさん出てきます。そのうえ作り方が記載されているので、それはどういうものかという点まで把握できます。ここでは麺片や麺条を中心にして、その名称と作り方を書くことにします。「麺」が再び麪と書きかえられます。

「水滑麪（スイファミエン）」

これは後漢や南北朝のころの水溲餅、あるいは唐代の水引餅の流れをくむものです。しかしスープは使わず、植物油と塩を水に加え、いちばんふるいの上質の小麦粉（白麺）に徐々に注いでかき混ぜ、そぼろ（パラパラ）状にします。これをまとめ、小さい塊（こぶし大）にちぎり、油水を少しふりかけて百回～二百回揉（も）みます。日本のもちのように肌のきめが細かく、そしてモチモチと柔らかくなったら麺棒で押し延ばすのです。厚さは二センチぐらいにし、その麺体を指頭（親指大）にちぎって揉み、冷たい水に入れて四時間ほど浸しておきます。柔らかくなり粘性が出たら（水引餅のように）両手で上下に引き延ばしてゆでます。幅を広くするか、細くするかはお好きなようにとあり、冬はぬるま湯に浸しています。

「索麪（ソウミエン）」

索餅（ソウビン）から進化した麺条です。餅が麪（麺）に変わっていることにご注目いただきたいのです。麪は巻頭に書いたように小麦粉の正字で、俗字は麺。この小麦粉で作られた食品を総称して漢や唐代は餅と呼びました。しかし、宋代以後は同じ小麦粉製品であってもゆでて食べる製品を麪、ていねいに表現する場合は熱いスープに浮かべたり、ソースを掛けて和えて食べましたから湿麪（麺）食品と呼ぶようになります。唐代には饅頭や包子は餅の仲間に入りましたが、これらを元代は乾麪（麺）食品と『居家必用事類全集』では区別しています。前者はウェット、後者はどちらかといえばドライ（セミドライ）で、箸や匙（スプーン）を必要とせず、手でつかんで食べることができるフィンガーフードです。それが理由で乾麪食品として扱われたのです。

さて索麺ですが、小麦粉のこね方は先の水滑麺（麪）と同じです。しかし、小麦粉をこねる水には日本のように塩を入れず、水のほかに植物油だけを少し加えます。塩を入れない理由は、日本の小麦粉の粘りを出すたんぱく質含有量は中ぐらいの八～九％に対し、中国は準強力で、たんぱく質含有量は九～一一・五％のために、よく延びるから塩は必要ないのです。練りあげた麺体を小分けにし、紐状にして植物油を表面に塗り、太い箸（鹿のアキレス腱と表記しています）ぐらいにもみ延ばします。それぞれの太さ、長さをそろえることが肝じんです。このひも状の麺条を机か板の上に並

＊15　居家必用事類全集（きょかひつようじるいぜんしゅう）。元代前期の百科全書。著者は未詳。全二〇巻。家庭人として生活するのに必用な知識を分類・整理した生活便覧のような本。モンゴル族をはじめ、漢族以外の民族の料理を紹介しており、宋・元代の飲食史の貴重な資料。

べ、油紙をかけておおい、四時間ほどねかせて熟成させてコシ（粘力、弾力、張力）を出します。この麺条を綿木で作った掛棒に幾重にもまわしかけ、ねじるようにしながら細く引き延ばしてゆきます。そのまま麺条を引っぱるより、かるくねじって引く方がちぎれにくいからです。要するに軽くよりをかけているのです。こうするといっきに引き延ばすよりちぎれにくいのです。

ここで重要な点は、植物油を用いない場合は米粉（ミーフェン）（穀類のでんぷんをさします）を打ち粉にするとの記述があることです。このことから索麺は索餅から進化した麺条であることが判るのです。

打ち粉をしないでねじりながら引き延ばすと麺条の表面は乾き、そこからひび割れして細く、長く延ばすことはできません。

しかも、小麦粉と他の穀類の粉とでは性質が違い、小麦粉を打ち粉にするのと比べ、麺条になじみません。麺棒で延ばし、庖丁（ほうちょう）で細く切る切り麺に比べ、手延べする麺体は加水量は多く、よじって引っ張ったときに、性質の異なる打ち粉を施していないと、くっついてしまうおそれがあります。

索麺は植物油で麺条をコーティングして麺条の肌を守り、乾いてひびが入り、ちぎれるのを防ぎます。だからゆっくり時間をかけてねじっては引っぱることをくりかえし、細い麺条に仕立てることが可能になったのです。

宋代は打ち粉を使って手延べする古い製法から植物油を塗る新方式の製法へ進化する過渡期であったといえます。じつは、索麺と索餅は別物でなく、麺条に植物油を塗るか、塗らないかの違いで、麺条製品としてめんめんとつながっているのです。いずれも乾麺であることが、また共通しています。

「経帯麪(ジンダイミエン)」

経は経、あるいは裙とも書きます。仏典であるお経を巻き、それを留めるための平たい紐をさします。その経帯のごとく幅広く、薄く切った麺条を経帯麺と呼びました。わが国の平うどんことひもかわうどんやきしめんの類(たぐい)です。

その作り方は、索麺同様にいちばんふるいの上質の小麦粉(二斤)に、炭酸ナトリウムを多く含んだ碱(一両)を細かく削って新しくくんだ水に塩(二両)と共に加えます。この碱水を小麦粉に加え、耳たぶぐらいの固さに練ります。

これを麺棒で百余回のし、(油紙をかけて)二時間ほどねかせます。この時にグルテンが目を醒ましコシが強くなるのです。その後再び百余回のし、麺棒に巻きつけ、ころころころがしながら薄く延ばし、麺棒を抜いて(あるいは折りたたんで)経帯のように幅広く庖丁で切ってゆでるのです。熱いスープに浮かべて食べます。この麺棒に麺棒で押し延ばしたものを巻きつけ、ころがしながら薄くするうどんやそば切りの

蘭州式拉麺を作るときに加える灰汁の原料「蓬灰」（ウルムチにて）

技術は中国から伝わったものです。

この麺条の作り方で特筆すべき事柄は碱水で小麦粉を練っていることです。この記述は碱水使用の初見です。『居家必用事類全集』より後に記述された元の宮廷内の料理を書きとめた[*16]『飲膳正要』は全部北方系の料理で、食品の言葉もモンゴル語以外にトルコ語、ペルシャ語、アラビア語などが混じっており、その中に中国語の経帯麺があります。その食べ方はまさに北方系。羊の脚肉をみじん切りにしてよく色づくまで炒め、マッシュルーム（磨菇）をせん切りにし、この二品を（羊の）スープに入れ、コショウをふり、塩と酢で味つけします。これを冷しあらった経帯麺にかけて食べます。現在のウルムチやトルファンのラグマン（手延べの太めん）の食べ方とそっくりです。

聞くところによると中国大陸の西北部から東北部、いわゆるモンゴルから旧満州あたりにかけては強アルカリ性の土壌地帯で、日照りが十日から二週間も続くと地表がまっ白くなるのだそうです。これが石のごとく固まるといいます。それが碱です。土中から湧いてくる水にも多くのアルカリが溶けていますから、その水（天然碱水）で小麦粉を練ると、麺体は小麦粉に含まれているフラボノイド色素がやや黄色に発色し、特有のフレバーが醸し出されます。そのうえコシが強くなめらかで、碱水を加えない麺条に比べてゆで上がりも早いのです。

天然の碱を溶かした碱水は麺条だけではなく、今も饅頭や包子、あるいは餛飩や餃子の皮に入れています。生地の口当たりがよく、中国人の好きな特有の香りがします。天然酵母で作る饅頭や包子のスターターになる老麺(ラオミエン)を使って発酵させると乳酸のため酸っぱくなりますが、それを中和させるために砂糖と碱水を加えるとまさしく中国大陸の味です。イースト発酵のものに比べ個性的な味になるのです。

この天然の碱が使えない地域では灰を溶かした上澄み液を利用しました。その代表は蘭州や新疆(しんきょう)ウイグル自治区でよく使われる蓬灰(ほうかい)です。蘭州式拉麺(山東式の大量に作る拉麺(抻条麺(テンジャオミエン))と異なり、注文を受けてから油を塗って一人前に小分けしたドゥを早技で手延べします)を作るときに加える灰汁(あく)の原料を蓬灰(ほうかい)(中国読みはペンフイ)と書くのには理由があります。それは蓬(よもぎ)の仲間であるトゲの多い積々草(チイチイカオ)を苅(か)り取り、直径一・五メートルほどの深い穴にぎっしり入れて

＊16　飲膳正要（いんぜんせいよう）。元代後期の食養書。全三巻。飲膳太医の忽思慧（こっしけい）が一三三〇年三月三日に文宋に献上した。二三〇種余りの食品材料について簡単な食用と薬用の説明を付し、二三〇余りの宮廷料理を紹介している。

燃やし、蓬から出る樹液が灰を石のごとく硬く固めるからです。この蓬灰の固まりをくだき割り、水とともに鍋に入れ、煮沸させながらアルカリ分を溶解させるのです。ウルムチで聞いた話ですが、ゴビ砂漠でとれる積々草がもっともよいとのことでした。

積々草が採れない土地では堅木を燃した灰で灰汁(あく)を作り、その上澄みを利用しました。この木灰を使い、小麦粉を練るときに加えるのは福建省です。粽(ちまき)をゆでるときにも利用し、着色と風味をつけます。

福建省の影響を大きく受けて育った琉球(りゅうきゅう)(沖縄県)食文化圏の沖縄ではガジュマルと呼ぶ木や砂糖きびの絞り粕を燃やして灰にして水で溶き、その上澄み液を小麦粉に加えて琉球す(そ)ばを作ったのです。今もその技術は沖縄で垣間(かいま)見られますが、本土を含め、多くは科学的に合成した炭酸カリウムと炭酸ナトリウムを主成分とするカンスイ(碱水)を使っています。

「托掌麺(ツオチャンミエン)」

唐代は練り粉の小片を掌で押さえ、それを右手掌にとり、左手でつまんで廻(まわ)しながら、右手の人差指、中指、薬指、小指で押さえながら、円く平たく、薄く延ばした麺片でしたが『居家必用事類全集』では両方に軸になる棒がついた小槌(こづち)のような形をした麺棒で縁が薄くなるように円板状に延ばしています。これをゆでて熱いスープで食べています。具はきゅうりや鶏のせん切りで、どろ状にすったにんにくを薬味にして食べています。すりつぶしたにんにくを蒜酪（スーラオ）と書いていますが、現在では蒜泥（スーニ）と書きます。

「紅糸麺（ホンシミエン）」

ぜいたくでじつにおいしい麺条です。鮮度のよい小えび（二斤）を洗い、むき身にして背わたを除きペースト状にすります。これと川椒（センジャオ）（四川省産のさんしょの実）（三〇粒）、塩（三両）、水（五升）を鍋に入れ、火にかけます。煮たったら弱火にしてあくをすくいとり、しばらく煮て漉（こ）します。この汁を澄ませ、白麺（上質の小麦粉）（二斤二両）と豆粉（緑豆でんぷん）（一斤）を加えてこねるのです。この麺体に固く絞った布をかけ、熟成させます。再びこねてから麺棒（桿（ガン））で延ばし、幅広、あるいは細く自分の好きなように切り、ゆでて熱いスープに浮かべて食べるのです。打ち粉には粉（フェン）（でんぷん）を使います。浮かべて食べるスープは好きなものでよいのですが、豚肉からとったものはいけないとしています。その理由はえびの風味が豚の味によって損われるからだということです。麺はえびの持つ色素で自然に紅くなるのです。

「翠縷麺（クイルミエン）」

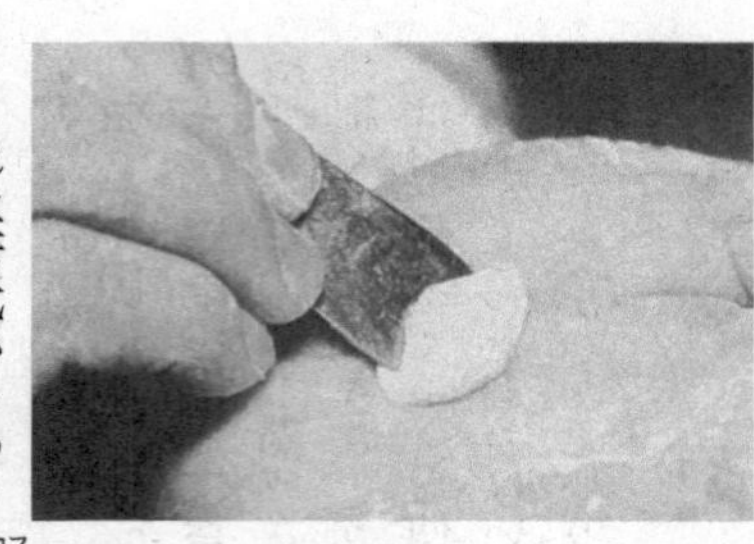

山西省の名物的な麺片のルーツである猫の耳に似せた猫耳朶

これは緑に染めた細麺です。イタリアのほうれん草入りのパスタより歴史は古いのです。槐の若葉を摘んですり、それを絞って青汁をとります。この青汁で小麦粉を練り、薄く桿（竹筒の麺棒）で延ばして細く切ります。これをゆで、冷水にとって冷やします。水切りをして器に盛り、冷たい肉のスープや精進のスープをかけて食べます。味は甘く、色は翠。スープに磨菇（マッシュルーム）を加えると味はよいとありますが、乾燥したものだとスープは黒くなります。

これは唐代からある「槐葉冷淘」ですが、この時代の詩人である杜甫が好んで食べ、詩に詠んでいます。現在はイタリア式にほうれん草をゆでて用います。

「米心棊子」

米粒ほどに小さい棊子麺です。上質の小麦粉を塩水で練り、麺棒で延ばしてから庖丁で細かく碁盤の目に切って干します。これをゆでて胡麻汁で食べるのです。胡麻汁にはゆでてたたいた肉、みじん切りにした糟漬の生姜、同じく醬漬の瓜、みじん切りの胡瓜、香菜（コリアンダー）などを加えて食べます。

ほかに山薬（やまのいも、これは中国原産で日本の自生種はやまいもまたは自然薯）のすり汁を小麦粉に加えて作る麺もあります。このすり汁で作る餺飥は日本には平安時代に伝わっていましたが、江戸のころは薯蕷麺と呼ばれ、小麦粉でなく、米の粉で作りました。

「玲瓏撥魚」

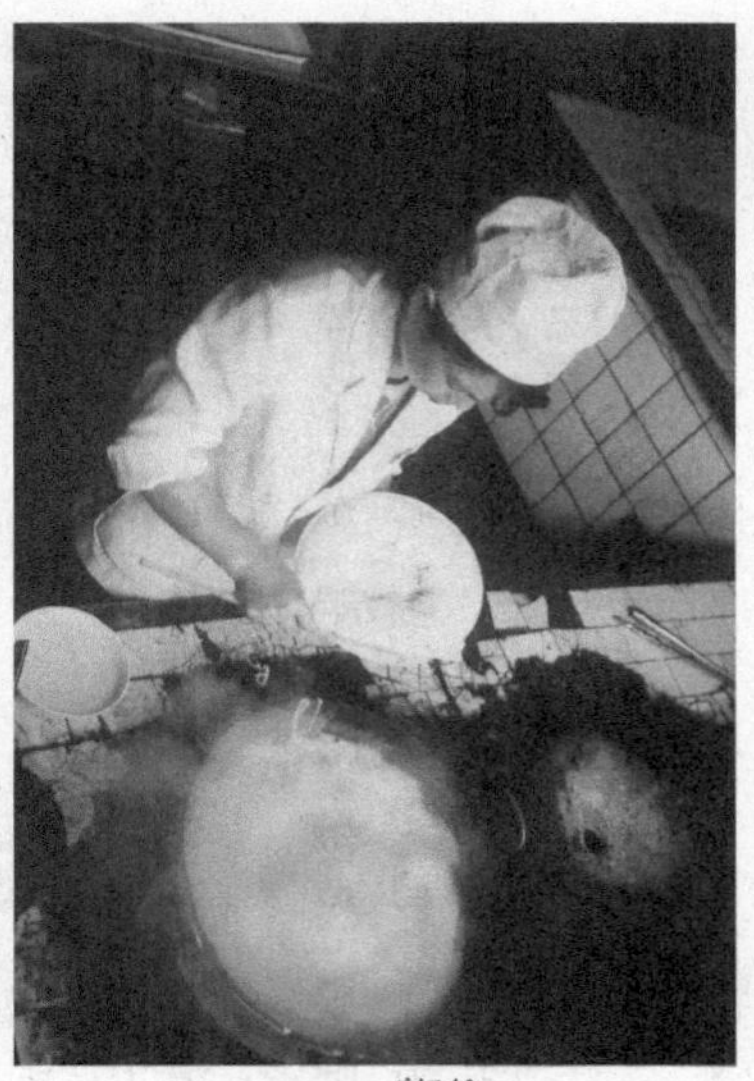

山西省の撥魚児

すいとんの仲間で上質の小麦粉を糊状に柔らかく練ります。この中に小さな豆粒ほどに刻んだ牛か羊の脂身を混ぜ、煮たったスープの中へスプーンではね入れます。煮立っているスープに出会うと麺片は開き、脂身は縮み、その様がまるで麺体に彫刻された玉に見えるので玲瓏と名づけたのです。撥魚とは麺体をスプーンではね入れると、まるで魚が飛び跳ねているように見えるところから、この名がついたのです。現在、山西省(さんせい)の太原(たいげん)や大同(だいどう)などの麺店でデモンストレーションをしながら三角の箸で沸とう湯の中へ切り飛ばしながら作る脂身なしの撥魚児(パオユィル)のルーツなのです。

肉の種類は違いますが、羊の腎臓を包んでいる脂を刻んで混ぜ、撥魚より固く小麦粉を練り、麺棒で延ばし、幅広い麺条に切ってゆでる『玲瓏餺飥(リンロンハウトウ)』もあります。これは宋末から元にかけ、餺飥は托掌して延ばす平たい麺片から、麺棒で薄く延ばし、幅広に切る麺に進化したのです。

餛飩の皮も木槌式の麺棒で延ばされています。この道具を軲轤槌(グルチュイ)といい、のちに麺棒へと変わりますが、麺条を作るときに使う長いものを擀麺棍(ガンミエングワン)(杖(チャン))、餛飩や餃子の皮である麺片を作るときに使う細くて短かいものを擀麺杆(ガンミエンガン)といいます。

また「禿々麻失(トウトウマーシ)」と呼ぶ、猫の耳に似せたものも『居家必用事類全集』に記載されており、撥魚児と同じく、猫耳朶(ミャオアルドオ)という山西省の名物的な麺片のルーツでもあります。

「索餅(ソウピン)」と「経帯麺(ジンダイミエン)」が山東式拉麺(さんとうしきラミエン)のルーツ

宋代の麺条の食べ方の特徴は熱いスープと主食になる麺条とトッピングしたおかず（麺馬菜(ミエンマーツァイ)）が一つの鉢の中で一体になっていることです。北宋の首都であった汴京(べんけい)

（開封）や南宋の首都であった臨安（杭州）に来る旅人や商人、あるいはこの町で働く市井の人々に、安い食事を供給し、なおかつ栄養をつけ、体と頭脳に英気を与えるための一碗の食べ物として麺類はもっとも手っ取り早く食べられた食品でした。

宋代に麺条や麺片が安く食べられ、その調理法が増えた理由の一つに製粉法の発達があります。後漢に西方よりシルクロードを経て華北に入った手まわしの回転式の石臼では大量の小麦を製粉することが不可能でした。大量の小麦を製粉するということは、小麦の生産も農業技術の進展で急速に唐代よりあがっていました。

この小麦を粉にひくために発達したのは人力にたよらず、水の流れ落ちる力を最大限に利用する水車の利用でした。川から水を引き、それを高所より落とし、大きな水車に備えつけられた羽根板に強い力を加えて水車を早く回転させます。水車に取りつけられた横軸は製粉小屋に備えつけられた磑（華南では水磨といいます）と呼ぶ巨大な石製のひき臼と連結して、歯車で横軸回転を縦軸回転に変転させ、石臼を廻すのでした。こうすることにより、大量の小麦を製粉することが可能になっ

牛の力によって小麦や雑穀を製粉する大型の石臼碾（『天工開物』より）

たのです。畜力で行なうのを碾といいます。この水力と畜力二つを利用することから碾磑と呼ぶのです。

碾磑で製粉されたふすまを含んだ小麦粉を目の細かい絹製の大きな篩に入れてふるい、ふすま（小麦の糠）と粉に分け、一番粉を白麺、あるいは羅麺と呼んだのです。篩に残ったふすまは二たび三たびひかれ、ふるって販売されました。

大量に小麦が生産されたということは、麺条や麺片、饅頭、包子を作るのに原料が安くつき、その安い原料を使えば商品としての麺点（小麦粉を使った食べ物のこと）も安く売ることができるのです。いい食材を使い、安くておいしい安心できる食べ物を安定して供給することこそ大衆食品の基本であり、魅力なのです。

この安い小麦粉が市場に流通したからこそ、麺食店は繁盛したのです。

そして磁器を窯の中で焼成する高温の技法をヒントに、石炭やコークス、薪などを用い、鉄鍋に入れた高温の油で炒めたり、揚げたり、煎りつけたりする調理法が発達しました。それにともなって、麺条の上におかずとして調理調味された肉や魚、野菜をトッピングして栄養価の高い熱いスープ麺が登場したのです。

そして麺条は麺として、麺片類であった餛飩や餃子（角子、扁子）などはそれぞれ独立して二つのグループに分かれていきます。そして麺は麺条に混ぜる食材や色によって名をつけられ、麺条の上にトッピングする食材やその調理法を冠につけられ何々麺と呼ばれるようになります。その伝統が現在に受け継がれているのです。

こういった麺条や麺片の調理法だけではなく、それらの製法にも技術革新があり、餛飩や餃子の皮は専用の麺棒で延ばされ、その後機械化されました。また水の中で小片にした練り粉を掌で押えて薄く、舌状に押し延ばす餺飥も専用の麺棒で延ばし、幅広の短冊に庖丁で切る切り麺へと進化しました。それもやがて機械化されました。

宋代の大革新は、麺条の表面に植物油を塗り、ゆっくり時間をかけながら手延べする索麺が誕生したことと、小麦粉を練るのに鹹水を加え、麺性にシコシコとした歯ごたえと、なめらかな触感を与える麺条が誕生したことです。いわば索麺の祖である草創期の索餅の手延べと経帯麺の鹹水を加える二つの手法がのちに山東式拉麺(ラミエン)を生む伏線、キーポイントになります。この二つの手法を合体することで手だけで引っ張っては二つに折り、かつ捻(ひね)ることを繰り返して延ばす山東式拉麺が明代(みんだい)に誕生するのです。

ということは宋代末から元代初めにかけて誕生したと思われる経帯麺と漢代に生まれた索餅の技術が、山東式拉麺のルーツなのです。

第四章　日本における麺食文化の開花

日本における麺食文化の開花《対談編》

安藤百福×奥村彪生

安藤　麺食の文化が渡来するのは、どのへんまで遡れるのですか。

奥村　小麦の伝来は、稲の伝来とほぼ同期で、縄文中期です。麺については、一部の特権階級に限定すれば、奈良時代には中国の文物とともに、伝来しており、正倉院文書や天武天皇のお孫さんの長屋王邸宅跡から出土した木簡に索餅とか麦縄という文字が出てきます。これは金さえ出せば庶民も平城京の東西の市で買って食べられました。東大寺の写経所の学生には食事またはおやつとして支給されています。

安藤　これも石毛先生との共同作業で、奥村さんが、『延喜式』にある索餅の再現実験をされておられる。これが記録上、日本に現われる最初の麺ということになりますが。

奥村　中国の古い文献にも索餅の文字はあるのですが、それがどんなものかはわからないのです。しかし、九二七年に日本で成立した『延喜式』には、原料と道具ならびに出来高についての記載があるけれど（五四、五八頁参照）、具体的なつくり方は書かれていないのです。このため、索餅が麺であるのか、唐菓子であるのか、いろいろ議論があったのを、私たちが『延喜式』を手がかりに「索餅」をつくってみたのです。

安藤　リポートを拝見すると、太めのうどんといった感じでした。

奥村　私たちは、この〝実験〟によって索餅は麺類であるという確信が持てたのですがね。さぬきうどんの味にならされた現代の日本人の口に合うかどうかはわかりませんが、まあまあの出来栄えでした。このときは小麦粉に米の粉を混ぜて作りました。ところが、二〇〇七年の秋、韓国のKBSが私の料理スタジオに来て、索餅を再び再現して撮影し、韓国で放映しました。その時は小麦粉だけにして米の粉を打ち粉にしたところ一メートル以上に延び、太さは二ミリぐらいに細くなりました。奈良時代もこの程度のものだったのでしょう。鎌倉時代初めになると麺の紐の表面に油を塗って手延べする索麺の技術が入って、索餅はそれに取って代られるのです。

安藤　でも一般に普及するのは、ずっと時代が下るのでしょう。

奥村　そうですね、小麦自体、農民はあまり作りたがらなかったみたいです。養老七（七二三）年の太政官符に「畿内七道諸国大小麦を耕作すること」とお触れが出ていますからね。だいたい日本には小麦や米を粉にする臼が発達しなかったのですよ。東大寺境内の古い井戸跡から水車製粉した石臼の破片が見つかっていますが、奈良・平安時代に庶民が使った形跡がありません。鎌倉時代になって、茶をひく小型の手廻しの石臼が中国から輸入されますが、特権階級の方達のものでした。禅僧弁円は水車製粉の設計図を中国から持ち帰りますが、実際に製粉所は造っていません。

安藤　日本の生活文化が現在のような形で定着するのは、室町時代とされますが、麺類もそのようですね。能、狂言、連歌から俳諧へと……まことに華やかです。

奥村　食の分野では禅宗に負うところが大きいのではないでしょうか。平安中期から鎌倉、室町期、有能な留学僧ばかりでなく、中国の高僧、文化人が渡来し文物とともに生活文化も伝わりました。特に精進物の影響が強く反映していますね。道元禅師の著書である『典座教訓』や『赴粥飯法』は、現代でも料理を志す方の聖典です。一般の人が読んでも、とても参考になると思います。おすすめしたいですね。

安藤　碱水とか、ラーメンにかかわるものはどうですか。

奥村　だいたいの麺は日本に入ります。碱も一応は導入されたと思います。しかし日本の食文化の底流、「古層」が脈々として生きており、外来のものを変容させると同時に嗜好に合わないものは切り捨ててしまいます。室町期に創建された相国寺の塔頭である鹿苑院の寮舎蔭涼軒の記録に、碱入りの経帯麺を試作して酒肴にしたとあります。この寺は『居家必用事類全集』を所有しておりいろいろな精進物や麺を再現しています。しかし当時、日本に碱はありませんから、中国から取り寄せたのではないか、と、私は思っています。

安藤　しかし、途切れてしまった……。

奥村　この時代に、干椎茸（香茸）からだしを引く技術が中国から精進物と一緒に伝わり、日本にすでにあった昆布や鰹節を使うようになりました。こちらは日本人の嗜好に合い、受け入れられたのです。しかし、経帯麺の碱の独特の香りは、拒否されたようです。精進物のだしに合わなかったのです。

安藤　それはわかります。碱の風味は、動物性のスープでないとしっくりこない。異質の文化が受容されるには、それだけの背景が必要なんですね。四十年前、チキンラーメンを発売して爆発的に人気を博したときも、そのことを感じました。それより早くても、遅くてもダメだったのではないかと。

禅宗が広めた調菜

よく鎌倉武士を剛健質実といいますが、食事も質素でした。この鎌倉に幕府があった時代に仏教の一宗派である禅宗が多くの武家に支持されました。そこで生まれたのは「禅と武士道」です。その理由は禅の「男性的精神」と「武士道といふは、死ぬことと見附けたり」といういさぎよい精神とが相呼応したからです。心を捨て、無心のうちに本性にかえる心が武士道に通じたのです。

禅を最初に日本に紹介したのは、後に京都に建仁寺を建立する栄西（一一四一〜一二一五）であるとされます。彼が伝えたのは臨済宗でした。

栄西は一一六八年と一一八七年に入宋し、一回目は一年も居ませんでしたが二回目のときは三年間滞在して一一九一年に帰朝しています。この留学期間に臨済宗の教えをマスターして悟りを開いたのです。京都に建仁寺を創建するのは一二〇二年のことです。この寺院は禅宗だけではなく、天台、真言という禅宗以前の宗派の教義を加えた三宗一致の寺でした。他宗派から禅宗への攻撃をさけるためにそうしたのです。

栄西は臨済宗を広めるだけではなく、中国でさかんに飲まれていた茶の文化を日本に紹介したとよく言われますが、すでに平安時代には喫茶の文化は伝わっており弘仁六（八一五）年四月二十一日、嵯峨天皇が近江国韓（唐）崎へ行幸した時、茶を飲んでいます。

梵釈寺を通り過ぎた時、乗っていた輿を止めて詩を作り、群臣たちが唱和したのです。(『日本後紀』)その時に崇福寺の大僧都永忠が自ら茶を点じて天皇に献上したのです。

栄西を有名にしたのは茶が人体にとって有効で薬用的効果があることを中国で学んでおり、彼は病床にあった将軍源実朝に自ら茶を点てて献じ、自著『喫茶養生記』*17を献呈しました。鎌倉幕府の記録書である『吾妻鏡』*18によると「将軍家其の感悦に及ぶ」とあります。

源氏が滅び北条氏の時代になると、この家も禅宗を支持します。北条家の最初の禅の修行者は時頼(一二二七〜一二六三)でした。京都や南宋から禅僧を鎌倉に直接招いて禅の講義を受け、禅を修得することこそ武士道の一つと侍たちは思い、時頼以後、武家における禅宗がさかんになるのです。

＊17　喫茶養生記(きっさようじょうき)。一二一一年に栄西によって書かれた茶に関するわが国最初の書。二巻。養生の仙薬として茶の効能を説き、源実朝に献じたものという。

＊18　吾妻鏡(あずまかがみ)。鎌倉幕府の公的な編纂といわれる鎌倉後期の史書。五二巻。幕府の事跡を変体漢字で日記体に編述。源頼政の挙兵(一一八〇年)から八十七年間のわが国最初の武家記録。

ながながと禅宗のことに触れてきたのには理由があります。日本にはいろいろな宗教がありますが、日本の伝統的芸術は、ほとんど禅の心を持っており、それを洗練させたのは京都にあった足利幕府です。その文化は北山ならびに東山文化で代表され、茶道におけるわび茶、書画、作庭、俳諧、能、狂言、そして数寄屋造り、床の間と掛軸、床にたたみを敷きつめる文化（庶民はまだです）などのほかに、調菜と呼ぶ、野菜や乾物をだしや調味料を駆使して、調理人が食材に直接おいしく味付けして焼いたり、煮たり、あるいは和えたり、汁を作る技術並びに美しく器に盛り、調理済みの調菜（精進物のおかず）を膳に並べる配膳法と共に食べ方の作法、要するに箸の上げ下げに至るまで事細かく教義化したのも禅宗に負うところが大きいのです。

調菜の技術が華と咲く室町時代

この調菜の調理技術を伝えたのは禅宗の教えを修得するために中国へ留学した僧侶だけではなく、中国から日本へ招かれた高僧や宋貿易にたずさわっていた日本の商人、あるいは南宋が元に支配され、これはかなわないと日本へ逃れて来たボート・ピープルたちの影響が大いにあるのです。

宋や明の禅林における精進物の食文化が日本に入るまでは、だし（寺院では昆布や干椎茸、干瓢〈これを作る技術も中国から入るのです〉、炒り大豆や炒り米などで引く）を用い、味噌（みそ）や醤油（しょうゆ）で味付けして焼いたり、煮たり、和えたりする技術はなかったのです。

調菜に対して料理という言葉はすでに奈良時代にあって、これは中国での漢方薬を調合するときの言葉です。料とは薬剤を正しく計量することであり、理とは正しく切り刻み、正確に調合することです。誤まれば生命にかかわりますから。この言葉が奈良時代に日本に伝わり、奈良の平城京跡から出土した器のふたの破片に「味物料理（うましものりょうり）」と落書されています。料理とは、食材を庖丁刀（ほうちょうがたな）で美しく切目正しく切って器に美しく盛ることをさすようになります。その料理の最高位は鮮度のよい魚介や鳥獣肉を美しく切った差（刺）身のことで、当時は割ㇾ鮮（あらたしさをつくる）（またはなまをつくる）といいました。宮廷での食膳にはこの料理とともに塩や酢、醤（ひしお）（醤油の祖）が小さい容器に入れられて並び、韓国料理を食べるときの金銅製のスプーンで少量ずつすくい、料理にかけ、食べる人が自ら塩梅（えんばい）[*19]したのです。塩梅するとは自ら味をつけることをさしたのです。従って先にも述べておいたとおり、奈良時代は麦縄を食べるのに、ゆでて冷やし洗い、器に盛るまでは膳夫（かしわで）（調理人）と配膳人の役目で、食べ手が自ら酢や醤、味（未）噌（醤）をかけ、和えて食べていたのです。

＊19　塩梅（えんばい）。料理の味加減のこと。現在はあんばいと読む。昔は調味料が少なかったので、塩と梅酢、または酢を用いて調味したことから生まれた言葉。

醤や未醤、酢などの発酵調味料の製法は中国から伝わったもので、醤は米、小麦、大豆、塩、酒、糀（こうじ）、水または大豆のゆで汁で発酵させ、布で液を漉（こ）し取ったものです。未醤（これには水分は入りません）も似たような材料で作られ、みそ（味〈未〉醤）と呼ばれていました。

調菜の技術が華と咲くのは室町時代です。調菜は墨染の法衣をまとった僧侶（そうりょ）たちによって作られたのです。その調菜は今でいうところの精進の刺身が付く精進料理で、中国では素菜（スーツァイ）と呼びます。

禅宗では「食（じき）即禅」といい、献立を作り、食材を調達するのは典座（てんぞ）の役目です。そのあとの調理、調味を按配（あんばい）よくし、器に美しく盛りつけ、膳に並べて給事するのは雲水達が当番制で行いますが、給事を受けた雲水らは行儀よく美しく食べ、食器、食具を自ら美しく片づけるのも修行の一つにしていました。ために禅宗のお坊さん達は皆料理が上手で食を大切にしました。

ご承知のように、精進物では魚鳥獣、家畜類はいっさい使わず、植物性の食材だけを用いて作ります。調理技術からいえば、動物性のものを使うよりむつかしいのです。魚鳥獣肉の場合は鮮度がよければリスクをともないますが、生で刺身にして食べることができます。しかし野菜乾物ではそう簡単にいきません。もどしたり、ゆでたり、煮たり、炒（いた）めたり、揚げたり、蒸したりと火巧（火をたくみに使うこと）の技術が必要です。火巧こそクッキングの源で、大陸系の料理はすべてこの手法を用いて食材の持っている味以上の味を作り出す錬金術なのです。刺身のマイナス（引き算）思考に対しプラス（足し算）思考です。

そして動物性の食材に比べうま味の少ない野菜乾物をより美味しく調理、調味するために、うま味（アミノ酸）を多く含んだ昆布（グルタミン酸）や干椎茸（グアルニン酸）などでだしを引き、これにうま味をたっぷり含んだ味噌やそのすまし汁である垂味噌や醬油で味をつけ、煮物や汁物を作ったのです。豆腐は味噌を塗って焼く田楽、垂味噌や醬油を塗って蒲焼にしました。和え物の衣にもしました。それは白和えです。

この当時、大豆と小麦や大麦、塩と水だけで作る醬油は京都や奈良の寺院などで少しばかり作られていましたが、味つけは味噌が主流でした。

味噌はもともとなめもので、飯や酒のおかずに用いられました。それが調味料へと変身するのは、平安末期から鎌倉、室町期にかけてすり鉢（刻線の筋目が入るのは鎌倉末期）とすりこ木が普及し、これらで味噌がすられたことによります。

その結果、味噌汁や味噌煮、味噌をつけて焼く田楽、蒲焼、酢をベースにしたソース類（酢味噌、わさび酢、生姜酢、辛子酢、蓼酢、胡桃酢。煎酒は古酒と梅干、鰹節）が誕生するのです。

修行僧たちのために食事を作る禅寺の典座（野菜たきの調理風景）

干椎茸でだしを引く起源は道元

干椎茸や干瓢などでだしを引く技術も中国伝来のものです。それについてのエピソードを日本における曹洞宗の開祖である道元がその著書である『典座教訓』[20]に書いています。それをかいつまんで書きます。

鎌倉時代の人、道元は栄西より遅れること五十五年の一二二三年に入宋しています。入港したのは浙江省の寧波ですが、唐代に旅をした円仁と同様にビザに不備があり、三ヶ月間船から降りることができませんでした。

ある日のこと、四川省出身の老僧がこの船を訪れて来ました。そしてこの船にだしにする干椎茸（香椹（茸））があるやなしやと問答をしたのです。このころ干椎茸や干海鼠、干鮑などは中国宋貿易における貴重な商品でした。

この老僧は典座と呼ばれる調理人の最高位の人で、修行僧（雲水）たちのために食事を作る方でした。道元はそれを知って四十年間も禅を修行した人が、なぜ雲水（若き修行僧）のために食材の仕入れまでして料理を作って食べさせるなど、この老僧は不憫な人だと思ったというのです。

老僧は、明日は五月五日（端午）の節供ゆえ、麺汁を作って山内の雲水たちにふるまいたいと言いました。そのために味がよくでる日本の干椎茸を買いたいといったのです。

日本でも現在、そうめんを食べるとき、干椎茸でだしを引いたり、具にする家が多くありますが、それは中国の禅院における精進物の調菜が、起源なのです。

その後道元はこの老僧に参禅し、中国での修行を終えてその後帰朝してしばらく栄西が創建した建仁寺に滞在します。しかし、そこでの精進物を作るときの考え方や食べ方、食作法が乱れていることを嘆き、建仁寺を退き、山城深草の興聖寺において精進物を作る典座（調理長）の心得を示した『典座教訓』を著しました。その後越前の大仏寺に移り、永平寺と改め、ここで食作法を示した『赴粥飯法』[21]を書き上げ、永平寺でそれを実践しています。今日でも食作法が最も厳格なのは永平寺です。

＊20　典座教訓（てんぞきょうくん）。一二三七年、道元が三十八歳のとき、山城の興聖寺で衆人に示したもの。典座とは、禅寺での修行僧の食事を司る重要な役職で、古来より高徳の禅僧たちが務めてきた。典座に対する意義と任務を説き、道元自身が入宋したときの経験が語られている。

＊21　赴粥飯法（ふしゅくはんぽう）。道元が四十七歳のとき、永平寺で説いたもので、一二四六年にまとめられた。禅寺における食事について、その一切の作法を順を追いながら詳細に説明している。また、その一つ一つに丁寧な訓戒が付けられている。

この調菜の技術とそれまでの料理における庖丁(ほうちょう)の技術（刺身の文化）が室町時代に合体し、魚鳥獣肉と野菜乾物を組む現在でいう日本料理（明治の初め西洋料理に対する言葉として生まれました）が誕生したのです。

室町前後に入った中国菜と点心

南北朝のころ活躍した武士に近江国の支配者、佐々木道誉(ささきどうよ)がいます。彼は近江出身の人ですが、武とともに芸事が好きで、はで好みでした。ためにばさら大名と呼ばれました。彼は闘茶を開いています。闘茶は中国がルーツで、もともと中国は水が悪いために幾種類かの水を沸かして抹茶をたて、その水源を当てる一種の遊芸でした。しかし、日本に伝わると変容しました。その理由は、日本は水質がよいために、水源をうんぬんする必要はなかったためで、それに代え、お茶の産地を当てる遊芸となり、これには景品がつき、酒を飲みながら宴会をしました。道誉ははで好きであったために書院を豪華絢爛(けんらん)に飾りつけ、面(おもて)五尺（約一・五メートル）の折敷（脚のない平たい膳）に十番（種類）の齋羹(さいかん)（精進物のおかずや汁物）、点心百種、五味（鹹(かん)、甘、酸、辛、苦などいろいろに味付けした）の菓子などさまざまに据えたと、『太平記(たいへいき)』は語っています。この点心の中には麺条や麺片があったはずです。それらを少し探ってみることにしましょう。

南北朝のころの『異制庭訓往来』や室町初期の『庭訓往来』[*22]には菜羹（野菜乾物ならびに豆腐や麩、こんにゃくなどを使ったとろみの強い汁物類やおかず）と点心は、次のようなものです。

「水織」（『異制庭訓往来』は水煎）

これは玄恵の『喫茶往來』にも出てきます。酒の肴にしています。くず粉を水溶きして砂糖を入れ、油を敷いた浅い鍋（当時は鉄鍋）に流し、火にかけて焼き、水にとってから細く短冊に切ります。半分をくちなしの実の浸出液で黄色に染め、染めないものと共に水仙に見たてて器に盛りました。酒を注いで食べたのです。細く切るところから水織と書き、李時珍の『本草綱目』[*23]にも作り方が書かれており、今日京都で黒蜜で食べさせる「くず切り」のルーツです。

＊22　庭訓往来（ていきんおうらい）。十四世紀後半、南北朝時代から室町初期のころ成立した書の練習書、辞典形式の教科書。玄恵（げんね）著と伝えられる。一月から十二月まで書状形式で書かれており、文体は擬漢文体。

＊23　本草綱目（ほんぞうこうもく）。明代末期の薬学書。全五二巻。李時珍（りじちん）が四十年の歳月をかけて一五九〇年に完成させ、一五九六年に子の李建元が朝廷に奉った。一八八二種の薬物、一万種余りの薬方、一〇〇〇点余りの挿図を収める。医薬・養生・食療・栄養などにまつわる飲食関係の記事が多い。

「温糟」（『異制庭訓往来』にありません）

別名温糟粥ともいいます。甘酒を用いて炊いた粥ですが、味噌で味つけします。軽食として用いられていました。

「糟鶏」

鶏の肉に見たてた精進物で、こんにゃくを小さくちぎって味噌のすまし汁である垂味噌で味つけしたものです。当時の京都鹿苑（金閣）寺の日記には「昆若の吸物」とあります。こんにゃくは平安のころ中国からその製法が伝わっており、こにゃくと呼ばれていました。豆腐は平安末期、湯葉（優婆が正字で鹿苑日録に初めて出ます）や麩は室町期に伝わります。豆腐の記録で最も早いのは奈良春日大社の社務所日記で、寿永二（一一八三）年一月二日の条に「唐符」とあり、大豆の分量も書き添えられています。これはついでの話です。

「鼈羹」

山芋で作る蒸し羊羹です。山芋一升、砂糖一斤、こし粉の赤小豆一升、小麦粉五勺を練り混ぜて箱に入れて蒸し、それを亀甲型に切ったものです。当時の羊羹は蒸し羊羹で、寒天（凍心太）で固めるのは江戸中期以降のことです。

「羊羹」（『異制庭訓往来』にありません）

もともとは羊の肉を使ったとろみをしっかりつけたスープでした。赤小豆のこし粉、砂糖、葛粉、糯米の粉を練り合わせて蒸して切ったものです。

そのほか、その作り方が不明の点心類は出てきますが、それは省き、麵条や麵片の種類を挙げることにしましょう。

「饂飩」

饂飩と餛飩は別物です。餛飩は平安時代に伝わっていた麵片の調理品です。平安時代の辞書『倭名類聚抄』には小麦粉の練り粉を円く延ばし、肉あんを包んでゆでて食べるとあります。

饂飩は、江戸時代の作法家で故実家であった伊勢貞丈によると、『倭名類聚抄』をふまえ、「小麦の粉にて団子の如く作るなり。中にはあんを入れて煮たるものなり……熱く煮て（熱い湯に浮かべて）食べるので（わが国では）温飩ともいう。これをそうめんなどのごとくにふち高の折敷（脚付の重箱）に入れ、湯を入れて、その折敷を組み重ねて出す」といっていますが、餛飩と饂飩を混同しています。

貞丈は続けていいます。「今の世（江戸時代）に温どんという物は、切り麺なり。古の『うんどん』（饂飩）にあらず」と書いているのです。そして、「小麦粉を塩水で練って麺棒にて延ばし、折りたたんで太めに切った麺条をゆでたのを饂飩と呼ぶのは名の取り違いである」と彼自身の考えは混乱しているのです。実は太切りの麺条をゆでて熱湯に浮かべるから温飩、氵偏では食べものとしてふさわしくないから、食偏に改めて饂飩としたのです。そのことについては後で述べます。饂飩は日本の造字で中国にはこの文字はありません。うどんは鎌倉時代初めに中国から伝わった庖丁切りの切麦から派生した熱湯浸専用の太切り麺です。このうどんの初見は奈良法隆寺の[*24]『嘉元記』で、正平七（一三五二）年五月十日の条に「毛立、タカンナ（たけのこ）、ウトム、フ」とあり、酒肴にしています。毛立は湯気立ちですから、出来立てで、うどんは熱湯浸にして出されたのです。このうどんを打つ小麦粉を[*25]『山科家礼記』ではうとんのこ（粉）と呼んでいます。『蔭涼軒日録』（寛正四（一四六三）年七月九日）でも「温飩粉」とあります。熱湯浸にする太めの庖丁切りの麺条をうどん（禅宗では濁音が多く入る）と称し、饂飩としゃれたのです。饂飩は京都の禅寺で生まれたのです。相国寺には水車があり、饂飩打の名人がいました。

「索麺」

麺条の表面に植物油を塗って手延べする新式の手延べ麺です。索麺は日本では素麺（そうめん）とも書きます。訓読みでは索と素は相通じますが、中国語読みではソウとスーで、中国では素麺（スーミエン）と書けば、干椎茸や昆布でだしを引き、野菜や乾物を具にして、そのなかで煮た精進物の索麺のことです。いわゆる精進仕立ての煮麺（にゅうめん）です。私も安藤百福氏らと福建省福清市黄檗山萬福寺（ふっけんふくせいおうばくさんまんぷくじ）を一九八六年に訪れ素麺をご馳走になりました。だしも具も書いた通りでした。同じ文字を用いても意味は中国と日本では異なるのです。素は索の日本における当て字です。

「碁子麺（きしめん）」

古代中国では碁（棊）盤の目型に正方に細かく切り刻んだあられ大（七～八ミリ角）の干し麺でした。これが日本で大変身します。伊勢貞丈の説によると、小麦粉の練り粉を麺棒で薄く押し広め、竹筒で碁石のごとく丸く抜き、ゆでてきな粉をつけて

＊24　嘉元記（かげんき）。一三〇五年から一三六四年まで、六十年間の法隆寺の寺内行事、堂宇経営、寺僧の動静などを法隆寺年預職の寺僧らが書き継いだ記録。
＊25　山科家礼記（やましなけらいき）。山科家の家礼、おもに荘園の管理に当たる家司の日記。中世の家司による記録は珍らしく、十五世紀の京都を中心とした政治・経済・農村の実態までを含む貴重な記録。

食べるものだそうです。この食べ方は当時（一七六三～一七八四）の食べ方であったのか、それとも室町時代のころの食べ方であったのかは記述していません。とにかく、小さい正方から碁石大の円形に変わり尾張で江戸中期に庖丁切りの平麺に変容する謎の多い麺です。米の粉と薯蕷で作っていた餺飥もこのころ小麦粉で作る平麺に変わり、手延べと庖丁切りがありました。どうも今日の碁子麺と関わりがありそうです。『異制庭訓往来』には麺条として打麺や冷麺、竹葉麺、そして麺片の仲間として水団が出ていますが、このころの水団はくず粉で作られていました。

以上あげた麺条や麺片や菜羹以外に、今日では日常の食事に登場する機会が少なくなりましたが、おからの煮物、竹の子の煮物、せん切り大根の煮物、ごぼうの煮付、昆布巻や細切り昆布、あらめの煮物、まこもの蒸し物、みょうがやなすの酢の物、酒煎りのまつたけなどが寺院で食べられていました。

京都の相国寺で試作された碱水入りの経帯麺

鎌倉から室町にかけては寺院の食事は中国風で、当時としては最もモダンな食品や調菜、点心類を食べていました。おそらく将軍家でも幾つかは食べていたと思われます。

北山文化を指導したのは京都の五山（天龍寺、相国寺、建仁寺、東福寺、万寿寺）の禅僧たちで、そのパトロンは足利三代将軍義満です。彼は明徳三（一三九二）年に南北朝の合一をはたし、応永元（一三九四）年に将軍職を子義持に譲ります。明くる二年に出家し、道義と称しました。男ざかりの三十九歳のときでした。

隠居所として北山の麓の西園寺実永の屋敷跡を大修理して北山山荘を造り、北山を背景に北山第と称した十三棟の殿舎と林泉（人工の泉）を造りました。今ある金閣寺（鹿苑寺）はその名残りの一部です。

この北山山荘を造営する前の明徳三（一三九二）年には南北朝の合一を記念して、相国寺の大伽藍を建てました。この相国寺では来客があると、中国式の精進物や点心を出しています。点心をとくに茶の子と呼んでいることからいえば、点心は抹茶（煎茶の文化は入っていません）とともにすすめられていたことがわかります。酒がともなうと建（硯）水と呼びます。長禄三（一四五九）年正月二十五日には、香湯、三峰膳、砂糖羊羹、驢腸羹、饅頭、索麺が出されています。

この相国寺には宋代終わりから元代はじめに編集された『居家必用事類全集』が中国から中国人禅僧によりもたらされており、亀泉集証は同書により、経帯麺などを試作しているのです。

*26『蔭涼軒日録』の中にそのことが書かれています。「……調経帯麺一調ㇾ之勧」（明

応二（一四九三）年六月二十五日）とあります。このほかに蔭涼軒は義満とかかわりがあり、彼の死後四代将軍になった義持は鹿苑院（金閣寺）の中に書音禅講経の寮舎、今日風にいえば図書館を新築し、「蔭涼軒」と呼んでいました。ちなみに鹿苑院は義満が創建した大禅林相国寺の重要な塔頭で、『居家必用事類全集』はここの図書館に保管されていたのです。

再現を試みた経帯麵は先に書いたように碱を削って水で溶いた碱水で小麦粉を練り、麵棒で薄く大きく延ばし、折りたたんで庖丁でひも皮状に切るのですが、もとより日本には碱はありません。当時のこととて重曹（重炭酸ソーダ）や科学的に調合した碱水などもありません。少しばかり試作のために中国から取り寄せていたのでしょう。『鹿苑日録』に明貿易をしていた天竜寺船の輸入品のことが出てきます。

碱でなくもし灰水だとすると灰汁は縄文中期のころからアクの強い栃の実やわらびなどのアクを抜くために利用されていました。この碱水や灰汁入りの経帯麵は相国寺で試されただけで、寺院内でも作らなくなり、普及することなく消えてしまいました。

その理由は安藤百福氏がおっしゃった通り経帯麵を食べる汁が昆布や干椎茸のだしに味噌、あるいは垂味噌（溜醤油は鹿苑内で造っていましたが恐らく使っていないでしょう）となると、肉のスープと異なりシンプルでかつ、淡泊な味に碱水や灰水の匂いは合わなかったからです。

気候風土に左右される嗜好

どこの国でも外来の新しい食文化をそっくりそのまま受容することはむつかしく、その国の社会や文化や嗜好を下地にして、変容しながら伝統の味に重層させることはできます。そこにおいて古い食文化と新しい食文化の融合が行なわれ、変容しつつ進化します。その変容の基本になるのは伝統として受けつがれている古層の食文化です。この古層をふまえて日本人の嗜好に合わないものは徹底的にそぎ落され、洗練されます。もちろん嗜好は時代や環境によって変わるものです。気候風土によって支配されるものです。また、産物も気候風土によって左右され、その産物から作る料理の大系は産物によって支配されるのです。

ゆえに島国（逆にいえば海山の国）日本において北海道（北の食文化）、本州、四国、九州（この三つが中の食文化）、沖縄（南の食文化）と大きく列島を眺めても、気候風土（環境）が異なるために、四季折々の産物を使って食生活を支えていた時代

＊26　蔭涼軒日録（いんりょうけんにちろく）。相国寺鹿苑（ろくおん）院内の蔭涼軒主の公用日記。一四三五〜六六年は李瓊真蘂（リ・チオン・シン・ルイ）、一四八四〜九三年は亀泉集証の筆録。寺の行事・人事が主だが、贈答品目には食べ物もでてくる。蔭涼軒の日記は引き続き書き継がれ、活字化されたものに『鹿苑日録』（一四八七〜一六三七年）『隔蓂記』（一六三五〜一六六八年）がある。

には、地域における食文化や嗜好の違いがあったのです。大ざっぱにいえば味付けは寒い地帯は塩っぱい。これは北海道や東北、日本海側、中部山岳地帯に通じます。東京を中心に関東は甘辛く、濃味です。上方（京阪）は甘味を抑えた薄味で、東北と関東を足し、うんと味を薄めたという感じです。そして中国地方や九州は甘口で、鹿児島まで下るともっと甘くなります。沖縄は油を用いる濃厚な味地帯です。

気候が冷たい地帯で塩気を好むのは、塩を多めに摂取する方が、体が暖かく感じられたからで、冷暖

写真は北海道・旭川の名店「青葉」の醬油ラーメン。スープは鶏がらだが、昆布と鰹節の味が効いている。

房の行き届いた今日でもやや味付けの塩分濃度は高いのです。

それに対し、沖縄は亜熱帯で気温が高いために、エネルギーの消耗が激しいのです。それを補うために油脂を多く用い、炒めたり、揚げたりする中国や、インドネシア風の料理が多く、味付けも濃いです。油脂を摂っても北海道と沖縄とではその目的は違うのです。亜寒帯の北海道では寒さを防ぐためバターや生クリームを用い、亜熱帯の沖縄では豚の脂肪や植物油で暑さによる体力の消耗を補うためでした。

肉体労働をするかしないかでも嗜好は変わる

そして肉体労働をするか、しないかでも嗜好が変わります。肉体労働をして汗を流す人はエネルギーと塩分の消耗が大きいので、おのずと濃目の味を求めますし、上方、ことに京都は現在薄味の食文化で全国的に認知されていますが、江戸末期に京都へ来た甘辛い濃い味になれた滝沢馬琴[*27]は、「京都の料理は水くさくて」駄目だと書いています。それは生まれ、育った環境が違うからです。江戸は地方からやってきた職人が多く、しかも男社会。汗水たらして働く職人達のために、ファースト・フード（てんぷらやにぎりずし、そば切りなど）が発達したのです。仕事をしていた彼らは甘辛い味を好みました。甘味とうま味を勘違いする人は今も多くいます。江戸は甘いがうまいのですが、上方は昆布を表に鰹節をうしろ立てにして引くうまいだしの文化が発達したのですが、江戸は鰹節だけでだしを引きます。昆布のうま味であるグルタミン酸は甘く感じます。その代用として江戸では、みりんや砂糖を加えたのです。この方が調理の手法からいって、安く、しかも簡便です。うどんのだしが黒っぽいのはそばだしを

＊27　滝沢馬琴（たきざわばきん）。江戸後期の戯作者。江戸深川の生まれで、山東京伝に師事。勧善懲悪を標榜し、雅俗折衷の文をもって合巻・読本を続々発表。代表作に「椿説弓張月」「南総里見八犬伝」など。

用いたからで、そばだしの醤油は野田や銚子で造る地廻りの濃口醤油でした。醤油単独では濃口の方がうま味（アミノ酸）が多く含まれていますが、濃く煮だした鰹節やめじか、鯖節などの混合だしは雑味が多いために、合わせると味がくどくなるのです。このくどさがそば切りに合うのですが、かけにすると汁は飲みにくい、だから汁は残すのです。

江戸の濃口に対して上方は淡口醤油を使います。じつは淡口醤油は濃口より色は薄いのですが、塩分が高く、うま味は劣ります。なぜ、ことに京都で淡口醤油を使うかというと、なにかにつけて始末、倹約をする京都のおひと、料理の味付けに使う調味料も倹約しました。濃口より淡口醤油を使ったほうが、塩分が高いぶん、使用量が少なくて済み、経済的であるからです。その結果として淡色の食文化が育ったのです。いわゆる食材の色や味を生かす食文化が倹約をする京都の人々によって育てられたのです。味付けは江戸はみりんや砂糖をたっぷり使い、大坂は少し忍ばせ、京都はまったく加えず、その代わりに酒を使いました。この淡口醤油とうまだしで味付けすると塩分がよく伸び、でき上った料理やつゆ（汁）は上品になり、上方の人はうどんやそばのだしを飲み干すのです。近年は京都もみりんや砂糖を使います。

もう一つ京都で薄色料理文化が育った理由に、肉体労働をしない天皇家や公家、どちらかといえば遊びを仕事にする人たちがいたからです。体力を消耗しませんから、薄味を求めたことも一因です。この遊び文化が育てたのが雅(みや)びな宮廷文化で、実質より遊び、感性優先型で装飾過剰のモード型の文化が食の中でも育ったのです。

　要は腹がすいていないために成立した文化で、食うや食わずの時代でこういった食文化は育ちません。京都の味と香りはマイルドでライトタッチ。夏は沖縄に似た気候になりますが、京都では油脂を使って味を濃くするのではなく、涼しげに設(しつら)いや料理を仕立てて食べました。

　食文化というのは一種の馴(な)れで、なれ親しんだものが、伝統として受けつがれてゆきます。それは時代によって異なり、国によっても異なるのです。インターナショナルな味ではなく、ローカリティなもの、あるいは個人的な嗜好なのです。

日本古層の食文化は生食

　では日本の古層の食文化とはなんなのでしょうか。それは安全な食材を生で食べる、ノン・カロリー・クッキング、いわゆる生食です。卑弥呼(ひみこ)の時代のころ、昔の日本であった倭国(わこく)を訪れた中国の歴史家の見聞記である『魏志倭人伝(ぎしわじんでん)』[*28]には「倭人は夏冬生菜を食べる」と記述しています。生菜は生野菜です。中国では当時、すでに鯉や鱸(すずき)を

＊28　魏志倭人伝（ぎしわじんでん）。中国の魏の史書「魏志」の「東夷」の条に収められている、日本古代史に関する最古の史料。

膾（酢をベースにしたソースに薬味を加え和える）で食べていましたから、倭人が鳥獣肉や魚介を生食しても別に驚かなかったのです。でも彼の国では野菜類は必ず加熱して食べていましたから、倭人達が野菜を生で食べているのを見て驚いたのです。でも倭国では鳥獣肉や魚介の生食にソースや薬味を使っておいしく食べることは知られておらず、やっと奈良時代になって中国の食文化の影響を受けて天皇や豪族はその味を知るのです。

この鳥獣肉や魚介の生食の風習は先史時代から縄文、弥生、奈良、平安、今日まで連綿と受けつがれてきた食文化です。現在でも日本人が好きな食べ物の筆頭格は握りずしと刺身です。共に魚介の生食です。握りずしは刺身に酢めしが少しくっついているだけです。

刺身は生で食べる料理ですからリスクがともないますが、まず鮮度が優先されます。次に旬が重要です。旬の魚には脂肪が多く含まれていますから切って塩か醬油をつけるだけでうまく食べられます。本来は酢をベースにしたソースです。

そしてもっとも大切なことは、安全な水を使って下処理をすることです。幸いなことに日本には安全でおいしい水がありました。その水を生みだしたのは日本の森林です。現在でも森林率七〇％で世界でトップクラスです。現在は工場や家庭排水等で汚染され、安心はできませんが、大正以後水道水にカルキを加えて消毒するようになったので安全です。しかし、工場がなく洗剤も使っていなかった時代、水は清らかに澄んでおり、その安全で清らかな水で下処理をしたために、生食ができたのです。刺身は安全な水が育んだ食文化だといえます。刺身は魚介や鳥獣肉の一番よい部位だけを使用します。そのために余分な部位はそぎ落としています。お金に換算するととても高価なものです。それをたんに庖丁で美しく切って美しく器に盛るという贅沢極まりないシンプルな料理です。

中国から平安時代やその後にその製法が入った豆腐やこんにゃくや麩、湯葉は、彼の地では昔のままです。日本に入ると短かい年月の間に刺身感覚で食べられる加工食品に仕たて直されました。麺類もそうです。冷やしそうめん、冷麦、冷やしうどん（ざるうどん）、ざるそば、釜上（かまあ）げうどんなどは、まさしく刺身感覚で食べているのです。

奈良時代、真精米（ましらげのよね）といわれた白米までを研ぎすまし、水だけを加えて炊き、その真味を味わおうとするのも刺身感覚です。

和食化とは引き算の文化

和食は明治の始め洋食に対する言葉として横浜で使われ始めました。

精進物にもそのことがいえます。相国寺の蔭涼軒の日記に書かれている調菜名の多くは中国語ですが、時代がすすむに従い、錬金術にちかい中国のクッキングを日本化(和風化)してシンプルな調理調味法へと変容させています。その献立の一例を挙げます。

先温飩吸物、酉水三返也。勘定了、喫非時也。非時前、菓子二種出也。葡萄、饅頭也。非時作法、菜汁芋入、煎物岩茸牛蒡、香物青豆、サシミ(刺身)油麩椎茸昆若、交物蘘荷。湯豆腐、和交膾、中酒五返、被出肴之也。濃茶三服也。
(慶安五(一六五二)年旧暦七月三十日の条)

この日相国寺では決算があり、それが終わってホッとひと息、まあ一杯やりましょうかということで決められた食事でない時間帯(当時禅院の食事は朝と昼でした)に食事を摂ったのです。非時とはそのことをいいます。まず、熱い汁に浮かべたうどん吸物を肴に酒(酉水)の三献が行なわれました。それがすんでから酒宴でその酒肴の内容はすりおろした自然薯を落とし入れた汁で、そのあと岩茸(こけの一種、今も茶事懐石ではよく用います)、ごぼう二品をせん切りにして少量の油で炒めたもの。香の物(漬物)として枝豆の糠漬、精進の刺身は油で揚げた麩*29(大徳寺揚麩でしょう)とこんにゃくの薄切りで、ソースは豆腐とけしの実をすって作った白酢か辛子酢味噌を添え、交物はみょうが、それに湯豆腐、和え交ぜの膾が続きます。和え交ぜは今も京都に残る言葉でしいたけや胡瓜を胡麻酢味噌で和えて食べます。刺身と膾

（鱠）の違いは、刺身は切った材料にソースをつけ、鱠は切った材料を添え物と一緒にソースで和えて食べます。精進物の刺身の初出は安土桃山時代の興福寺の塔頭の多聞院の日記です。

このように調理は完全に和風化しています。和風化とは、日本人好みの刺身感覚にシンプルに風化させ、洗練させることであり、濃い味から食材の味を生かす薄味にすることです。それはまさしく引き算の食文化です。中国菜から油脂を引いて昆布や干椎茸のうま味の効いただしでおいしく食べる食文化へと改良したのです。このことは、建築や作庭、絵画を見てもわかることですし、建築でいえば神宮（伊勢）や出雲大社に見られる装飾をしない、白木造りの文化に通じています。禅宗そのものも和風化しており、中国とはまったく異なった方向へ歩んできました。

要するに日本人に都合がよいように変容させ、それを基にして改創、定着、昇華させるという日本人の再加工装置（能力）である変換装置が作動したからです。

点心とは少量の食べ物を空腹に納める意

さて点心とはなにかです。点心は今でも茶事でよく使われる言葉です。*30『貞丈雑

---

*29　大徳寺揚麩（だいとくじあげふ）。生麩は魚肉などの生ぐさいものを禁じた精進物に多用される食品。大徳寺揚麩は、大徳寺麩を揚げて煮含めた料理で有名。別名「利休麩」ともいう。

記』では「朝夕の飯の間にうんどんまたは餅などを食うを、いにしえは点心といい、今は『中食』また『むねやすめ』などという」とあります。中食はすでに奈良時代に使われており、間食とも呼び、鍛冶職人など労働の激しい人が朝夕の食事の中間である昼時に摂るものでした。その当時の食事は朝夕の二食でした。
現在では中食は外で買ってきた惣菜や弁当を家で食べることをいいます。

点心は中国語です。禅語ではテンジンと発音します。この言葉が中国で使われるようになるのは唐代です。それ以前は小食と呼んでいました。点心の点は字のごとく、ごく少量を用いる意で、心は体の中心、つまり腹をさします。従って点心とは少量の食べものを空腹に納めることで、日本で虫養いともいいます。

唐の時代の点心は餃子や餛飩や麺条類が主役でしたが、このころ砂糖が出廻るので甘味をつけた菓子もありました。元の時代になるとアラビア系の点心も出てきます。麺条の調理品も唐代より増えて多くなります。

麺条以外に饅頭類もありました。

清代になると点心はさらに発展を遂げます。清代は中期の詩人、随園先生、名は袁枚。南京の街はずれ小倉山に広大な居宅を構え、随園と称しました（私も安藤百福氏らと訪れましたが、その面影はありませんでした）。彼はもともと県知事を務めた人でしたが、三十九歳のとき上司と衝突して辞職しました。それ以後、随園に入り、詩や文をたのしみ、知人を亭に招いては酒宴を開きました。美食家であった彼は中国各地の美味を極め、それを記録しました。その記録が『随園食単（ずいえんしょくたん）』[*31]です。

その『随園食単』に点心の部があり、この中に麺条の調理品が五つ出ています。

①鰻麺（マンミエン）。大うなぎ一本、ごく柔らかく蒸して肉を折き（さき）骨を去り、（これを）小麦粉に混ぜ込み、卵白を入れてよくもみ、麺棒で打って麺皮を作ります。庖丁で細く切り、鶏やハムのスープ、あるいは干したモンゴル産のマッシュルーム（麻菇（マークウ））でとったスープに入れて煮るのです。

②温麺（ウエンミエン）。念入りに打った麺条をゆで、滴（しずく）を切ってから碗（わん）に盛ります。鶏肉や豚肉、干椎茸を用いて濃いスープを作り、これをかけて食べます。

③鱔麺（シャンミエン）。田うなぎを使ったものです。田うなぎを煮こんでだしを作り、この中に麺条を入れて煮込みます。これは杭州（こうしゅう）の手法だと随園先生は書いていますが、現在は田

＊30　貞丈雑記（ていじょうざっき）。伊勢貞丈の有職（ゆうそく）故実の随筆。武家故実の大綱を礼法・祝儀・人品・人物・飲食・膳部などの諸部に分け、細目は数百条に及んだ。全一六巻。一七六三年から書き続けられ、一八四三年に孫の貞支らによって出版された。

＊31　随園食単（ずいえんしょくたん）。清代の詩人で食通の袁枚（えんばい）の撰になる料理書。一七九二年の刊。三〇〇余種の料理について、海産物・川魚・豚肉・獣類・鳥類・有鱗水族・無鱗水族・精進料理・小菜・点心・飯粥・茶酒の各部に分け、その材料の吟味・作り方・味わい方を記している。

清代に発展を遂げた点心。饅頭・餃子など、その種類は豊富。

うなぎをおろし、細長く切って油で炒め、麺条にトッピングしています。炒鱔麺と呼んでいます。

④裙帯麺。『居家必用事類全集』の経帯麺と同じですが、碱水で小麦粉を練ったかどうかは不明です。

⑤素麺。精進仕立ての麺条の調菜です。モンゴル産の干しマッシュルームを使って前の日に煮だし汁を引いて澄ましておきます。きくらげや干椎茸もだしの材料として使われています。このきのこのだしで麺条を煮るのですが、揚州の定慧庵の僧侶が作るのが極めて上手だと記述しています。

これらのほか五十種類の点心の作り方が書かれているのです。

この『隨園食単』では粥飯部は独立していますが、のちに粥飯（粥や炒飯）も点心に加わります。

「餛飩」は北京語でフォントン、広東語でワンタン

中国から日本へ入った言葉は室町時代まで三つの大きな流れがあります。最初に日本に伝えられたのは呉音です。三世紀のころ、中国は北方の魏と南方の蜀、江南の呉

と呼ぶ三つの国に分かれていました。日本が交流したのは主に呉の国で、そこで使われている言葉が伝わり、今も残っており、私たちはつゆ知らず使っています。たとえば双六（スゴロク）、天井（テンジョウ）、孔雀（クジャク）、胡麻（ゴマ）などがそうです。数の読み方、イチ、ニ、サン、シ、ゴ、ロク、シチ、ハチ、ク、ジュは呉音で和音はヒ、フ、ミ、ヨ、イ、ム、ナ、ヤ、コ、トウです。漢音ではイツ、ジ、サム、シ、ゴ、リク、シツ、ハツ、キウ、シフです。日本の古い文章である『古事記（こじき）』[*32]や、『日本書紀（にほんしょき）』[*33]は、前者は呉音、後者は漢音読みになっています。

漢音は奈良後期から平安期にかけて長安（ちょうあん）の発音が伝わったもので別名唐代音と呼びます。しかし、古い層の呉音は日本語の和音に多く吸収されており、新しい漢音は漢籍（漢字で書いた書籍）のみ使用される方向へと流れていきます。仏典は呉音読みをしていたそうです。

＊32　古事記（こじき）。現存する日本最古の歴史書。三巻。稗田阿礼（ひえだのあれ）が天武天皇の勅で誦習した帝紀・先代の旧辞を、太安万侶（おおのやすまろ）が元明天皇の勅により撰録して七一二年に献上したもの。神話・伝説・歌謡を含みながら天皇を中心とする日本の統一の由来を物語っている。

＊33　日本書紀（にほんしょき）。六国史（りっこくし）の一つで、奈良時代に完成したわが国最古の勅撰の正史。三〇巻。七二〇年、舎人（とねり）親王らの撰。神代から持統天皇までの朝廷に伝わった神話・伝説・記録などを漢字で記述した編年体の史書。

日本が鎌倉・室町時代いわゆる中世になると、中国の宋や元、明を往来した禅宗の留学生ならびに貿易にたずさわっていた御朱印船で往来した商人、あるいは宋や明の末期に日本へ亡命してきた江南の人たちによって伝承された発音を唐宋音と呼ぶのです。

北宋は現開封（汴京）に、元は現在の北京に都を定めたため、華北、華中の言葉が北宋・元のころかなり広い地域にわたって話されていました。これを「中原の音」と当時の人々はいったのです。

ところが北宋は金に攻められ、江南の地、現在の杭州に都を移します。このとき、汴京（開封）をはじめ、北方から杭州に避難して移り住んだ人々が多く、杭州の地なまりの言葉が中原の言葉と大差ない発音に変わっていったのです。流入した人口が在住者より多かったために起きた現象であるといわれています。どちらが文化的には高く、そして多勢か、権力は誰がもつかで言語、民族の優劣が決まります。

南宋の都になった臨安（杭州）は北宋の都であった汴京に似た当時の大都市。商業や手工業が大いに発達し、街中はまことに喧噪そのものでした。

鎌倉・室町時代に、中国の宋・元・明と往来した禅僧や貿易にたずさわった商人たちによって伝えられた中世的な漢語の発音が唐宋音です。禅宗の寺院ではこの唐宋音が話され、「山門を出ずれば日本なり……」とたとえられたほど、唐宋音はさかんでした。

その当時の言葉を幾つか拾って文章にしてみましょう。

家の壁に石灰(シックイ)を塗った街並をあちこち行脚(アンギャ)して、疲れたので座蒲団(ブトン)を敷いて、暖気(ノンキ)にかまえ、今日の損得は算盤(ソロバン)勘定。腹がすいたので食べもの屋の暖簾(ノレン)をくぐって椅子(イス)に腰かけ、行燈(アンドン)の明りの元で饅頭(マンジュウ)や饂飩(ウドン)（これは日本の造字）を食べつつ喫茶(キッサ)するなど、カタカナを打った漢字はすべて唐宋音なのです。

饅頭は現在の北京語で読むとマントウであり、餛飩はフォントンです。広東語で発音するとワンタンです。餛飩はぼんやりしているとか、形が定まらず混沌としている食品なので餛飩というのだとの説はありますが、本来は小麦粉に水を混ぜ、これを餛と称し、その練り粉であるドゥを小片にし、掌でトントンと押さえて広げ、これを飩といいます。

「餛飩」から紐状のうどんへの説は誤り

現代において中国では餛飩は昔のままの、肉あん（このあんという発音も唐宋音です）や野菜あんを薄く延ばした麺片（現在は正方形が多い）で包んでゆで、熱いスープに浮かべて食べることには変わりはありません。肉あんを包む麺片こと麺皮は分厚く、ゆでても形はくずれず、中身は見えず、食べるとツルンと口に入ります。中国北部で食べる餛飩や餃子の皮が厚いのは、小麦粉が主食であるからで、南の方に下ると皮がやや薄くなるのは主食にするのが米で、小麦粉製品である餛飩や餃子はその下に置かれ、常時食べるものでないからです。

この餛飩がなぜか、中の肉あんがなくなり、麺片から紐状の麺条であるうどんに変容したという説をとなえた方がいます。

中国文学者の青木正児博士です。氏の著書である*34『華國風味』の中で次のように述べています。『易林本節用集（室町時代に生まれた辞書を安土桃山時代に易林なる人物が校了した）』に「餛飩」とあり、江戸時代の『書言字考節用集』に「餛飩唐韻温飩和俗所用」とある（筆者注　餛飩は唐宋音ではウ・ドンですが、これは和名饂飩ではありません）。何故に餛をウンと読んだのであろうか。按ずるに「餛飩」は一に「餫飩」とも書く、「餫」の字にはコンとウンとの両音があるので、我が国人（日本人）が或いは之を「ウンドン」と発音し、それがこのものの名称として行なわれて、遂に「餛飩」であってもウントンと読むに至った。後にまた「餛」を「ウン」と読むは不都合だというので、誰かがさかしらに「饂」か「温」かに改めたことであろう」と書いています。

しかしながら餫は元や清、現代の発音では、ｈｕｅｎあるいはｈｕｎでウンはおそらく唐宋音でしょうが、その意味は麺類に関係はなく、諸橋轍次博士の『漢和大辞典』には餌は「野に出て働く者や或いは遠方に居る者に食物を運びおくる」と解説していますから弁当のようなものだったのでしょう。ついでの話ですが弁当は便当と書くのが正しく、当座に便利な食べ物ゆえ、「便当」と称する中国語で書くのです。主に竹ひごで編んだ食籠（じきろう）に食べ物を入れて運んでいます。中国では麺条や麺片を調理したものは近くなら出前は可能ですが、遠方へは無理です。

餛飩→餫飩→饂飩の間には唐宋音としてのつながりはありますが、食べものとしての饂飩という文字は日本の造字であるし麺条そのものの実体にはなんらつながりはありません。まさに名は混沌（こんとん）としているのです。

青木正児博士はどうも発音にこだわり過ぎて、実体そのものに当たっていません。

中国において唐代に庖丁（ほうちょう）で切る切り麺こと切麺（チエミエン）があり、中細切りのものが鎌倉時代初期に京都に伝わっており、地方においても食べられていました。切麦（きりむぎ）と呼んでいました。略して麦とも言っていました。京都六波羅探題（ろくはらたんだい）（監視役）をしていた北条重時（しげとき）の消息文に「ムキ（ギ）風情ノ物セムニモ、…」と出てきます（弘長（こうちょう）元〔一二六一〕年十一月）。地方記録として、豊後国（ぶんごこく）（現大分県）柞原（ゆすはら）八幡宮の文書にも切麦が出てきます（嘉元（かげん）三〔一三〇五〕年二月）。以上鎌倉遺文。

＊34　華國風味（かこくふうみ）。中国大陸での各種粉食の歴史や酒・茶にまでふれた書。中国における小麦粉を使った餅（ピン）の大系を明らかにした。青木正児著。一九四九年弘文堂刊。

この切麦は中細の庖丁切りの麺条です。主にゆでて冷やし洗い、冷たい浸け汁を浸けて食べていました。時にはぬる湯に浸けて食べることもありました。そのことは先に紹介した『山科家礼記』やその後の『(山科)言継卿記』にも出てきます。この日記には熱湯に浸す熱麦も出てきます。

しかし、中細ですと熱い湯に浸けるとコシが伸びてまずくなります。そこで京都のどこかの禅寺(相国寺以外)で湯浸専用の太切り麺を考案して、頓智のある禅僧がしゃれて温飩とし、よりおいしさを表現するために氵偏を飠偏に改め、饂飩としたのでしょう。おそらく、鎌倉時代末期か南北朝はじめのことでしょう。南北朝から室町時代の禅院のお坊さんや貴族らが書いた文書や日記に「温飩」とか「饂飩」の文字がよく出てきますが、将軍義満が創建した金閣寺こと鹿苑寺の日記には、「ウトン」や「ウドン」、「烏飩」「于曇」「優曇」「曇華(うどんげの略)」と記述されています。うどんと発音するのが正しいのです。

だから、青木正児博士が唱える、餛飩=餫飩=饂飩へと名を変えた説は成立しないのです。

その答えは簡単です。再び書きますが、主に、ゆでて冷やし洗って冷たいつけ汁で食べる切麦ことひや麦を改良した熱湯浸専用の太切麺が饂飩なのです。

江戸は元禄のころの『本朝食鑑』にはうどんと切麦の違いを明確に書いています。

うどんは「熱湯で煮熱しても極めて柔らかく断れないものである。取り出して洗浄してから、復熱湯に浸し、垂味噌（三升五合の水に一升の味噌を加えて三升になるまで煮て布で漉した味噌の澄まし汁）、鰹魚汁、胡椒粉、羅蔔汁などをつけて温かいうちに食べる」とあり、「冷麦も温飩と製法を同じくし、緒のようにきわめて細かに切るので、俗に切麦という……氷のように冷たくして食べる……」とあります。

うどんとひやむぎはその太さも食べ方も異なっているのです。だから、うどんはひやむぎから派生した、日本生まれの麺条なのです。言葉も同様です。

うどんの食べ方は温飩と温飩吸物

うどんは切麦（ひやむぎ）を改良した日本の発明食品です。

この麺棒と庖丁を使って作る麺条は、大勢の修行僧（雲水）がいる大きな禅院では生産性がよく、大釜で一時に大量にゆでられ、水洗いし、湯振りをして熱湯を入れた桶やたらいに泳がせ、それを囲んで何人かで食べれば、給事も後片づけも楽という利便性がありました。効率からいってもこの方が無駄はありません。室町時代から安土桃山時代にかけての禅院や公家の日記に登場するうどんの食べ方は熱湯に浮かべてつけ汁をつけて食べる方法と、温（饂）飩吸物と呼ばれるように、昆布や干椎茸、干瓢のだしに垂味噌や貴重な溜醬油（京都の鹿苑院や奈良の興福寺で細ぼそと造っていま

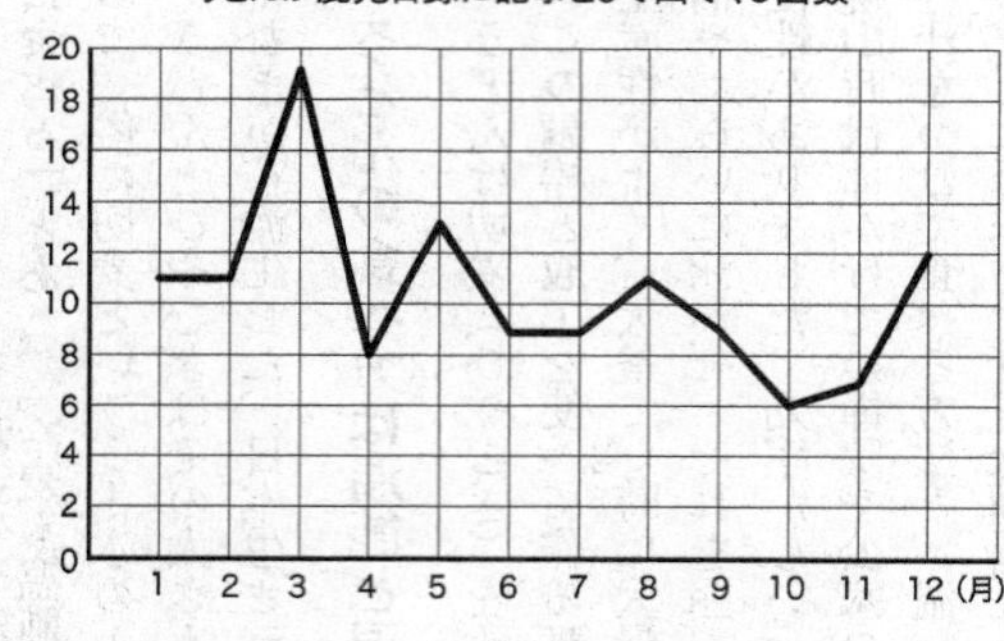

した）で味付けして、その中にゆでたうどんを浮かべる二つの方法がありました。いずれも酒肴にされています。

日本のうどんは熱湯に浸けて温めて食べる麺条でしたから、食べる季節はおもに秋から冬、春でした。うどんを食べた月別の回数を相国寺の鳳林和尚の日記である『隔蓂記』によって拾ってみました。大略ですが示します（寛永十二年〜寛文七年まで）。

四、六、七、九、十月と饂飩を食べる回数が少ないのは夏から初秋にかけてであり、ことに熱したフライパンのごとく暑くなる京都では麺類は冷やして食べる引き算の文化の方が食べやすく、夏の暑い日を少しでも涼しく感じる手だてとして冷やしそうめんやひやむぎなどがもてはやされたのです。饂飩は寒い季節に食べるものでしたが、一月（正月）にあまり食べられていないのは残り餅で雑煮を仕たて、それを酒肴にしたからです。

植物油で麺条の表面をコーティングする索麺（そうめん）へ

日本の麺類でそば切りやうどんを除いてほかはすべて中国がルーツです。麺類の原料である小麦も中国から朝鮮半島を経由して縄文時代中期に日本に伝わりました。中世に伝わった麺条の製法は最小限の道具を使い、手だけで延ばす索麺（そうめん）があり、そして麺棒で平たく大きく押し広げ、折りたたんでから庖丁で切る切り麺の二系列に分かれます。先に述べた切麦や饂飩以外に江戸時代になると麦切が生まれますが、これは大麦の粉で作りました。この麺は今も栃木県の小山（おやま）や益子（ましこ）で小麦粉と同割で作ります。

室町末期のそうめん作り（『七十一番職人歌合』より）

索麺は索餅（さくべい）から進化した麺条です。小麦粉以外の米の粉を引き延ばすときに打ち粉にしていましたが、一部混ぜたものもありました。

索餅（ソウビン）が索麺（ソウミエン）に名を変えたのは宋代のころです。そこには技術革新があり、小麦粉のみを水で練り（中国では少し油を加えていましたが日本で塩を加え、油はカットしました）、麺の紐（麺条）の表面に油を塗ってコーティングする方法へと進化しました。

そのことでゆっくり時間をかけながら細く長く手延べすることが可能になりました。索麺を手延べするときに使う機（はた）という道具は中国伝来のものか、日本の発明品かはわかりませんが、筆者の考えでは図のような機は現在も中国では使いませんから日本の考案でしょう。簡単なものだと、中国では今も太い長い棒に竹管を差す穴をあけ、その棒を細い棒を二本組んで両端を支えます。

室町時代の索麺用の機（図参照）はごく簡単なもので平たい二本の棒に下駄をはかせて立て、それに穴をたくさんあけた板状の棒を上・中・下にはめています（現在は高さを調整できるようになっています）。そしてこの機は組み立て式になっています。

作り方は麺体を作り、足で踏んで丸く薄く広げ、小刃で人差指ぐらいの太さにうず巻状に切ります。切って半切り桶に納めるときに、麺条の表面に植物油を塗りながらさらに細く箸ぐらいの太さにします（現在は太い紐状にするところと門干しの時、細い麺条がくっつくのを防ぐために二本の管を持って麺条と麺条の間に入れて広げる作業以外は総（すべ）て機械で、全工程手延べは極めて少ないのです）。

その太めの麺条に油紙か布をかけてたんぱく質であるグルテニンとグリアジンが結合したグルテンの熟成を充分にはかり、幅三〇センチぐらいに固定した竹管に麺の紐を何回も巻きつけ、折櫃（おひつ）に入れてまた休ませるのです。

弾力と粘力、張力が出た麺条の管の下の方の竹管の両端を両足で押さえ、上の竹管の両端を持って膝の高さまで引き延ばし（これを小引きと呼びます。五七頁参照）、再び折櫃に入れてねかせます。更に弾力と張力、粘力を強めるのです。ころ合いを見はからって機の中棚板の穴に管を少し間隔をあけて何本か差し替えます。

作業する人の最前列の竹管を穴から抜き、竹管の両端を手で持ち、たぐり寄せるようにしながらギュッと引いてはたるませる作業をくりかえして長く延ばし、手にしていた竹管の一方を上の板の穴に長く平均して延びるように、索麺を斜めになるように中段の板の穴に少しずらして差します（中国の福建や台湾では一気に長く引っ張ってからその上の棒の穴に横にかけていました。ここでは麺線（廈門では線麺）あるいは手工細麺といいます。この横掛は五島や熊本の南関町に伝わっています）。日本ではその後さらに引き延ばし、下段の穴に竹管を差し、風にそよがせて乾かすのです。

中板に管を差したとき、ハープを奏でるように、二本の管で索麺どうしがくっつかないように、麺条と麺条の間に差し入れ、広げてやります。この

熟練した職人の手で手作りされる「稲庭うどん」。製法は麺条に油を塗らない平そうめん。

索麺の製法が本家本元の中国と日本が異なるのは小麦粉に含まれているグルテンの違いです。そのことは先に書きました。

この新方式の索麺の作り方が最初に伝えられたのは都であった京都でしょう。もしかすると九州の博多にも伝わっていたかも知れません。なぜなら京都には大きな禅院があり、貿易するための御朱印船を持っており、その出先機関が博多にあったからです。

そのそうめんに対する初めての記述は福岡市郊外にある古社、飯盛山の麓にある飯盛神社の古文書です。

七月七日ニ七夕
社役素麺　宮寺ら酒壹斗六升ならい（直会）有（ひらがなおよび傍点は筆者）
文永八年（一二七一）四月、『鎌倉遺文』

解説しますと七夕の祝いとして、神官らがそうめんを供え、宮寺らは酒を供え、神事が終わってから、冷やしそうめんを肴に酒宴をしたのです。直会とは供物を下して神官ならびに参列者が宴会をすることを言います。

宮中で七夕に索餅やそうめんで祝う行事は平安時代初期、宇多天皇のころから催されており、この風習は筑前博多に早くから京都から伝わっていたのです。だからそうめん作りは京都から始まっており、決して大和（奈良県）の三輪ではありません。三輪は後進地でその名が記録に出てくるのは戦国時代の永禄八（一五六五）年です。

室町末期に歌われている*35『七十一番職人歌合』では建仁寺の索麺が登場しています。「わが恋は建仁寺なるさうめむの　心ふとくも思いよるかな」とあり、そのそうめんは京都の建仁寺で作られたもので、のちに京都では地そうめんと呼び、船橋や堺町二条の北麪家のものに他邦の製品は及ばなかったそうです。これらの索麺を地索麺と呼びました（『雍州府志』）。

江戸初期にあった油を塗らない平そうめん

日本の室町のころの索麺はやや太く、ことに細いものを細索麺と呼んでいます。この索麺を作るのに油を塗らないで平たく手延べする平索麺（油不入索麺ともいいました）が江戸初期にありました。これは旧来の奈良時代からあった麦縄（索餅）の系列で、でんぷん（くず粉やかたくり粉へ本物のかたくりの根茎からとるでんぷ

＊35　七十一番職人歌合（しちじゅういちばんしょくにんうたあわせ）。「職人歌合」とは各職人の風俗を歌合（左右に分かれて歌を詠んだ王朝の遊び）の形式によって描いた風俗画。「七十一番歌合」は室町末期の成立で、一四二種の職人の姿が描かれている。

ん〉）を打ち粉に使い、そうめんのように二本の竹管にかけますが、手延べする前に麺棒で麺の紐を押して平たくして機にかけて長く引き延ばすのです。その油不入そうめんは大和小泉の特産品で、京都の相国寺の鳳林和尚は茶道石州流を開いた片桐貞昌こと石州を訪れ、大量に仕入れ、京都へ運んでいます。大和小泉にある慈光院か高林庵、どちらかの茶室で石州自らが仕立てた油不入そうめんを馳走になっています。石州は懐石（料理）がとても上手な方でした。油を麺条に塗らないこの索麺を当時は別名小泉の平そうめんと呼んでいました。油不入そうめんの名がはじめて書かれるのは相国寺の日記である『隔蓂記』寛文元（一六六一）年七月一日の条なのです。その京片桐石州は鳳林和尚や後水尾天皇などに重用され、京へ再々上っています。その京で秋田佐竹藩々主との交流もあり、小泉の平そうめんが秋田の稲庭（この地名は伝えた人の名字からつけられたのです）に伝わり、この地は大和より寒いために、細く薄く延ばすことが出来ず、太めだったために「稲庭饂飩」と名を変えたのです。饂飩といっていますが、その製法は索餅系列なのです。秋田藩には稲庭（現佐藤）吉左ェ門氏によって伝えられました。寛文五（一六六六）年のことです。佐竹藩は切麦職人を京都から招いていますから、稲庭饂飩を伝えた稲庭氏も他処から招かれたと思います。それ以外に小泉から熊本の南関町や三輪にも伝わりました。江戸時代の本草書である*36『本朝食鑑』には「油を用いないで製るを上品とする」とあります。その理由は麵条に油を塗っていないからです。油を塗ると、日数を重ねている間に油が酸化してその臭いがきつくなるからです。そのことは現在も同じです。

冷やしそうめんやひやむぎ、ざるうどん、ざるそばは麵条の刺身

日本は中国に比べて相対的に水は安全でおいしい。その水を作り出しているのは日本列島の尾根になっている森林です。

海水が太陽に照らされ、水蒸気になって天空に昇ると、冷やされて雲になり、条件によって雨やあられ、雪となって地上に降ります。一部の雨は冬氷や雪となって地上に積もり、池や沼、湖に氷が張ります。

地上に降った雨やあられ、また溶けた雪や氷は地下に吸い込まれ、永い年月をかけてひと滴（しずく）、ひと滴地上に浸（し）み出し、集まって川となり、再び海へ戻るのです。

水は地中を通過する時に磨かれ、地中の養分や香りを吸っておいしくなるのです。

そうめんやひやむぎ、うどんはゆでてから水で洗ってコシを引き締めます。その後水に泳がせたり、皿やざるに盛って、つけ汁に薬味を加えて、それをつけて食べます。中国にはない、日本独特の食べ方に変えました。そば切りもその食べ方が主流です。

＊36　本朝食鑑（ほんちょうしょっかん）。一六九七年刊の本草書。全十二巻。人見必大の著。明の『本草綱目』にならい、食用・薬用の本草について漢文体で記述。

さぬきうどんの生醤油かけはまさにうどんの刺身です。
現在は消毒した安全な水を使用しますから、薬味は麺類をよりおいしくするための役目ですが、昔は井戸水や川の水でしたから、食傷を防ぐために薬味を添えたのです。

餺飥から「やせうま」「ひっつみ」「ひんのべ」「ほうとう」へ

索麺や平索麺は麺条をたぐり寄せて延ばす手延べ系の麺条ですが、もう一つ手延べをするものに餺飥があります。もともと平安時代は小麦粉とすりおろした自然薯（中国では布で絞った薯蕷汁でしたが）で練って杵麺杖（麺棒）で押し広げ、平たく庖丁切りしたり、手延べをしていましたが、鎌倉時代になると小麦粉が米の粉になりました。索餅のように庖丁で細く切ってゆで、小豆汁で食べています。その後消え、再びその名が登場するのは安土桃山時代の[*37]『松屋茶会記』です。『久重茶会記』の慶安三（一六五〇）年正月十一日の記述に薯蕷麺と出てきます。茶事の点心として餺飥を食べているのです。そのただし書きに「米ノコト山ノ芋ニテスル（作る）」とあり、うどんのように湯浸にしています。

もともと餺飥はルーツの中国で、先に書いたように小麦粉の練り粉を親指大にちぎり、水をはった盆の中で掌で押し広げ（掌托）たものでした。日本においては手まわしの石臼が普及する江戸中期ごろから地方では柔らかめに練った小麦粉の生地を小片にちぎり、両手の人差指と親指を使って少し棒状にしてから、胸のあたりの前で上下に指でもむようにして、幅広に手延べしたものに変容します。その手法は大分県に現在も残っており、鮑腸（ほうちょう）（江戸時代はそう呼んでいましたが、現在は団子）と呼びます。手延べする前の小片にした形が鮑（あわび）の腸に似ていたからその名が付きました。現在は来客用にそうめんのごとく、細く長く手延べしますが、日常食べる味噌仕立ての団子汁に入れる平たく手延べした麺条が本来の姿なのです。ゆでて、きな粉をまぶせば（平安時代清少納言（せいしょうなごん）は夏のデザートにしています）「やせうま」ということは先に触れました。

来客用の鮑腸は、この練り粉を小片にちぎり、親指大にしてから両手で細くもみ出し、それに湿らせた布（今はラップフィルム）をかぶせてねかせ、充分にグルテンを出させてから両手で一本ずつ持ち、膝に打ちつけながらピヤピヤと振って左右、上下に引き延ばすのです。これは大分市戸次（へつぎ）地区に残っており、県の重要文化財になっていて、ゆでて水に泳がせ、つけ汁をつけて食べます。これは一本引きです。

大分の団子ややせうまの麺に似たものに東北の「ひっつみ」があります。この名は

＊37　松屋茶会記（まつやちゃかいき）。奈良転害（てがい）郷の漆屋松屋源三郎家三代（久政・久好・久重）の茶会記録を久重が編集したもの。一五三三年から一六五〇年まで、三代合わせて一二〇年に及ぶ茶会記録。

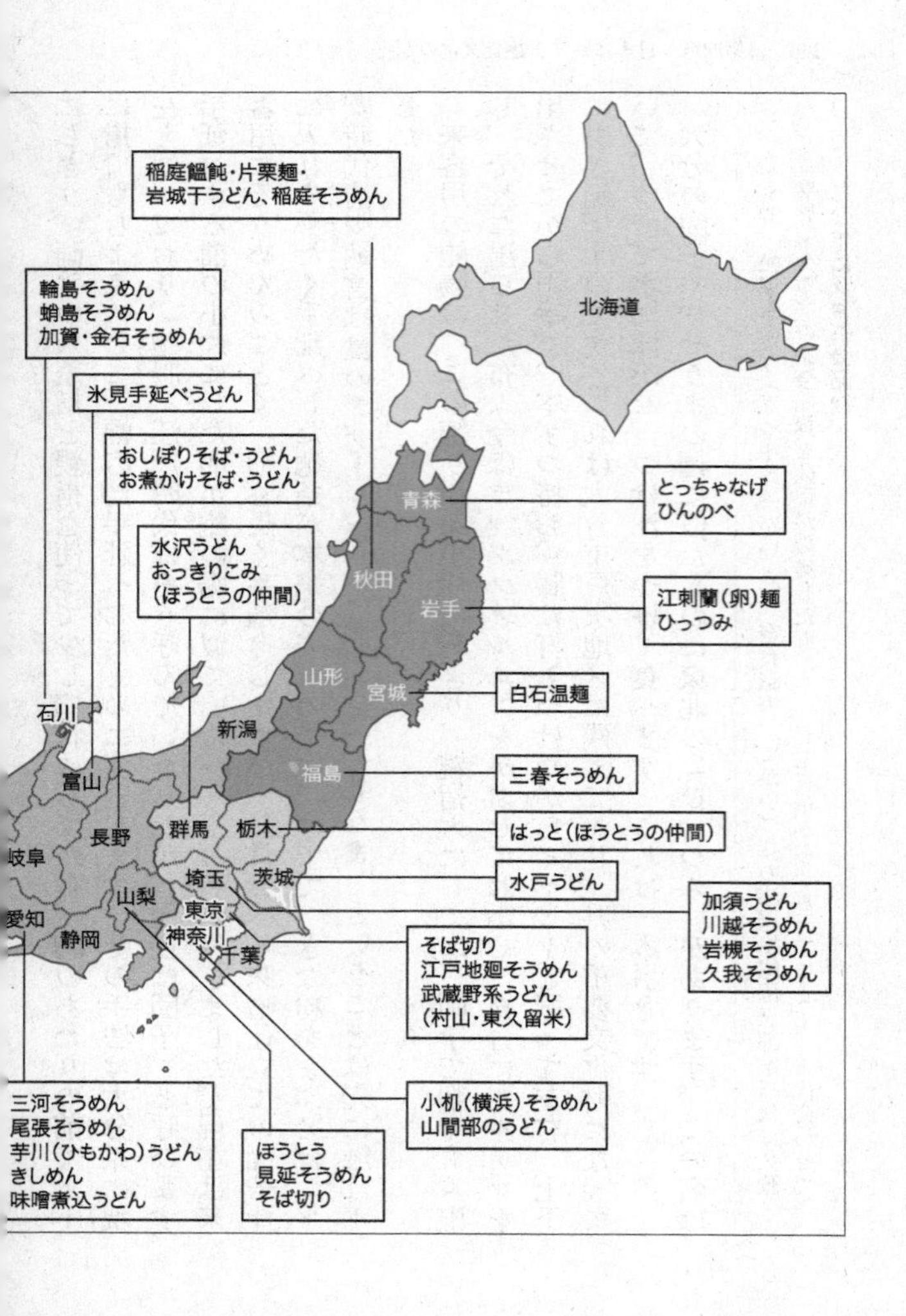

稲庭饂飩・片栗麺・
岩城干うどん、稲庭そうめん
輪島そうめん
蛸島そうめん
加賀・金石そうめん
氷見手延べうどん
おしぼりそば・うどん
お煮かけそば・うどん
水沢うどん
おっきりこみ
（ほうとうの仲間）
北海道
青森
秋田
岩手
山形
宮城
新潟
福島
石川
富山
長野
岐阜
群馬
栃木
埼玉
茨城
山梨
東京
愛知
静岡
神奈川
千葉
とっちゃなげ
ひんのべ
江刺蘭（卵）麺
ひっつみ
白石温麺
三春そうめん
はっと（ほうとうの仲間）
水戸うどん
加須うどん
川越そうめん
岩槻そうめん
久我そうめん
そば切り
江戸地廻そうめん
武蔵野系うどん
（村山・東久留米）
小机（横浜）そうめん
山間部のうどん
三河そうめん
尾張そうめん
芋川（ひもかわ）うどん
きしめん
味噌煮込うどん
ほうとう
見延そうめん
そば切り

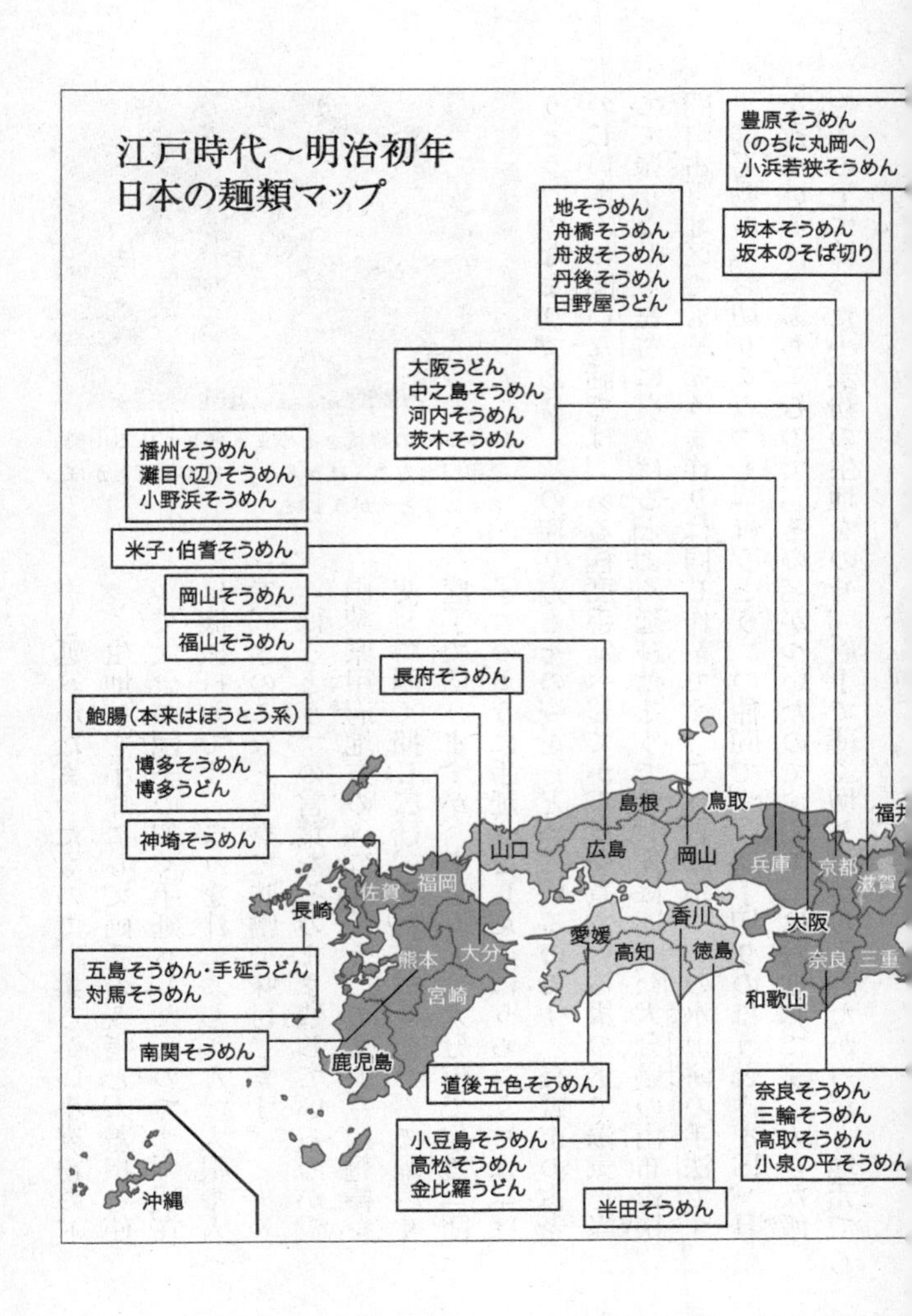

江戸時代〜明治初年
日本の麺類マップ
豊原そうめん
(のちに丸岡へ)
小浜若狭そうめん
地そうめん
舟橋そうめん
舟波そうめん
丹後そうめん
日野屋うどん
坂本そうめん
坂本のそば切り
大阪うどん
中之島そうめん
河内そうめん
茨木そうめん
播州そうめん
灘目(辺)そうめん
小野浜そうめん
米子・伯耆そうめん
岡山そうめん
福山そうめん
長府そうめん
飽腸(本来はほうとう系)
博多そうめん
博多うどん
神埼そうめん
五島そうめん・手延うどん
対馬そうめん
南関そうめん
道後五色そうめん
小豆島そうめん
高松そうめん
金比羅うどん
半田そうめん
奈良そうめん
三輪そうめん
高取そうめん
小泉の平そうめん
島根
鳥取
山口
広島
岡山
兵庫
京都
滋賀
福井
佐賀
福岡
長崎
香川
大阪
愛媛
高知
徳島
熊本
大分
奈良
三重
宮崎
和歌山
鹿児島
沖縄

ハウトウの言葉をそのまま残している山梨県甲府地方の「ほうとう」。煮くずれたかぼちゃほうとうがうまい。

引き延べがなまったもので、柔らかい小麦粉のドゥ（生地）を小片にして両手の親指と人差指を使って大分の団子の如く手延べしたものです。現在は機械打ちです。これを汁にぶちこんで大根や人参、きのこなどと煮て味噌で味付します。

「ほうとう」の言葉をそのまま残しているのが、山梨県甲府地方の「ほうとう」です。今は麺棒を使って薄く押し広げ、それを折りたたんで幅広く庖丁で切りますが、もともとは大分市で作る「団子」のように手延べでした。「ほうちょう」は「ほうとう」のなまりであり、昔の作り方とその姿をとどめているのです。長野市の古老のじいさんに聞いた話では、ある程度手延べしてから具を煮ている鍋の上で湯気を当てて振りながら左右に引っぱるとよく延びたそうです。先に述べた大分県の由布市挾間町古野地区でもやせうま作りは同じ作業です。これらはかつての水引餅の手法です。

群馬県の「お切りこみ」も「ほうとう」の仲間です。庖丁切りのほうとうを即、具を煮ている汁にぶちこむので、その名がついたのです。ここは醤油味です。大きな飯杓子の上に練った小麦粉の生地をのせ、庖丁で薄く切りながら入れたからだと地元でいう方もいますが、はたしてどうでしょうか。長野県や東北、関東でハット（法度）や名古屋のきしめんも実は餺飩の系列なのです。

青森県や岩手県にとっちゃなげとかひっつみという麺片があり、麺体を手に持ち、逆手の指先を使ってつまみ、薄く引いてちぎり、具を煮ている汁に投げ入れます。これらに似たのが長野県須坂市の豊丘地区にあり、ここでは麺体を水に浸し、少時置いてから同様にしてつまんで引きちぎり「ひんのべ」と呼んでいます。その厚さはすき透るほど薄いのです。これらは日本で独自に手廻しの石臼が普及する江戸中期以後に生まれたのです。古代中国の餺飩以前の不托（掌托しない麺片）をほう彿させてくれます。

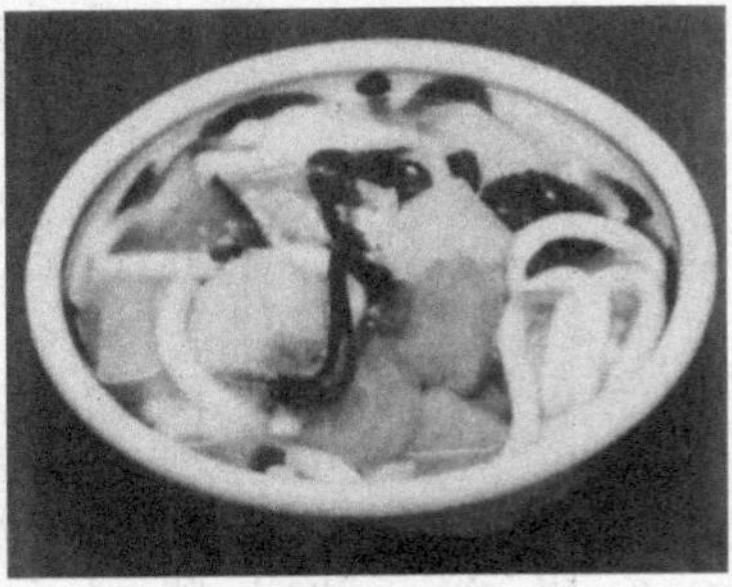

「引延べ」がなまった「ひんのべ」。

「切麦」の仲間が出そろう安土桃山時代

「ほうとう」は今は庖丁切りですが、庖丁で切る麺条が中国から日本に伝わるのは鎌倉時代の初めです。それを「切麦」と呼びました。

この中細に切った切麦をゆでて冷水で冷やしあらったのが「冷麦（ひやむぎ）」で、ゆでて冷やし洗い一人前用の蒸籠にのせて蒸したのが、蒸麦。

温麦や熱麦は先に書いたようにゆでたてをぬるい湯や熱湯に浮かべたものです。

おそらく鎌倉末期か南北朝初めのころ、太めに切ったものをうどん、細めに切ったものをひやむぎと区別して呼んだのでしょう。乾燥した干うどんや干しひやむぎもありました。これらをそうめん屋が作っていましたし、貴族や禅寺でも手打ちをしていました。うどんでは京都の油小路下立売南日野屋の手打ちうどんが有名で、干うどんは『松屋茶会記』にも出てきます。「遊楽図屏風」(時代と場所は定かではありません)や江戸初期の「大坂城築城屏風図」にはうどんを打っている女の人が描かれており、大坂では築城のために駆り出された百姓の男子は給料の米を金に換え、それでうどん屋で金を出して食べたのです。日本最初のファースト・フードといえます。京都名物日野(屋)うどんを打っとき、小麦粉に加える塩加減は「水五升に塩一升五合入てよし、にえにくきもの也、夏冬のかげん口伝在之」と、寛永二十(一六四三)年刊の『料理物語』に記述されています。

この『料理物語』にはほかに切麦、そば切りの打ち方が書いてあるのですが、うどんの打ち方を示しておきます。

「うどん」

「粉いかほどうち申候共　塩かげん夏はしほ(塩)一升ニ水三升入、冬は五升入てその塩水にてかげんよきほどに(小麦粉を)こね、うすにてよくつかせて玉よきころにいかにもうつくしくひびきなきやうによく丸め候て、ひつに入、布をしめしふたにして、風のひかぬやうにしておき一づつ取出し、うちてよし、ゆでかげんはくひ候て見由候　汁はにぬき（垂味噌に鰹節を加えて煮て漉したもの）又たれみそよし。（薬味は）胡椒、梅（干）」

今も梅干をうどんにトッピングする店がありますが、これはうどんを一気にすすって食べたときむせるのを防ぐためです。

この切麦の仲間に「きしめん」があります。すでに南北朝後期から室町時代にかけて成立した『庭訓往来』にその名が出てきます。そうめん、ひやむぎ、うどん、きしめんが全部出そろう記録は安土桃山時代、天皇家の調度品を管理する役職にあった山科言継の日記である『言継卿記』です。麺類はそば切りも含めて酒肴にされています。言継は当時貧乏であった天皇家の財政を支えるために織田信長や徳川家康等に金銭をせびりに行ったりしています。織田信長に徳川家康を紹介され、しこたま金貨をせしめているのです。

この日記に書かれているきしめんは碁盤の目のように正方形であったのか、碁石のごとく竹筒で丸く抜いたものであったのか、それとも幅広く、長く切ったものであったかはわかりません。酒肴に用いていることから判断すると、幅広の長い麺条の可能性があります。つけ汁をつけて食べるほうが、丸く筒状に抜いてゆで、きな粉をつけるより、酒肴にぴったりです。

短冊型の「きしめん」から「紐革うどん」へ

きしめんは江戸時代になると平うどんになり、その作り方は『料理山海郷巻之二』(寛延三(一七五〇)年)に載っています。それを紹介しましょう。

「うどんのこ塩なしにこね常のごとくふみて薄く打幅五分(約一・五センチ)ほどの短冊にきり汁にてかげんするなり　打粉多く使えば汁ねばる　打粉少くして汁多く仕懸るがよし、汁、酒、しやうゆくわへ少しあまく(味を薄く)仕懸る　花かつを大がきにして入るべし　温飩(平うどん)を打込(湯に入れること)煮上て置　ねぎ二寸計に切　たくさん(汁に)入れ煮て後、左のうどんを入れてもちゆ、鰹を(平うどんに)もみこみ打ちたるもおもしろし」とあります。このきしめんは細長い短冊型です。

庖丁切りのこの細長い短冊型のきしめんがさらに長くなるのです。平麺は中国の経帯麺がルーツですが、このころは碱水を加えていません。別名紐革うどんといいます。東海道の芋川村のものが有名で芋川うどんと呼ばれていました。

井原西鶴の『好色一代男』の巻二、「旅のでき心」に「……芋川といふ里に若松むかしの馴染有て、人の住あらしたる笹葺をつづりて、所（芋川）の名物とてひら饂飩を手馴て……」と平うどんが語られています。この芋川うどんの食べ方は甲府のほうとうのような味噌煮込です。描かれている絵図を見ると、鍋に芋川うどんを入れて煮上るまで時間がかかったので、女の客二人に主人らしき人が三味線をひいて聞かせたのです。

『岩波日本古典文学大系』本の注では、芋川うどんがなまってひもかわというとありますが、もともと平たいうどんでその姿は紐皮（ひもかわ）に似ていたのです。

東海道の芋川で売られていた名物の「芋川うどん」。「うむどん」の看板が見える（『好色一代男』より）

なぜこの平うどんが尾張できしめんと呼ぶようになったのでしょうか。日本できしめんと呼ばれる麺条が記録に出てくるのは京都の公卿（くぎょう）の書いた日記『言継卿記』であることは先に書きました。そのきしめんはいかなる姿であったのかは不明ですが、それはおそらく帯状のものであったに違いありません。

ひもかわ、あるいは平うどんをなぜきしめんというかについては紀州麺がなまった

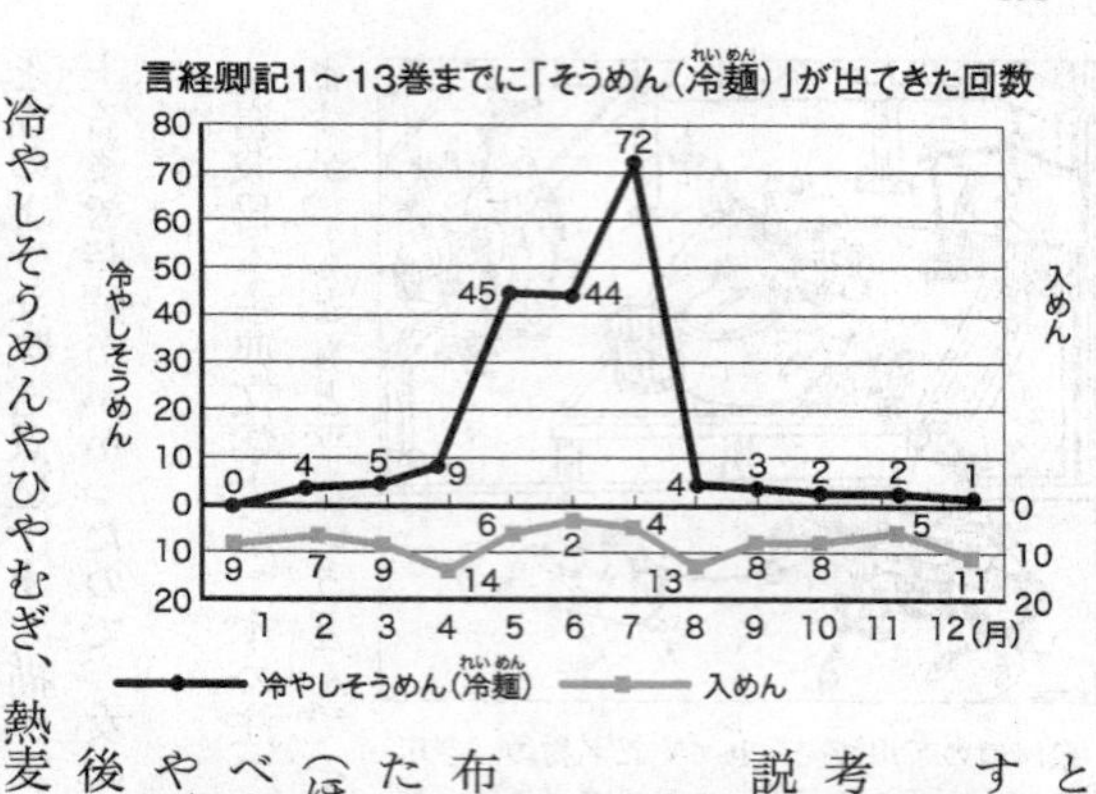

とか、平うどんと雉の肉と煮たからなどと言われますが、それを示す文献はありません。故金関丈夫氏は『木馬と石牛』*38の中できしめんを考察しています。中国福州の鶏絲麺ではないかとの説を出していますが、いかがなものでしょう。

日本の伝統的麺類の熱い食べ方は入麺系式

日本と中国の麺条の食べ方の違いは室町以後は昆布や鰹節のだしを用い、肉（豚や鶏）のだしをまったく使わないことです。そしてうどんやほうとう（ほうちょう）、きしめん、そば切りはそうめんの食べ方が基本になっていることです。奈良時代の索餅や平安時代の餺飥は先に触れておいたので、室町以後の麺類の食べ方を端的に記述することにします。

冷やしそうめんやひやむぎ、熱麦、蒸麦、うどんは味噌を水で溶いて煮詰めて漉した味噌の澄まし汁である垂味噌や煮貫（垂味噌に削鰹節を加えて煮て漉したもの）を冷やした「冷や汁」に刻んだ青ねぎと練り辛子を入れ、これをつけて食べました。熱麦や蒸麦の場合は時に温かい垂味噌や煮貫を用いることもありました。桶そうめんや釜そうめんは湯そうめんの仲間で、湯にゆでたそうめんを泳がせたものです。

入麺は別に煮麺と書き、味噌汁でそうめんを煮たものです。また垂味噌で味付けしただしで煮ることもありました。入麦も切麦を味噌汁で煮たものです。うどん吸物も同様で、日本の伝統的な熱い麺類の食べ方は味噌の澄まし汁をつけたり、味噌汁や垂味噌で煮込む入麺系式です。元禄以後は味噌の澄まし汁（垂味噌）で味付けしただしをうどんにかける「かけ」が生まれます。やがてそば切りにも用いられます。現在の札幌（さっぽろ）の味噌ラーメンはこのかけの系列に属するもので、うどんやきしめん、あるいはそうめん、ひやむぎの代わりに、中国風の麺条である碱水入りの麺を用い、だしのかわりに鶏や豚の骨からとった肉系のスープを用いる違いがあるだけです。

そうめんの食べ方が夏は冷やし、冬は温い入麺、あるいは湯浸にする温麺と分かれてくるきざしは室町時代に見られますが、完全に分かれるのは安土桃山のころで『言継卿記』大永七（一五二七）年正月から元亀二（一五七一）年十二月までその回数を

＊38　木馬と石牛（もくばとせきぎゅう）。金関丈夫（かなせきたけお・一八九七年生まれ）によって書かれた民族学的説話の比較研究書。東南アジアの古代伝説と西方の類話を比較したもの、日本神話の構造分析を試みたものなど二八の論考が収められ、日本文化成立の解明に新しい視野を拓く。初版は一九五五年。

拾い、グラフに示すと右図のとおりになります。

今も郷土料理でなすやみょうがとそうめんを味噌汁で煮るのが散見できますが、これは往古の食べ方なのです。つけ汁やかけ用の汁が鰹のだしに醬油を加えるのは江戸時代後期に入ってからのことで、元禄のころになると鰹節は堅木を燃して燻され、香りがよくなります。

江戸時代の中期になると中国の福建省にある黄檗山萬福寺の住職であった隠元隆琦禅師が長崎の興福寺の三代目住持であった逸然に招かれ、長崎に来ます（一六五四年）。ことのついでに話をすれば、長崎に今も残る中国寺院は一六二〇年代に創建されたもので、崇福寺は福州、浙江省寧波あたりから来た人たちが建立したのが興福寺、福建省の泉州から来た人たちは福済寺を開いています。

隠元禅師は興福寺に入り、当時の将軍であった徳川家綱に会い、宇治に広大な土地を与えられ、そこに自分の出身寺院である黄檗山萬福寺を創建しました。

この中国系の禅寺で食べられていた料理は、円卓を囲んだ人びとが、大皿に盛られた料理を各自の箸でつつき合い、お茶を飲みながら団らんして食べる中国式の精進物、普茶でした。この食事法は新様式で、不精進の鶏や豚肉、ならびに魚介を使って行なうのを「しっぽく（卓袱）」と呼びました。しっぽくは安南語（ベトナム語）です。卓はテーブル、袱はテーブルクロスのことです。

普茶で食べるそうめんの調理に豆腐と青菜との炒め物があります。これは琉球（りゅうきゅう）でいうところの「そうみんチャンプル」で、チャンプルとはインドネシア語で、豆腐を使ったサラダのことです。現在の沖縄ではそうめんチャンプルといえば、ツナ缶と刻んだ青葱（あおねぎ）や青じそとそうめんを炒めたものへと変容しています。

しっぽく料理には鯛麺（たいめん）がありました。鯛を油で素揚にし、これをだしで煮て、ゆでたそうめんを加えるのです。

これはなかなかにおいしいものですが、これも日本的に様変わりしました。鯛を揚げずに煮つけにし、冷ました煮汁にゆでて冷やしたそうめんを加え、皿に盛り合わせて食べるようになり、瀬戸内（せとうち）の村々でおめでたい婚礼で作られています。

そうめんを食べる福州や廈門（アモイ）、台湾では豚や鶏でスープをとり、あひるや鶏肉、豚のまめ、豚の腸、かき（貝）などをトッピングして湯麺（タンミエン）にします。

あるいは油で揚げてからゆで、豚のせん切り肉や野菜と炒める廈門式の炒線麺（チャオシエンミエン）があります。これが明治のころ長崎に伝わり、長崎名物の皿うどんになったのです。うどんと呼んでいますが、じつは索麺です。

もともとは線麺（福建は麺線という）であったのでしょう。

福建の食文化の影響を受けている沖縄では鰹節のだしと豚のスープを半分ずつ合わせ、スープを作ります。

一うどん　代十六文
一そば　代十六文
一のっぺい　代廿四文
一あんかけ　代十八文
一けいらん　代廿四文
一すいもの　代十六文
一上酒　代廿四文

「街廼噂」に載っているうどんの価格一覧表。このほかうどんの湯浸がありました。

うどんの食べ方で、卵焼（巻焼と大坂では呼んでいました）や味つけ干椎茸、かまぼこを種物としてトッピングした「しっぽく」が出るのは大坂で、寛延（一七四八〜五一）のころです。あんかけや卵とじは天保（てんぽう）以後です。幕末には鍋焼うどんや卵汁でうどんを蒸す茶碗蒸しの小田巻蒸が大坂で売られます。鍋焼うどんは浅手の鉄鍋で煮て屋台で売られました。

そば切りはうどん、握りずしとともに江戸の屋台、ファースト・フードのトリオでしたが、むきえびのかき揚をトッピングするてんぷらそばが生まれるのは明治に入ってからです。

うどんは上方（京坂）はおいしく、幕末に大坂へ来た戯作者（げさくしゃ）の滝沢馬琴や大坂の町奉行であった久須美祐雋は京都や大坂のうどんは江戸よりよいと誉めたたえています。うどんそのものより、昆布と鰹節や雑節で引くうまだしの味がよかったのです。うどんの価格が『街廼噂（ちまたのうわさ）』[*39]に載っているので挙げておきます。

*39　街廼噂（ちまたのうわさ）。江戸の人、平亭銀鶏の撰による江戸末期の大坂の風俗を記した本。一巻から四巻まであり、江戸と比較している。

第五章　山東式拉麺（さんとうしきラミエン）は明代に誕生

山東式拉麺は明代に誕生《対談編》

安藤百福×奥村彪生

安藤　現在、ラーメンと呼ばれ、世界中で親しまれている調理麺が日本発の食文化である。多くの方々の証言でこのコンセンサスはだいたいのところできていると思います。しかし、原点はあくまで中国にあります。これもまた、奥村先生の述べられた各章を読めば明らかです。前章で紹介された経帯麺も源流の一つですし、その他にも、似たようなものは、いくつか散見されます。ラーメンの麺に必須の碱水が中国ですから……。

奥村　経帯麺は麺棒で延ばして庖丁で切るのですが、碱水が添加されている点ではその通りです。しかし私は、直接のご先祖さんは拉麺だと考えています。宋の時代に麺食文化が開花して、経帯麺と索餅の技術がいっしょになって山東式拉麺が誕生します。

安藤　宋代ですか。

奥村　宋代という説もあるのですが、はっきりしたことは判りません。やがて中国はモンゴル系が支配する元代になるのですが、この時代、調理の面ではあまり進化しません。次に漢民族が復活する明朝に、小麦粉に碱水を加えたすべて手作業の拉麺の完成をみるのです（『中国面点史』）。卵だけで小麦粉を練り込む技術が誕生するのも、この時代です。

安藤　奥村さんとは『麺ロードを行く』の調査で、中国の麺を片っ端から試食しました。拉麺のことはよく覚えています。面（麺）点師が何の道具も使わず、一塊のドゥからアッという間に一人前の麺を作ってしまう蘭州式の拉麺は驚きでした。ショーとして充分楽しめます。

奥村　本当に……。手品みたいでした。拉麺には二つの系統があって、一度にたくさん作ってしまう「山東式」と一人前ずつドゥに油を塗って寝かしておいて客が来るたびに手延べする「蘭州式」ですね。後、日本に伝わるのは「山東式」です。

安藤　まあ、どちらにしても日本のラーメンの方がはるかにおいしい。日本人ほど、麺にこだわる民族は、まあ世界中さがしてもいない。

奥村　同感です。

安藤　以前、奥村さんと日清食品の食能検査室で「再現実験」を試みて見事に失敗しました。なかなかむずかしい技術です。

奥村　いや誠にむずかしい。でもいまでは〝修業〟を積んだから大丈夫です。

安藤　ところで拉麺はどこで始まるのですか。

奥村　拉麺が始まったのは中国の山東省です。これが西へ、また南へと伝わるのは清朝になってからです。一人前ずつ手延べする「蘭州式」はシルクロードに沿って今の新疆ウイグル自治区、モンゴル、キルギス、ウズベキスタンなどへと伝播してラグマンとなります。家庭でも作られますが、専門家のわざとは比べるべくもありません。段違いです。このへんの事情は安藤会長がまとめられた『麺ロードを行く』でも触れてありますね。

安藤 ラグマンもまた、拉麺と親戚筋ではあります。音も似てますから。ラーメンの語源を、ここに求める説もありました。

奥村 近縁種といえますね。作り方は地域によって微妙に変化していきます。

安藤 一九〇三年、西域を調査した第一次大谷探検隊に参加した堀賢雄の日記に、ラグマンを食べたと書かれています。ラグマン＝ラーメンとなれば、早々とラーメンを口にした日本人の記録としては貴重ですね。でも、日本でラーメンを食べた最初の人は、水戸の黄門さん、という説もあります。

奥村 小菅桂子さんが『にっぽんラーメン物語』に書いておられますが、極めて疑わしい話です。あの方はその話の出どころの日乗上人の日記を実際に読んでおらず、また聞きなのです。私は、黄門さんが食べたのはラーメンではなくうどんだと確信しています。このことは、本記に詳しく書いておきました。やはり、日本における「ラーメンの夜明け」は大正時代を待たなければなりません。

明時代に生まれた「鶏子麺（ジーズミエン）」「手延べの拉麺（ラミエン）」

フビライ・ハン[*40]が建てた元朝の首都は大都（だいと）（北京（ペキン））でした。彼は日本も侵略しようと試みましたが神風（台風）によって失敗に終わります。元の時代は食文化が発達せず、漢民族の食にモンゴル人たちは同化しました。元朝は、中国を治めるにつき、モンゴル人を中央や地方の重職に就かせ、次に西域の人を高級官吏に据え、淮河（わいが）以北の漢人を三位におき、淮河以南の人は最下位としました。ために南宋の人のうち何人かはボート・ピープルとして日本に来ました。マルコ・ポーロ[*41]がフビライ・ハンに十七年間仕えたのも彼は青い目の色目人だったからです。スパゲッティはマルコ・ポーロが伝えたといいますが、それは間違いで、弘法大師（こうぼうだいし）が讃岐（さぬき）にうどんを伝えたという話と似たようなものです。

元朝が滅びて明朝（一三六八〜一六六二）になり、首都は揚子江（ようすこう）下流域の豊かな地

＊40　フビライ・ハン。元の世祖。蒙古帝国第五代の皇帝。ジンギス汗の孫。金を滅ぼし、宋を併合し、都を大都（北京）に定めた。日本にも二度来襲したが失敗。

＊41　マルコ・ポーロ。イタリアの旅行家。一二七一年、父・叔父とともに中国に渡り、元帝・フビライに謁して厚遇をうけ、中国内地を旅行した。一二九五年、海路インドを経て帰国。『東方見聞録』を口述し、ヨーロッパ人の東洋観に影響を与えた。

である金陵（南京）に移り、漢民族による政治が行なわれます。
この時代は農業や商工業が発達し、揚子江の中・下流域は中国で屈指の穀倉地帯になり、そして学問や文学、絵画といった文化が成熟します。日本人が好む文学『水滸伝』や『三国志演義』、『西遊記』などが出版され、日本にも入ってきます。

文化や農業、商工業が成熟して平和な時代であった明。この時代に生まれた麺に大事なことが二点あります。

その一つが小麦粉を水で練ってから延ばす一般的な方法から、水を卵（全蛋）に置きかえたことです。この手法で作った麺、おそらくは庖丁切りの切麺でしょうが、「鶏子麺」と呼びました。

小麦粉に塩水と卵、あるいはすべて卵で練ると、麺条をゆでたときに麺条がしまり、感触がコリコリと固くなり、かつカラートーンが黄色を帯び、食べる人の気持ちをわくわくさせる働きもあり、おいしそうに感じさせてくれます。白身だと白くなります。現在の日本のラーメンの麺には碱水だけでは黄色が足りないのでくちなしの実から染液を作り、これで黄色っぽく麺条を染めています。これを最初に作ったのは味噌ラーメン「味の三平」の創始者である大宮守人氏です。ついでの話ですが、トッピングに緑豆もやしを用いたのも同氏が始めてです。

このくちなしの実の染液で食物を染める文化はすでに安土桃山時代にあり、南蛮料

理の「てんぷら（い）り」という鶏肉の炒め物です。切った鶏肉をしょうがやねぎ、にんにく、クローブ（丁子）、シナモン（肉桂）を入れて炒め合わせ、くちなしの染液を加えて黄色く仕たてています。

くちなしは漢方では胆汁分泌の促進、鎮静、血圧降下作用があるとされます。色素はカロチノイド系のクロシンによるものです。

話を戻しますが、この鶏子麺が清の時代に伊府麺（全蛋麺を油で揚げて保存して食べる時にゆでます）へと発展し、日本では江戸時代に卵（蘭）切り、あるいは卵うどん、またの名を浮世（黄でうきうきする）うどんと呼びました。

広州で売られている鶏の卵だけで作られた全蛋麺

二つ目は初期の手延べする索餅と経帯麺の碱水を加える技術が合体して、中国の山東省で発展したものと思われる扯麺が生まれたことです。この扯麺は捵条麺あるいは拉麺と呼ばれ、まったく道具を使用せず、両手だけを使って細く、長く、手延べする麺条です。扯も捵も拉も弾力と張力、粘力のあるものを手で引っぱって細く延ばすことを意味する言葉です。

『中国面点史』によると、宋代の『宋氏養生部』に拉麺が記載され、これが中国における拉麺についての最初の記載だとされています。しかし、原本は私は読んでいませんから何ともいえません。おそらくは拉麺の初期の物は先に書いた索の象形文字からいえば、ドゥの小片を両手でもみ出して紐状（ひもじょう）にします。それに布をかけて寝かせ、グルテンをしっかり出します。その両端を持って引っ張りながら振り（現在の拉麺もそうします）、両方合わせてクルクルとない、それを更に左右に引き延ばすことを何回か繰り返して細くしたのです。宋代には碱が入っていたかどうかまだ原本は見ていませんから何ともいえません。現在の山東省系列の拉麺は大量生産方式で、麺体は大きいために折っては縄になう回数は多くなります（二五頁写真参照）。

貨幣経済が生み出した合理性を備えた「うどん」

拉麺が中国の北方から西方、南方に伝わるのは、清代のことでしょう。首都は江蘇（こうそ）省南京ですから、高度な文化はここに集中し、更に発展します。明代といえば食文化や陶磁器、芸術、文学を含めて成熟期を迎える時代ですが、北からモンゴル系やトルコ系の民族が侵入してきます。しかも十三世紀から十六世紀にかけて、朝鮮半島沿岸から中国沿岸で海賊が出没します。この海賊には日本人も加わっており、倭寇（わこう）と呼ばれました。この両方からの侵入に対応するのに金（かね）がかかったのです。ために出費がかさみ、そこへ輪をかけるように太閤豊臣秀吉は朝鮮半島を侵略します。その朝鮮を明が助けるために、軍事費がかさみ、明はしだいに財政難になり、斜陽し、ツングース系満州族にとって代わられるのです。そうして生まれたのは清朝（一六六二）です。この時代に拉麺が発展するのです。

現代の中国は領地が世界でずば抜けて広く、人口、民族が多いのは、康熙帝（在位一六六一～一七二二）、世宗雍正帝（在位一七二二～一七三五）、高祖乾隆帝（在位一七三五～一七九五）の三代、約百三十年の間にモンゴルやチベット、青海などを征服したことによるのです。そして民族も漢、満、モンゴル、ウイグル、チベットのほかに、少数民族も多くいて、乾隆帝の終わりごろには人口は三億一千万人に達していたようです。

清の時代に鶏子麺から発展した伊府麺

話は変わって日本はこの時代は徳川期で、前の政権主である織田信長や豊臣秀吉とうって変わり、米を中心にした政治、経済へと鎌倉期と同様の農業水田稲作を中心にした政策をとります。織田信長やそのあとを受け継いだ豊臣秀吉がとった政策は貨幣を基本とした政治経済でした。外国、ことに南蛮貿易、あるいは国内での軍需品である鉄砲（堺がその根拠地）を買うためには金貨でなければならなかったのです。米と交換していたのでは南蛮貿易は成立しなかったからです。

その南蛮貿易をするには大坂湾に港を作るのが最上と織田信長は考え、上町台地にあった真宗系の寺院、石山本願寺に立ちのきを迫ります。しかしながら石山本願寺側は求めに応じず、十二年に及ぶ長い抗争が、織田信長との間に続いたのです。

この石山本願寺の僧兵は非常に強かったようです。それは朝からニンニクをかじり、鱧や鯛、蛸などを食べ、昼は般若湯（酒）を飲み、後段にうどんやそうめん、ひやむぎを食べています。酒肴としてこれらの麺類も用いられています。酒肴としての麺類は室町時代からの伝統です。今もざるそばやせいろうそばを食べる時、そば前といって酒を飲む人がいます。

石山本願寺の話に戻しますが、そんなこんなで時の天皇が両者の間に立ち、和議を結びますが、石山本願寺は失火で寺は火の海になり、灰じんとなって消えていきました。

織田信長自身も京都の本能寺に居たとき、自らが育てた智将である明智光秀によって火を放たれ、自害します。そのあとを受けた豊臣秀吉は、石山本願寺跡に大坂城を築くのです。

彼は南蛮貿易を盛んにしたいと泉南の堺や京の伏見の商人を大坂に集め、大坂を商業の中心地にしたのです。先に大坂城築城屏風図のことを少し述べましたが、この屏風絵の中に、腕まくりをした女の人がうどんを打っている図が描かれています。築城のために駆り出されたのは近在の百姓で、労賃である日当（米であるが）が払われています。それを金銭に交換し、その金銭でうどんを買って食べたのです。その方が合理的で手っ取り早く、しかも安く腹を満たすことができました。米だと搗精し、とぎ、水をしかけて薪で炊かなければなりません（当時、大坂の町屋では昼に飯を炊きました）。仕事の休憩時間に飯を炊くわけにもいきませんからうどんを昼食にしたのです。これだと調理する時間や薪代が不要なので、貨幣経済はこういった合理性を生み出す源になったのです。金を中心にして価値観を決めるのです。安いか高いか、品質がよいか悪いか、長持ちするかしないか、おいしいかまずいか、大勢の人に利用され、食べてもらうためには、栄養があり安くて安全でおいしいものということが鉄則になります。少々高いものでも支払った金以上の値打があるかどうかを、今も大阪の人は詮索します。これは豊臣秀吉以来、いや織田信長以来の伝統です。一杯のうどんにもそのことを求めたのです。大阪の人がうどんを好んだのは味は大阪弁と同様に、まったりしてねちっこく、もちもちしていたからで、江戸のせいろうやざるそばはさらっとした江戸言葉に合ったからでもあるのです。今も大阪人はかけうどんやかけそばを好み、だしにこだわります。ただ秀吉の時代のうどんはどんなものか判りません。

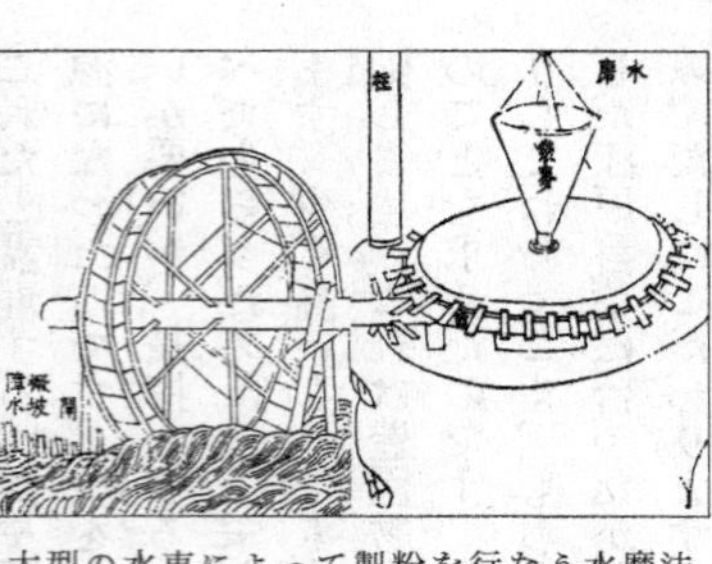

大型の水車によって製粉を行なう水磨法
（『天工開物』より）

製粉の生産性が高まった江戸期

鎌倉時代末期には稲の裏作として冬に小麦や大麦を細々と作るようになりますが、江戸期になると盛んになり、稲作と合わせ、生産量が上りました。土地の有効利用です。

その小麦の産地としては関東、西日本の紀州、河内、讃岐、播州、備前、備中、肥後などがあり、これらの多くは大坂に集まりました。

江戸時代、十七世紀に入ると水車による製粉がさかんになり、製粉の生産性が高まります。また四人（粉ひきもそうめん作りも女の人が多い）がかりで大きな石臼を回転させる臼が、おそらく中国から籾すり機といっしょに輸入され、それを改良して小麦を粉にひくのです。

その小麦粉を絹布で作った精巧な、目の細かい箱型の篩で二人してふるいました。極上御膳そうめん（献上用）の粉は、一段と目の細かい、精巧な篩でふるった上粉だけを使って手延べしました。上等粉と呼んでいます。中粉と末はだんご類、おそらくうどんはこれでしょう。菓子類もこの中粉や末で作られました。江戸時代に日本にあった小麦はたんぱく質の含有量からいえば、中力です。これが伝統として今日に受けつがれているのです。今もそうめんがうどんより高価なのは小麦粉の精製度が異なるとともに、そうめん師と呼ぶ職人集団が作るからで、現在はほとんど機械ですが、コシを強く、さらりとさせるために、一年、二年と寝かせますから、その寝かせ賃が重なっているために高価なのです。うどんやそば切りは上手下手はあっても素人でも作れるのです。中国においても麺体を麺棒で押し広げ、それを細くあるいは幅広に切る麺条は家庭でも餃子（ジャオズ）や餛飩（フォントン）の皮同様に手作りします。しかし、拉麺やラグマンは熟練したプロの面点師が作ります。

四人で石臼を回転させる大がかりな製粉法
（『女人訓蒙図彙』より）

大型の水車による製粉法（水磨法）や大がかりに四人で石臼を回転させて製粉する道具のほかに、一人で回転させることができる手廻し（てまわ）の石臼が江戸時代中期、元禄（げんろく）のころに全国的に広まり、農家でも手打ちのうどん（もちろんそば切りも）や甘酒をスターターにする油饅頭（まんじゅう）やおやき（信州（しんしゅう）、信濃（しなの））が作られ、味わえるようになり、食生活は以前より豊かになりました。物質文明のお蔭です。

手延べする中国山東省の福山地方の拉麺

やっと拉麺の話にたどり着きました。

明の時代に拉麺があったことは『中国面点史』で明らかです。しかしその実体はつかめません。現代の拉麺のように小麦粉に碱水を加えて手延べする麺条を製する方法が編み出されたのはおそらく清代でしょう。先にも書きましたが、それには漢代の初歩的な手延べ麺であった索餅の手法と元代の碱水を加える経帯麺の技術が合体して、両手を使って手延べする拉麺へと発展していったのです。碱水で練った麺体を麺台の上で打ち粉（一人前ずつ手延べする蘭州式や新疆ウイグル族のラグマンは油を塗ります）をして太い麺状にし、二つに折って縄にない、更に振りながら左右に両手で引き延ばし、次に麺台に叩(たた)きつけて打ち粉をして縄をなう動作を何度も繰り返し（二五頁写真参照）、細い麺条にします。これは山東式の大量に手延べする、抻条麺(テンジャオミエン)です。この拉麺が誕生した地は山東省煙台(えんたい)市にある福山(フシャン)らしい。福山は渤海(ぼっかい)湾に面した煙台市のやや内陸部にあります。

この福山に清代中期に開業した「吉升館」はその拉麺の専門店でした。その後山東省の各地の店で作られるようになったといいます。この地方の拉麺の製法が『風味小吃(シャオチ)制作』に載っているので、参考のために意訳、補足して示すことにします。残念なことに「吉升館」は、廃業してしまって現在は存在しないということです。

用材（十五人前）

小麦粉五斤（三キログラム）

水三斤（一・八キログラム）～三・二斤（一・九キログラム）

　冬増し、夏減

塩〇・〇一五斤（九グラム）

ソーダ（碱）〇・〇五斤（三グラム）

製法

①塩とソーダを別々に水に溶かす。小麦粉を盆に入れ、適当に水を加えてこねます。

水温は冬七〇度、春秋は三〇度、夏は冷たい塩水でこねます。

次にソーダ水（〇・〇〇三斤を残し）を加え、よく揉（も）んで一〇分くらいねかせます。

この工程を和麺（ヘミエン）といいます。

②麺台に置き、長い条にし、表面に残しておいたソーダ水をまぶします。

それから両端を握り、音を立てて麺台に叩（たた）きつけます（これを打麺と呼びます）。この麺条を二つに折り、縄にないます。これを「一扣（イコウ）」といいます。また叩き、この作業を約七～八回繰り返し、均等な太さになれば、小麦粉を麺台に撒（ま）いて打麺して麺条につけます（打ち粉をまぶすこと）。

③縄状になった麺条を折り、両端を握り、均等に力を入れて上下に振り動かし（換あるいは振（チェン）といいます）、だんだん麺条を長くして約五尺（約一・五メートル）の長さに引き、（拉条といいます）、また麺条を折り、両端を握り、また引き延ばします。和麺→打麺→振条→拉条と四工程を何度もくり返して拉麺ができあがるのです。

形状には扁形（平らな）麺条と円い麺条があり、珍しいものに三つの角のある麺条もできます。話は飛躍しますが、きしめんのように扁形のものをウルムチでは寛（ファン）と呼び、きしめんくらいの幅のものを「大寛」、狭いものを「小寛」と呼んでいました。

福山地方では扁形（平ら）のものは蘭州やウルムチと違い、その種類が多く、延ばす初期の段階で蘭州と同様に麺条を掌で平たく押さえます。

灼革皮（チュオゲピー）。三扣。八本。幅は一寸（三・三センチ）ちかい。
帯子条（ダイツージャオ）。四扣。一六本。幅は五分（一・六五センチ）。
柳葉条（リュウイエジャオ）。五扣。三二本。
韮扁（ジュビアン）。六扣。六四本。
細韮扁（シジュビアン）。七扣。一二八本。
窩絲（ウオスー）（つばめの巣のように細い）扁（ビアン）。八扣。二五六本。

丸い麺条にもいろいろあります。ウルムチでは「細（スー）」が基本で太さ三ミリ。これの二分の一の太さのものが「毛麺（マオミエン）」。逆に二倍ほどの太さのものを「二細（アルスー）」といいます。

福山地方では折る回数で表現します。回数が増えるに従い本数が増え、麺条はより細くなります。

粗泉条（ククワンジャオ）。三扣。太さは約二分（〇・六六センチ）。

緑豆夾条（ルドウジャジャオ）。四扣。太さは約一分（〇・三三センチ）。

粗身条（クシエンジャオ）。五扣。

細勺条（スーシャオジャオ）。六扣。

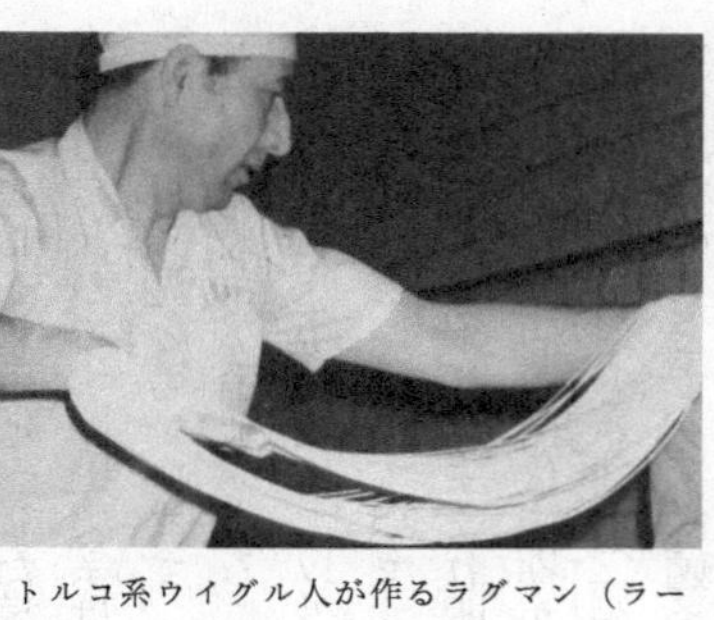

トルコ系ウイグル人が作るラグマン（ラーメン）

細丸条（スーワンジャオ）。七扣。

窩絲（ウオスー）。八扣。二五六本。

龍髭絲（ロンジエスー）。九扣。五一二本。この麺条は細すぎて、ゆでて食べるのに適さないので、油で揚げ、一般には砂糖をまぶしてデザートとして食べます。一二扣（四四九六本）まで極細に延ばす面点師もいます。一二・五キログラムの粉から一・五キログラムの麺条ができます。一キログラムマイナスですが、これは両手に握った麺の端で、再びこれに小麦粉と塩、碱水を足して手延べするのです。

以上のように手延べした麺条を拉条麵。ちぢめて拉麵と呼びます。拉麵とは麵条の延ばし方なのです。山東系は振ったり、麵台に打ちつけたりしますから、摙（振）条麵とか打条麵（タージャオミエン）ともいいます。麵条を振ることで引っぱる力が全体に加わり、左右中と平均した太さに手延べすることは可能なのです。

この『風味小吃制作』以外に『山西食譜』『山西風物誌』『家常点心譜（カジャンティエンシンフ）』などにも拉麵の延ばし方が載っています。

とにかく、宋代に生まれ明代に育った拉麵ですが、その発生の地を特定できません。しかし、専門店が清代中期からつい近年まで一軒残っていた記録は貴重です。この福山では拉麵のことを楨条麵（ジエンジャオミエン）あるいは振条麵（チエンジャミエン）と呼び、楨は土墻（つちかき）を築くときに両端に立てた木柱のことで、手に麵条を掛けて引き延ばす作業はその様（さま）に似ているからで、両手は左右の柱、その手に、幾重にも細く麵条を掛けた様を土墻に見たてたのでしょう。

拉麵は中国東北部で発展した全く道具を使わない手延べ系列の麵条なのです。この煙台半島の福山からコックや面点師が各地に散ることによって拉麵の製法が各地に伝播したのです。おそらく、清の初期においてはその周辺に製法が伝わっていたものと思われます。その中で代表的な省は、山西（さんせい）省です。続いて陝西（せんせい）省や河北（かほく）省、甘粛（かんしゅく）省、新彊ウイグル自治区、モンゴル、そしてキルギスやウズベキスタン等の中央アジアへと伝えられました。中央アジアへ伝えたのは、シルクロードの隊商に加わっていたトルコ系のウイグル族でしょう。

一人前ずつ手延べする蘭州式拉麺

この拉麺を作るのに二つの系統があります。一つは先に紹介した山東式の大量生産型です。この大量生産型の製法では手延べする途中でねじる、延ばす、振る、打つ技術がともないます。打つことでグルテンのコシが強くなり、麺条を二つに折り合わせてねじることで引っ張ってもちぎれにくくなるのです。そのために髭のように細く、しかも長い龍髭絲麺が作れるのです。しかし、これは油で揚げ、砂糖をまぶして食べる甜い点心にします。油で揚げるのは細すぎてゆでるとすぐに湯の中で溶けるからです。その理由は手延べで細くするために小麦粉に加える加水率が高いからです。

この大量生産型に対して一人前ずつ注文に応じて手延べするのが何度か書いてきた蘭州式です。灰汁、ここではゴビの砂漠に生える積々草から作

龍の髭のように細い「龍髭絲麺」。麺の太さは約一ミリ。油で揚げて砂糖をまぶす。北京にて

った蓬灰を水で煮た上澄液を小麦粉に加えて麺体を作り、一塊約二五〇グラムぐらいにしてやや棒状に成形して油を全体に塗ります。板に並べてビニールをかけている店は暇なのです。繁忙店はそんなことはせず、とりあえず少時ねかせてから先の福山の拉麺と同様に五、六秒の早技で手延べし、片端をちぎり、沸騰湯にジャンピングさせます。浮いてくればゆであがりです。これをすくって牛骨のスープをはった鉢に入れ、具と薬味をトッピングします。この間一分とかかりません。麺体に油を塗っていますから打ち粉はしません。蘭州で見たベテラン面点師は一分間で十人分の拉麺を延ばしていました。従ってここではそれぞれの仕事は分業です。小麦粉を練り、棒状のドゥを作る人、手延べする人、鉢にスープをはる人、投げこまれた麺条をすくってスープに浮かべる人、注文を聞き具と薬味をトッピングしてお客に給事する人というように、完全な分業システムになっていました。それは大勢入る客を早くさばくこともありますが、早く手延べし、早くゆで、早く提供しないと麺体や麺条の水分が多いために、スープの中でさらに水分を吸収してコシがなくなり、麺条がまずくなるからです。灰水を加えるのは色や香りをつけるためだけではなく、小麦粉に含まれるたんぱく質を変成させ、コシを強くするためです。

この蘭州式の一人前ずつ手延べする拉麺が山東式と異なるのは、油を塗って手延べする索麺と碱水(灰水)を加えて延ばす経帯麺の技術が合体した手延べ法です。

そして中国で多く生産される小麦は準強力（たんぱく質含有量九～一一・五％）で、日本の小麦（たんぱく質含有量八～九％）に比べグルテン含有量が多いのです。ですから素早い手技で手延べができるのです。

話はまたまた横道にそれます。私は山西省の大同市を訪れたとき、日本へ来て九州の博多でラーメンやたらいうどんを食べた経験のある大同市食品公司の所長さんから、『ぜひ、「たらいうどん」を作って食べさせてほしい』との要請があり、市内の料理店の厨房を借りてうどんを打った経験があります。

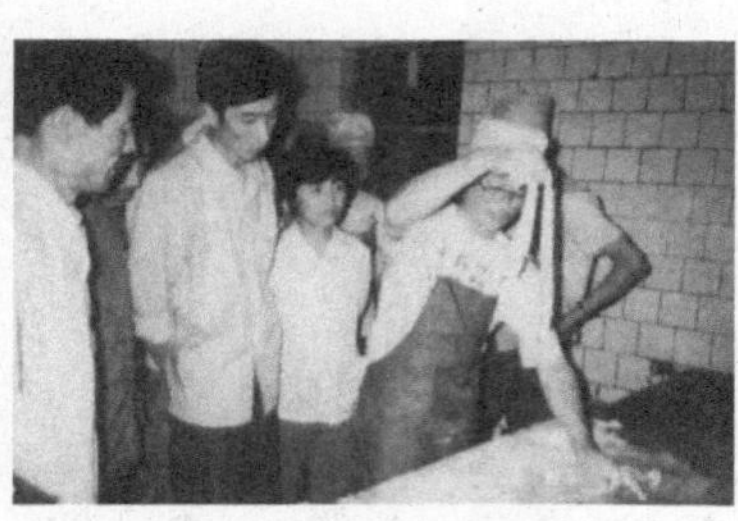

山西省大同市でリクエストに応じてうどんを打つ筆者。左端は大同市食品公司所長。

ここで用いた小麦は山西省で収穫されたものでした。それをひいた粉は灰色っぽいのです。この粉をほうろう引きの洗面器に入れました。当時、この店にはボウルなんてなかったからです。

洗面器に入れた小麦粉の中央をくぼませ、塩水を加えてこね、ぬれた布で包んで約一時間ねかせました。その間につけ汁を作りました。つけ汁を作るにも昆布や削り鰹節がありません。仕方がないので、その店で使っている上湯（きれいに澄んだ肉のスープ）を用いました。老いぼれの鶏とハムでとっているというもので、あっさりとはしていましたが、味に深みがありました。そのうえ脂肪はきれいに取り除いてありました。日本なら醤油(しょうゆ)とみりん、ほんの少しの砂糖を加えるのですが、そこは中国北方の内陸の地大同、みりんはありませんから老酒と砂糖でなんとかごまかしました。

さて、つけ汁の基本調味料である醤油ですが、中国の醤油(韓国もそうですが)と日本の醤油は違います。大豆と小麦と塩水で作る醤油は安土桃山時代に堺に中国江南(こうなん)から伝わったようですが、日本の醤油の方が芳ばしい香りがたち、しかもうま味であるアミノ酸が多いのです。あちらのは色だけが濃く、香りもうま味も日本の醤油の味になれた日本人にはもの足りません。

で、ボストンバッグを開けて中を物色すると一袋たしか一五cc入りのキッコーマンの濃口醤油が幾袋か残っていました。それを取り出して食品公司の所長さんに手渡すと、彼はたなごころに一滴たらしてなめました。彼の顔はほころび、目が輝いていました。よけいに博多への思いが彼の胸中でつのったのです。博多で食べたたらいうどんのつけ汁や生まれてはじめて食べた生の魚の小片を酢飯にのせた握りずしにつけた醤油の味と香りがまったく同じで、はじめて博多で日本の醤油の味を体験して記憶にあった味覚が一滴の醤油によってよみがえったのです。しかし、手持ちの醤油だけでは人数分には足りないから仕方なく、現地の醤油で不足分(といってもほとんどですが）を補い、とにかく、それらしき味に合わせ、煮たてて冷ましました。そのころには麵体のたんぱく質であるグルテンが熟成し、つやとコシが出ていました。打ち粉をして麵棒である程度の厚さまで押し広げ、それを麵棒に巻きつけ、ころころころがしながらさらに薄く広げてゆきます。広げた生地を麵棒からはずし、方向を変えて巻き取ろうとすると、グルテンのせいか、大幅にちぢむのです。日本の小麦粉でうどんを打つのと大変な違いです。額に汗し、悪戦苦闘しながらやっとの思いで打ちあげて大きな菜刀（さいとう）で切り、ゆでて冷やしあらい、たらいがないので、先に小麦粉を練った洗面器に水を張って泳がせたのです。薬味は刻みしょうが（おろし金もありませんでした）と刻みねぎでした。

蘭州式拉麵は処変わればまずくなる

一人前ずつ注文に応じて早技で手延べする蘭州式の麵条である拉麵は、山東式と異なり、麵条を振ったり打ったりしないで、手に掛け左右に引き延ばすことを繰り返しますが、この拉麵は、陝西省の西安（せいあん）にも伝わっており、市内にはこの麵条を食べさせる屋台が何軒かあります。その店の看板には「蘭（州）式拉麵」とありました。ある一軒の屋台で注文して食べましたが、蘭州の老師に比べ技術が悪く、太さは不ぞろいで、ゆでた麵条はべたつき、そこへもってきてスープが悪いのです。日本のインスタント・ラーメンの方がなんぼかおいしいと思ったことでした。日本の麺条とスープのおいしさは、東海林さだお氏が『だんごの丸かじり』の中で、「全体的にといっても上海、蘇州、桂林、西安しか巡っていないが、中国のラーメン（本来は拉麺というより機械切りの麺）はまずい」と断言しています。私も公用私的も含め食べ巡った三十都市の麺条、おもに熱いスープに浮かべる湯麺を食べ歩きましたが、これは、と思えるものは一つもありませんでした。冷したものでこれはいけると思ったのはゴビの砂漠内にある美しいオアシスの町、トルファンで、ブドウ棚の下で食べたラグマンでした。天山山脈の雪溶け水が地下のカレーズを通ってこんこんと音を奏でながら、清らかに流れくる水で冷やしていたのです。

東海林さだお氏が断言するように麺条を食べるスープも麺条も日本の方が現在はおいしいと思います。ことに麺条がうまいのは、外国産のうまい小麦を微妙にブレンドして製粉して、うどん、そうめん、ひやむぎ、中国風麺条を作っているからです。麺条のうまさはすなわち、原料の小麦のうまさで、でんぷん質がその秘密を握っているのです。

しかし、大国で人口が世界一多い現在の中国において、多くの人は食べるのがやっとこさで（当時）、とにかく腹を満たせば、という状況です。小麦のブレンドはどうの、ツヤはどうの、コシはどうのと言ってはいられないのです。やや貧しい庶民が食べるたべものとなればなおさらのことで、田舎へ行けば行くほど粗野でした。

洗練された文化は伝統のある都市で育ち、金と時間に余裕のある層の中で磨かれるのです。文化は食も含め、余裕がある人が多く集まる場所、大都市で生まれ育ち、洗練されるのです。日本において中国生まれの麺条が、ルーツの中国よりおいしく感じるのは水や技術以上に原料にこだわった余裕の精神から生まれたものです。

ウイグル特有の延ばし方に変容したラグマン

話はラグマンへと移ります。

甘粛省の蘭州は黄河（こうが）流域にあり、かつてはシルクロードの中継地でした。そして蘭州は回族、チベット族、ウイグル族、カザフ族など十二の少数民族が住む甘粛省の省都です。拉麺は山東省から山西省を経由して黄河にそって蘭州に伝えられたものです。モンゴルに伝わるのは三百年ほど前で、ここでは今も切麺がよく行なわれます。

蘭州から新疆に四百年前（と聞きましたが）伝わったのが蘭式の拉麺です。おそらくシルクロードの商隊員として活躍したトルコ系のウイグル族によって伝えられたものでしょう。蘭州においても拉麺を作っているのは大半というより、ほとんどはウイグル族で、牛骨からとったスープに浮かべ、これを清真牛肉麺（チエンチンニューロウミエン）といいます。

トルコ系のウイグル族はもともと遊牧民です。羊の群れを追って草原を移動しました。遊牧は衣類やテント、食料に囲まれて移動しているといっても過言ではありません。これは考えようによっては楽で、土地を耕したり、種を播(ま)いたり、苅(か)り入れをする必要はありません。羊や山羊(やぎ)、その加工品である羊毛や皮、乳製品を売って得た金や隊商の一員として得た賃金で小麦粉を買い(物々交換もありました)、テントの中で麺条を作ったのです。ラグマンは漢字の拉麺をウイグル語に当てた言葉でラグはラーっと引っぱる、マンはメンがなまったものです。

そしてラグマンは蘭州式の拉麺からウイグル特有の延ばし方に変容します。

その手延べ法には幾つかあるのでそれらを端的に紹介しましょう。ただ、中国の山東省や山西省、蘭州のように碱水や灰汁は使いません。新疆ウイグル自治区の美しい牧場を意味するウルムチには蓬灰(ペンフイ)を利用し、卵だけで練る黄麺(フワンミエン)はありましたが、ゆでて冷し、ニンニク酢をかけて食べる「涼麺(リャンミエン)」は麺条そのものにコシがあり美味でした。

こんな麺条はまれで、一般には小麦粉を塩水で練り、これを熟成させてから紐状に手延べして、油を表面に塗って休ませます。

①麺体を小片にちぎり、短かい棒状にします。これをさらに板の上でこよりをよるように掌で小指ぐらいの太さに延ばし、油を表面に塗ります。長さにして六〇~七〇センチぐらいです。これと同じ太さ、長さのものを二〇本ばかり作り、横に並べます。この上に布や油紙をかぶせ、麺条を熟成させ、グルテンを目醒(めざ)めさせます。

注文が入るとよく熟成した麺条を四、五本両手にとり、左右に引っぱっては二つに折り曲げます。これをくり返すと比例級数的に本数が増え、細い麺条ができあがります。これをゆで、水あらいし、器に盛り、おかずをトッピングして和（あ）えて食べます。あるいは油で炒（いた）めます。熱いスープに浮かべることは少ないのです。

②練り粉を野球のボールよりやや大きく丸め、それをきき手の親指と残りの四本の指ではさみ持ち、逆手でその塊をまわしながら、きき手を赤ちゃんがにぎにぎするようにして中央に穴をあけると、ドーナツ状になります。この輪をさらに大きくして両掌で挟んでもむと細く長い麺状の輪になります。これは手もみ式の一本引きの拉麺ですが、これを二本の棒に幾重もかけ、油に入れ、その棒を左右にラ・ラ・ラーッと広げながら（さらに細くなります）揚げ、砂糖をまぶして食べます。これがサンズ、漢字で撒子と書きます。これは揚げ菓子、炸餅（ツァピン）の一種です。ゆでて食べると剪子（チェンズ）と呼ぶのだとウルムチの撒子専門店の女支配人に教えてもらいました。手もみは最も原始的といえます。

③二人がかりで綾取り式にやる方法。これはトルファンの市場で偶然見た製法です。一人が細く延ばした麺条を両親指と人差指でもむようにして左から右へと送ります。それを別の人が綾取りのようにある程度細くなった麺条を両手を肩幅ぐらいに広げて巻き取り、巻き終わると、ラ・ラ・ラーッと大きく両手を左右に広げて細く長く延ば

し、沸とう湯の中へ投げ入れてゆでました。

④一人でこれをやる方法もあります。日本のそうめんを作るときの途中のように細めに延ばした麺条に油を多めに塗り、洗面器（日本では浅い桶(おけ)）に蛇がとぐろを巻いているように、うず巻にしながら納め、油紙か布をかけて熟成させます。これを広げた両手にとり、左右に引っぱります。大量に作る場合はこれを三体、四体、同時に両手に巻き取り、その手を左右にラ・ラ・ラーッと広げて延ばします。洗面器がなくてもやや広い板の上なら三体、四体と置くことができます。この方法だとパオ（テント）の中でも作業はできます。

黄門さんはラーメンを食べていない

今（当時）マスコミやラーメンに関する雑誌や単行本に、江戸初期の副将軍であった水戸光圀(みつくに)公は、ラーメンを食べていたことが常識のように語られています。それは本当のことでしょうか。今見てきたように拉麵は小麦粉を碱水や灰水で練り手で引き延ばす麺条のことです。明代に中国の東北部の山東省で発展しました。

明代末に今の西安で暴動が起きました。これが全国的になり、明は滅びてゆきます。この乱をさけるために、多くの中国人がボート・ピープルとして日本に逃れて来ました。一六六二年に明の都であった南京は陥落します。その後福建(ふっけん)に亡命政権を作りました。しかし、反乱軍によってこれも滅ぼされてしまうのです。

そのころ満州族が東北から攻めてきて、中国は彼らに制圧され、清国が誕生します。清朝は統治にあたり、厳しい思想統制を敷き、反満反清的な思想を弾圧したり、髪を長く編んでたらす満州族の風習である弁髪をするように法令を出したり、漢満人の結婚も禁止しました。

この清朝に反対する義勇軍が起こり、明王朝をもう一度復興しようと清朝に対し抵抗運動がおこりました。この抵抗運動は、浙江省や福建省、広東省、雲南省の桂林といった東南の海岸地方で繰り広げられました。

その義勇軍の中に朱舜水という浙江省出身の儒者がいました。彼は日本に何度も来ていたようです。最後（四回目）に来日したのは万治二（一六五九）年で、そのときに日本に帰化したのです。

彼が三回目に来たときに、九州の柳川藩の安東省庵が師事しました。省庵は二百石取りの侍でしたが俸禄（給料）の半分を朱舜水に提供して生活を助けました。

そして寛文五（一六六五）年には、テレビ映画の有名なセリフ「この紋所が目に入らぬか」でおなじみの水戸の殿様であり、天下の副将軍であった徳川光圀公が賓客として迎え、朱舜水が八十三歳で没するまで厚遇しました。

これに対して朱舜水は自分が持っている学問を伝え、恩返しをするのです。徳川光圀が彼を水戸に呼んだのは彼の学問と助言を欲したからです。これが水戸学として明治にまで脈々と受けつがれてきました。

朱舜水は時折長崎から中国貿易で入る珍らしい物品や加工食品、漢方薬剤を光圀公に献上しました。その食品の中に浙江省杭州（こうしゅう）産の蓮根（れんこん）から製した藕粉（オウフェン）というでんぷんがありました。あとで述べますが、日乗上人の日記に水戸黄門が彼の師の日周とともにうどんを振る舞ったという記事を見た「水戸藩ラーメン会」の方達が小麦粉と藕粉をブレンドした異国の麺を光圀公が食べていたとでっちあげたのです。それがラーメンで、日本で最初にラーメンを食べたのは黄門様であると小菅桂子氏は[*42]『にっぽんラーメン物語』で書いてしまったのです。

江戸中期以降、長崎にボート・ピープルとして中国から逃れてきたのは、多くは浙江省や福建省、広東省の人たちで、拉麺はこのあたりではあまり作られていなかったと思うのです。江南や南方で作る麺条は現在も庖丁で切る切麺が中心で、北から来たコックがわずかに表（実）演をしながら拉麺を作る程度です。

ましてや蓮根から採るでんぷんである藕粉と小麦粉で手延べの麺条は作れません。朝鮮半島の冷麺（レンミェン）のように熱湯で練り、押し出し式の道具を使えばできますが、当時はその押し出し式の道具である桟（さん）は日本に伝わっていません。藕粉とそば粉で作る庖丁切りの麺は蓮料理専門店を経営する私の友人が作っていましたが、小麦粉を多く用い、藕粉は少量でした。

私も小菅氏にたのまれて大阪のTVの番組で作ったことがありますが、それは切麺でした。中国では当たり前に蓮根のでんぷんを入れたラーメンを作っていたと小菅氏はいいますが、中国の文献を見ても、日本の文献を見ても藕粉で麺条を作った記述は見当たりません。おそらく藕粉はデザートを作るときの食材であったのでしょう。それを証明する料理書があります。明和のころ（一七六四～一七七二）書かれた『卓子*43調烹方』の点心菓子の部に「藕粉糕」の作り方が記述されています。また同じころ書かれた『普茶料理抄』の小食類（点心）にも、ちょうど葛湯のように作り、砂糖をふりかけて食べるとあります。はたまた天明のころ（一七八一～一七八九）の『卓子式』には蓮粉で作った葛羊羹のようなものに砂糖、米の粉を入れ、蒸して切るとあります。文久年間（一八六一～一八六四）に出版された『新編異国料理』では「藕粉を水で溶いて砂糖を入れ、火にかけて練り、別に藕粉を加えてよく混ぜ、小豆あんを入

＊42　にっぽんラーメン物語。今日のラーメンブームを迎えるまでのラーメンの歴史を語っている。その中で日本で最初にラーメンを食べたのが水戸黄門だろうとしている。小菅桂子著。一九八七年。駸々堂出版刊。

＊43　卓子調烹方（たくしちょうほうほう）。卓子料理関係の記録を集めたもので、献立の実例、中国料理の解説・料理法を雑然と記録したもの。著者不詳。一七八一年から一八〇一年の間ごろに書かれたもの。一七七一年と七八年の献立の実例が載っている。

れて使う」とあり、これは型に入れて蒸したものです。
以上の記録から察して、蓮根のでんぷんである藕粉を使った麺条は存在しなかったと断言してよいでしょう。

中国では現在も機械打ちや手打ちの切麺の場合は、でんぷんを打ち粉にします。麺条同士はくっつきにくく、ゆでると口当たりはなめらかです。しかし、藕粉は使いません。

そこで私は水戸の徳川博物館に陳列されている『朱氏談稿』（安積覚著）を垣間見たところ、冷淘（冷し麺）、温麺、索麺、餛飩、餃子などがありました。この中の幾つかを朱氏は黄門さんにふるまうこともあったのでしょう。

「水戸藩ラーメン会」では朱氏が中国麺を直伝したとしています。それはおそらく温（湯）麺でしょう。そして元禄十（一六九七）年西山荘に訪ねてきた日周、日乗というお坊さんや家臣に中国麺を馳走したとパンフレットに書いてあります。

ところが日乗上人の当日の日記、元禄十年六月十六日の記述には「勤行如常、日中晩出仕甲子祭等如何、晩課前日周師にかけといふ物振舞而、御所に参る。うどんのごとくにて汁ヲいろいろの子（具材）ヲ入テ（味つけしただし汁を）かけたる物也」とあるのです。

ということは、黄門さん自身、日常の食事は精進物を好んでいたし、その上、招待した客の二人は僧籍に身を置く方です。具は総て精進物、だしも昆布や椎茸から引いて作ったもので、もしかすると今日の水戸の名物、けんちんうどんのごときものであって、決してラーメンではありません。

小菅氏のいう水戸黄門が日本で最初にラーメンを食べた人であるというのは、希望的思い入れなのであって、事実無根です。ラーメンという言葉が生まれるのは大正一一（一九二二）年北海道札幌の北海道大学の前にあった「支那料理竹家」で誕生しました。それ以前にラーメンなる言葉はありません。

日本にも存在した全蛋麵

現代の中国における麵条は小麦粉を練るときに加える食材で分類しています。

①小麦粉＋水　単に麵条といいます。
②小麦粉＋碱水　碱水麵といいます。
③小麦粉＋卵＋碱水　黄麵といいます。
④小麦粉＋卵　全蛋麵といいます。油で揚げて保存する麵を伊府麵と呼びます。

このほかに牛乳で小麦粉を練る奶油麵、蛋白だけを加えた鶏耳麵、すったほうれん草を加えた翡翠麵、えびの真子を加えた蝦子麵などがあります。

全蛋麵は宋代の鶏子麵で、小麦粉に鶏の卵（だから鶏子）だけを加えて練り、麵棒で押し延ばしてから折りたたみ、庖丁で細く切ったものです。別名鶏蛋麺(チータンミエン)と呼びます。江戸時代この鶏蛋麺が長崎に伝わっていたのです。一七五九年に記録された『八僊(はっせん)卓燕式記(たくえんしきのき)』には棟麺(リョンミエン)が紹介されています。この記録は、長崎に来港していた中国の貿易船に乗っていた(おそらく)商人の呉成充(ゴチエンユン)が、船中で長崎の商人である山西金右衛門をもてなしたときの献立の中にあります。

その棟麺の作り方は「わが国のうどんのようなものである。小麦粉を鶏の卵で練ってのばし、長さ二寸(約六センチ強)に切り、豚の小腸、きくらげをつまにして、薄醬油で(醬油で薄味をつけて)煮てだす」ものでした(現代語訳筆者)。

この棟麺が影響を与えたのかどうか、その点はわかりませんが、江戸中期以降、卵(蘭)切りとか卵うどん、あるいは浮世うどんというのがあり、*44『料理山海郷(りょうりさんかいきょう)』(寛延(かんえん)三〈一七五〇〉年)にその作り方が示されています。「うどんのこ一升に卵二つ三つ入れる。塩を入れ、酒にて(酒だけで)かたくこね、よくふみて麺棒で打つ也。打粉は葛よし」。中国式に葛粉を打ち粉にして延ばし、庖丁で切ったのです。そば粉でもやり、卵切りと呼び、現在も行なわれています。

この浮世うどんはイタリアでいう手打ちパスタで、ゆでると日本人が好むモチモチ感に乏しく、鰹や昆布でだしを引き、醬油で味つけするかけ汁にも、食感的にも当時の人たちになじめず、消えていきます。しかし、イタリアのパスタになれた現代の若者にはなかなか好評で、中国風や日本風にスープやだし汁で食べるより、トマトソースやミートソースで和えて食べる方が、味はよくなじみます。

伊府麺（イフーミエン）は保存食、全蛋麺（ウアタンミエン）を油で揚げた炸麺条（ツアミエンジャオ）

日本でも中国でも今はパスタを除いて、ゆでて食べる麺条を作るのに全卵を使うことはまずありません。少し加える程度です。あるとすれば、それは油で揚げてから保存する伊府麺（イフーミエン）です。

清朝乾隆（けんりゅう）年間（一七三六～一七五八）に揚州（ようしゅう）で知事をしていた大書道家でもある伊秉綬（イートンフォン）は退官して広東に帰り、「春草堂主人」と号して食味三昧（ざんまい）にふけりました。彼は無類のグルマンでした。彼が日ごろ食べる麺条は細くてすっきりしたものではありませんでした。太くて柔らかく、食べるとある種の芳ばしさのある麺条が食べたくなり、調理人と相談しながら作ったのが、全蛋麺を油で揚げた、炸麺条（ツアミエンジャオ）でした。

伊氏はこれをゆでて熱いスープに浮かべ友人に試食してもらったところ、特別な味（ロースト臭）があってしきりに賞讃されたようです。この炸麺条は伊家（府）で生

＊44　料理山海郷（りょうりさんかいきょう）。園趣堂主人（博望子）著。五巻。一七四九年刊。諸国の珍味名物など二三〇種もの料理について、その作り方が書かれている。地方名を冠した料理が多く収録されている点で、上方江戸以外の地域の料理の発展を探るのには貴重な文書である。

まれたので伊府麺と名づけられ、今日まで広東で受けつがれているのです。

伊府麺は略して伊麺とも呼ばれますが、全卵練りの切り麺で、これを型にはめ、油で揚げます。食べるとき一度沸とう湯でサッと短時にゆでると麺条に含まれていた油は湯に溶け出て、あっさりと香りのよいものに仕上がります。これを黄韮(きにら)などと炒めて食べることもします。

この伊府麺はチキンラーメンのルーツだと言う方がいますが、決して安藤百福氏が発明したチキンラーメンのルーツではありません。麺条を油で揚げるところは似ていますが、その前の仕込み方は全く異なっています。チキンラーメンは安藤百福氏の独創なのです。

第六章　大正時代に生まれた日本の「ラーメン」

大正時代に生まれた日本の「ラーメン」《対談編》

安藤百福×奥村彪生

安藤　さて、いよいよお待ちかねのラーメンの日本登場です。

奥村　本当のところ、私はこの種の麺類がもっと早く、日本で食べられても不思議ではなかったと思っているのです。

安藤　長年、「食」とかかわってきて強く感じるのですが、人間は食べることに対して、本当はとても保守的なのですね。動物を観察すると、その食性は極めて限定的なことが多い。それと比べれば、雑食性の人間はなまこ（生海鼠）とか蜂の子とか、ずいぶん奇妙なものも厭（いと）いませんが、食の伝統はなかなか頑固です。日本国内でも、山一つ、川一つ越えるとがらりと変わり、容易には交じり合わない。おせち料理とか雑煮などでも、それぞれの地域の伝統が大切にされているのは、それなりにいいことですが……。ラーメンについても、明治維新の開国によって、世界から食文化がどっと流入する中でやっと定着する。大きな衝撃が必要だったのです。

奥村　それは面白い考え方です。中国でも、異民族の侵入などでしばしば王朝が交替する、そのたびに難民が文化を携えて流出した。日本の食文化も、そうした過程で刺激を受け、新しいものを生み出していく。

安藤　今、神戸（こうべ）あたりで、おいしい洋菓子やロシア料理が楽しめるのは、共産主義革命で白系ロシア人が亡命してきたからですね。その伝統はいまでもちゃんと生きている。

奥村　ベトナム戦争後、アメリカ、日本でベトナム料理店が繁盛しましたし、このごろではタイやイラン、ブラジルからの出稼ぎで、あちらの料理もおなじみになりました。

安藤　ラーメンが南京（ナンキン）そば、支那（シナ）そば、中華そばの延長線上にあるとすれば、出自は自（おの）ずと明らかです。名は体を表わしています。

奥村　開国とともに、長崎ばかりでなく、横浜（よこはま）、神戸、函館（はこだて）が開港されますと大勢の中国人が商人とともにやってきて、南京街を形成して南京そば、支那そば、昭和の戦後（昭和二十一（一九四六）年外務省次官通達以後）は中華そばと名を変えながら商う店が軒を争うようになりました。ここに中国人が持ち込んだ本場の麺の食べ方、殊に鶏（とり）や豚の肉系のスープが日本人にも受け容（い）れられて広まると同時に、だんだん日本的な要素も取り入れつつ進化していきます。

安藤　文献上、どのように現われるのですか。

奥村　文人、知識人がエッセイなどで語っているのは、いくつか本書で取り上げておきました。貴重な記録ではありますが、思い出話なので、記憶違い、思い違いが含まれているかもしれません。本格的中国麺の作り方を書いた料理書は大正十五（一九二六）年に中国料理の食材を扱う店主小林定美氏が著した『手軽に出来る珍味支那料理法』です。碱水入りの切麺です。同年素人ですが中国で二十年間暮した経験をもとに山田政平氏が著した『素人に出来る支那料理』です。ここではスープの取り方も書いています。山東式の拉麺の作り方を書いたのは中国料理の専門家である吉田誠一氏が書いた『美味しく経済的な支那料理の拵へ方』ですね。一九二八年出版ですから、昭和の初年です。大変、よくできた書物で、図入りで作り方が紹介されています。拉麺にはラーメンとルビがふってあります。中国語の発音、ラミェンは日本語で発音しにくいから、ラーと引っ張ったのです。

安藤　それ以前はどうですか。

奥村　北海道の札幌市にあった「支那料理竹家」でラーメンという名称で売り出されました。大正十一年のことです。厨士は中国人で王文彩氏でした。命名者は経営者の奥様であるタツさんです。

安藤　私の若いころ、大阪でもラーメンの屋台を引いていたように思いますね。ラーメンではなく支那そばだったでしょうが……。

奥村　安藤会長が石毛先生とまとめられた『文化麺類学　麺談』にも、関東大震災のころには、支那そばが屋台で商われていたとあります。

安藤　当時としても、あまり上等の食べ物ではなかったでしょうね。

奥村　極めて庶民的な食べ物だったといえるでしょう。国民的な食べ物になり、第一等の人気を得るようになるのは戦後二十年代終わりごろからです。それも安藤さんが、チキンラーメンを発明して以降、ラーメンという言葉が全国的に使われるようになるのです。そのことは次章に譲りましょう。

留学生相手の飲食店メニュー

阿片戦争（一八四〇～四二）で清国はイギリスに屈服して南京条約を結び、香港を割譲します。そして広東や上海などを開港し、香港とともに中国の対外貿易の基地になりました。中国の開国に遅れること十年、日本も開国します。それにともない、アメリカやイギリスなど外国の商社が日本に駐在するようになります。そのときに中国人を使用人としてたくさん連れてきました。多くは広州、福州、厦門、香港、上海方面から来ました。この中国人たちは新しく開かれた貿易港である横浜や神戸、函館に多く集まりました。

名をチャ・ポン（チャンポン）にとってかわられた「什錦湯麵」。福建省福州にて

後に日清戦争がおこり（一八九四～九五）、中国は日本に敗れます。あの小さな島国に大きな国が敗れた、もしかすると中国より日本が進んでいるのではないだろうかという思いが中国人のうちに広がり、たくさんの留学生が日本にやってきました。

どの民族でもそうですが、同じ言葉を話す者同士が集まって一つの小社会を作ります。その方が安心だからです。そして安い飲食店が誕生し、そこが一つのサロン、情報交換の場になるのは世の常です。生きることは食べることですが、人と人とのコミュニケーションをとる媒体、舞台装置になっているのも飲食店ならびに飲食です。そういう貧乏留学生や外国の商社で働く中国人を相手にする中国南方系の料理を提供する屋台や店舗が長崎だけでなく横浜や神戸、函館にできました。そこには麺点（麺料理）もありました。

その代表が長崎のチャンポンです。福建(ふっけん)語の吃飯(チャポン)は北京語で発音するとチー・ファン（めし食うか）です。豚や貝類（まて貝が入るのは福建式(いた)）いか、かまぼこ（魚糕(ユイカオ)）、野菜などをたっぷり炒めて煮た具をスープに浮かべた麺にトッピングしました。これは福建省福州の「什錦(シーチン)湯麺(タンミエン)」です。これなら主食の麺とスープ、おかずがたっぷりの一鉢で腹一杯になり、かつ栄養は満点です。めし食うかの吃飯(チャポン)が留学生達は毎度この「什錦湯麺」でした。それを見ていた長崎の人らはチャポンは「什錦湯麺」のことだと勘違いしてしまい、チャポンと日本人は発音しにくいのでチャンポンと呼び、「什錦湯麺」の代名詞になったのです。長崎でこの什錦湯麺を最初に売り出したのは「四海樓(しかいろう)」です。明治三十二

ドラマチックな麺条料理「チャンポン」を生み出した長崎の中華街

大阪の中之島にあった中国料亭「三遊樓」（『三風料理』の元原稿より。著者所蔵）

（一八九九）年に陳平順（チンピンミュン）が開店させました。「四海樓」では現在でもメニューに什錦湯麺と書いています。私は福建省の福州で什錦湯麺を食べましたが、スープが上品で具もいろいろのってはいましたがその量は少く、四海樓のチャンポンの比ではありませんでした。

長崎チャンポンはまことにドラマチックな調理麺です。長崎名物にもう一つ皿うどんがありますが、これは廈門（アモイ）風の炒めそうめん（炒線麺（チャオシエンミエン））がルーツです。そうめんをいきなり油で揚げ、香りと色をつけてからゆで、あとは豚肉や野菜と炒めて味つけをするのですが、長崎では具だくさんのあんかけ揚げ麺になっており、麺は麺線（福州ではこう書きます）のように細いものを使用します。

戦後のラーメンやぎょうざのブームとともに麺点は戦争や動乱によるボート・ピープルとの関わりがかなり強くあるように思います。

大衆的中国菜と中国菜館（店）

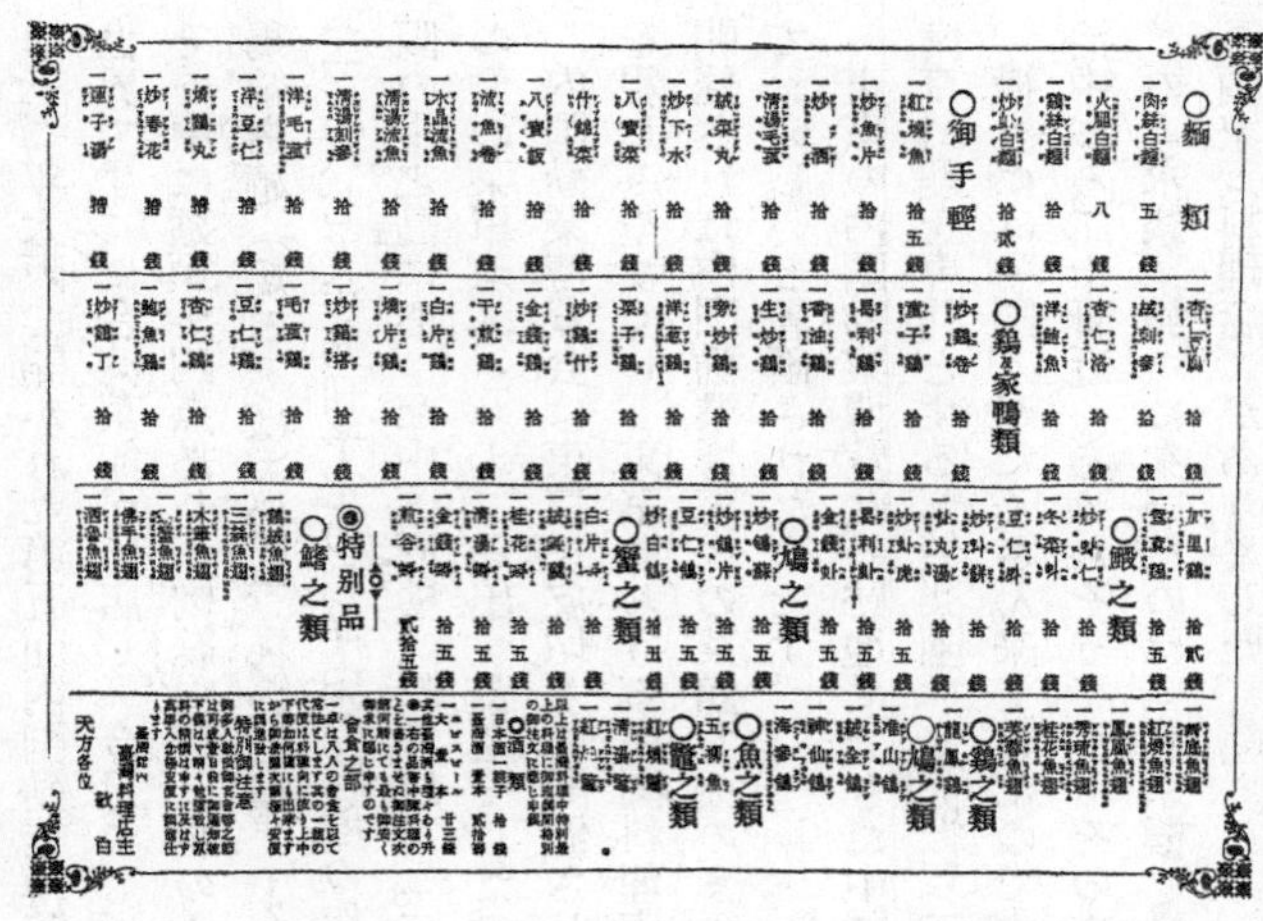

○麺類
一肉絲白麺 五銭
一火腿白麺 八銭
一鶏絲白麺 拾銭
一炒[illegible]白麺 拾弐銭
○御手軽
一紅焼魚 拾五銭
一炒魚片 拾銭
一炒[illegible] 拾銭
一清湯[illegible] 拾銭
一炸菜丸 拾銭
一炒下水 拾銭
一八宝菜 拾銭
一什錦菜 拾銭
一八宝飯 拾銭
一溜魚巻 拾銭
一水晶溜魚 拾銭
一清湯溜魚 拾銭
一清湯刺参 拾銭
一洋毛蛋 拾銭
一洋豆仁 拾銭
一焼鶏丸 拾銭
一炒春花 拾銭
一[illegible]子湯 拾銭
一杏仁[illegible] 拾銭
一[illegible]刺参 拾銭
一杏仁酪 拾銭
一洋鮑魚 拾銭
○鶏及家鴨類
一炒鶏巻 拾銭
一[illegible]子鶏 拾銭
一高利鶏 拾銭
一香油鶏 拾銭
一生炒鶏 拾銭
一[illegible]炒鶏 拾銭
一洋葱鶏 拾銭
一栗子鶏 拾銭
一炒鶏什 拾銭
一金銭鶏 拾銭
一干炸鶏 拾銭
一白片鶏 拾銭
一[illegible]片鶏 拾銭
一炒鶏搭 拾銭
一毛蛋鶏 拾銭
一豆仁鶏 拾銭
一杏仁鶏 拾銭
一鮑魚鶏 拾銭
一炒鶏丁 拾銭
一加里鶏 拾弐銭
一[illegible]鶏 拾五銭
○蝦之類
一炒蝦仁 拾銭
一[illegible]蝦 拾銭
一豆仁蝦 拾銭
一炒蝦餅 拾銭
一蝦丸湯 拾銭
一炒蝦[illegible] 拾五銭
一高利蝦 拾五銭
一金銭蝦 拾五銭
○鴿之類
一炒鴿[illegible] 拾五銭
一炒鴿片 拾五銭
一豆仁鴿 拾五銭
一炒白鴿 拾五銭
○蟹之類
一白片蟹 拾銭
一[illegible]蟹 拾銭
一桂花蟹 拾五銭
一清湯蟹 拾五銭
一金銭蟹 拾五銭
一[illegible]合蟹 弐拾五銭
◎特別品
○鰭之類
一鶏絨魚翅
一三絲魚翅
一木犀魚翅
一[illegible]魚翅
一佛手魚翅
一酒[illegible]魚翅
一[illegible]魚翅
一紅焼魚翅
一鳳凰魚翅
一[illegible]魚翅
一桂花魚翅
一芙蓉魚翅
○鶏之類
一[illegible]鶏
○鴿之類
一[illegible]鴿
一淮山鴿
一[illegible]金鴿
一神仙鴿
一海参鴿
○魚之類
一五柳魚
○鼈之類
一紅焼鼈
一清湯鼈
一紅[illegible]鼈
以上は番外料理中特別[illegible]の上御註文に応じ[illegible]
○酒類
一日本酒一銚子 拾銭
一葡萄酒 壱本 弐拾銭
一ビスヰール 壱本 廿三銭
一大[illegible]
[illegible]
御会食之部
[illegible]
特別御注意
[illegible]
天方各位
臺灣料理店主
敬白

明治三十六年大阪で開かれた第五回内国勧業博覧会に出店した台湾菜館のメニュー

江戸期に紹介された中国料理はあまり庶民的なものではありませんでした。明治になると江戸期とは打って変わって、大衆的なものが多く紹介されるようになります。明治四十五（一九一二）年の『台湾料理之栞』がその先駆けかと思いますが、麺線湯というそうめんの湯麺が紹介されています。伝統的には台湾はそうめんの系列である手延べの麺線を食べます。明治二十四（一八九〇）年東京上野で内国勧業博覧会が開催された折、会場に台湾菜館が出店し、安くておいしいとの評判が立ったようです。しかしそのメニューは判りません。その後、明治三十六（一九〇三）年大阪で開かれた第五回内国勧業博覧会の会場（その跡地が今の天王寺区の新世界です）に台湾菜館が出店し、今日でも通用するメニューで客をもてなしています。その中に麺類が四点あり、肉絲白麺（豚のそば）五銭。火腿白麺（ハムのそば）八銭。鶏絲白麺（鶏のそば）拾銭。炒蝦白麺（えびのそば）拾弐銭とあります。明治二十（一八八七）年発刊予定の和洋中の料理の作り方を書いた『三風料理』の原稿には大阪の中之島にあった中国酒楼（料理店）、「三遊楼」が描かれています。ここでも中国の麺の菜單（メニュー）を出す予定でした。

内国勧業博覧会は東京を皮切りに開催されますが、こういったイベントが中国料理を親しみやすくし、東京における中国料理店の発展もこのイベントの余波で、上野で開催された内国勧業博覧会の菜館をそのまま残して営業していました。経済的で安くておいしいと評価されたのです。

東京の内国勧業博覧会の跡地にできた中国菜館の名前はわかりませんが、日本橋に南京料理を専門とする「偕楽園」、築地に「春秋飯店」がありました。

横浜には中国人がたくさん来ていたので中国菜はなかなか繁盛していました。明治中ごろ二十軒近くあったそうです。その中で「永楽菜館」は繁盛していたようです。この「永楽菜館」に次いだのは「北京樓」や「祖記」で、南京町にはこのほかに数軒の酒家（料理店）がありました。

日清戦争以後に東京では神田の「會芳楼」や「廣東館」、京橋に「台湾楼」、赤坂に「紅葉」ができ、日露戦争以後は雨後の竹の子のたとえのごとく、中国菜館が多く開店しました。先に挙げた神田の「會芳楼」のほかに「維新号」「第一樓」ができ、これに続いて「來々軒」「盛京亭」「彩華」などもできました。

文明開化の明治期は、それまでの中国を父とした文明の吸収から西洋文明を貪欲にとりこんだ時代です。食文化もそのとおりで、肉食がすすめられ、明治八、九年には一般的になっていました。牛乳は保健飲料として飲まれ、バターとともに料理にも使用されました。野菜のニューフェイスとして一般市民に迎えられたのはたまねぎや結球キャベツ、セロリ、アスパラガス、ジャガイモなどでした。中国からは東北地方の山東結球白菜（三株だが）が明治八（一八七五）年に東京博物展に出品されています。その後、日清戦争に従軍した農家のせがれたちが中国から種子を持ち帰り、やがて品種改良され、現在のような白菜になったのです。のちの昭和

「支那そば」を売り出した東京・浅草の「來々軒」（大正八年ころの店舗外観）

の戦後にぎょうざを作るのに欠かせない野菜になります。

明治のころアメリカやイギリス、フランスの料理をお手本にして日本で誕生した和製洋食には、今もおなじみのカレーライス（イギリスのローストビーフのカレーソース風味・ライス添えが変容）、チキンライス（のちにオムライスへと変容）、トンカツなどがありました。

大正時代になると、ジャガイモの消費が急速に伸び、フライパンが普及し、フランス料理でつけ合わせにされていたポテト・クロケットから、その形も内容もまったく違う、ジャガイモに牛のひき肉とたまねぎを炒めて加え、砂糖、しょうゆですき焼の味つけをしたものを小判形に成形し、パン粉をつけて油で揚げる、ポテトコロッケが誕生しました。

大正時代は大衆文化が発展する時代ですが、中国の庶民菜が安くてうまいと一種のブームになるのです。そのきっかけになったのは大正十二（一九二三）年の関東大震災で、廃墟（はいきょ）の街となった東京には、支那そばの屋台が増え、チャルメラを吹きながら街を流しました。

中国鍋（なべ）が家庭に普及していくのもこのころです。

支那そばを売り出した「來々軒」

時代とともに増えてきた中国菜館や酒樓(しゅろう)ですが、東京の浅草(あさくさ)にあった「來々軒」では支那そば(蕎麦(そば)と書いています)を売り出しました。明治四十三(一九一〇)年のことです。新幹線新横浜駅近くにある「新横浜ラーメン博物館」が所持する「來々軒」の写真を見ますと、のぼりには支那御料理と書かれ、その下にシュウマイ、マンチウ(この二種とも店先に立って写真を撮った家族のために価格は見えませんが)、シナソバ六銭、ワンタン六銭とあり、広東系の庶民菜を商っていたようです。この「來々軒」の創設者である尾崎貫一氏は、横浜の税関に勤めていましたが、退職して

新横浜ラーメン博物館によって、再現された「來々軒」の「支那そば」

南京町の厨師を雇い、当時東京の歓楽街の中心であった浅草に開業しました。支那そばのスープは鶏や豚の骨からとり、醤油(しょうゆ)味をつけ、そばだしに似ていました。麺条の上にトッピングする細切りの竹の子を今もメンマといいますが、実は麵碼(ミエンマ)と書き、トッピングを意味します。屋台の中国人のご主人が日本人の客にこれ(麻竹の塩漬の発酵品の煮物)は何か、と客に聞かれとっさに「麵碼」といったことから麻竹の煮たものを日本でメンマと呼ぶこ

とが広まったのです。

小菅桂子氏の『にっぽんラーメン物語』では横浜の丸松物産の松村社長が「麺の上にのせる麻竹だからメンマ。これは英語でもないし、中国語でもないし、私の和製英語ね」と言ったというのですが、中国の食文化にくわしい元国立民族学博物館教授の周達生さんに尋ねたところ、やはり麺条の上にトッピングする具のことを麺碼というのだと、教えてくださいました。正しくは麺碼児、あるいは菜碼児と書くそうです。ほかに支那竹というのがあり、まこもの芽に黒穂菌がつくと肥大して竹の子状になるのだそうな。それを干したのが、麻竹を干したシナチクに対しシナタケと呼び、中国から日本へ輸出していたようです。

開店以来よく繁盛していた「來々軒」の麺条は手打ちの切麺で、のちに機械切りに変わります。麺条の上にトッピングする具は支那竹（このころメンマと呼ばれていましたが）、叉焼でした。叉焼はおそらく今日のようにスープをとったあとのだしがらにちかいゆで豚肉を再加工したものではなく、広東式の叉焼（焼き豚）であったと思われます。これに刻みねぎを添えたのです。

「來々軒」は昭和の戦後にも営業しており、喜劇俳優でうまいものには目がなかった食い道楽の[*45]古川緑波は、その食べある記『悲食記』で値段も含め、安くってうまいのは「來々軒」だと誉めています。

「浅草を食べる」から少し抜すいをします。

「十二階（凌雲閣か？）があったころの浅草といえば、震災前のこと。中学生だった僕は、活動写真を見るために毎週必ず、六区の常設館へ通ったものだ。はじめて、來々軒のチャーシュウワンタンメン（叉焼雲呑麺）というのを食って、ああ、何たる美味だ、と感嘆した。

來々軒は日本館の前あたりにあって、きたない店であったが、このうまかったこと、安かったことは、わが生涯の感動の一つだった。少年時代の幼稚な味覚のせいだったかも知れないが、いや、今食っても、うまいに違いない。という気もする。

支那料理は、五十番や品芳樓（ひんほうろう）もあったが、何と言っても來々軒が圧倒的だった。

……」

少年のころ「來々軒」で食べたチャーシュウワンタンメンは広東の食べ方で、北方ではワンタン（餛飩）と麺条はお互いに主食の代わりになり得るもので、一つの鉢の

＊45　古川緑波（ふるかわろっぱ）。一九〇三～六一年。昭和期の喜劇俳優。徳川夢声のナヤマシ会に参加し、声帯模写を認められる。一九三三年に夢声らと「笑の王国」を結成し、売れっ子となる。三五年、東宝に入社、古川緑波一座を結成する。

中に同居させるなど、許せない食べ方なのです。

明治から大正にかけて用いられた麺条の多くは麺棒や長い竹の筒に腰をかけ、足で床を踏みながら麺体を延ばしていく小刀麺《ショウトウミエン》（坐竹弁打麺《ズオズビャンタミエン》）といった切麺が主体で、手延べする拉麺《ラミエン》はまだなかったように思います。この竹の筒に腰かけて打つ麺条は東京や佐野《さの》市で今も見られますし、佐野ではこれを名物として実演し、宣伝に相《あい》つとめています。麺棒・竹筒で打つ、いずれであっても南京（横浜）そばとか支那そばと呼ばれた麺条には碱水が入っていました。そして全蛋で作る麺条も用いられていたのです。

その全蛋麺《ウアタンミエン》は明治四十（一九〇七）年の『日本の家庭に応用したる支那料理法』というえらい題名の長いクッキングブックスの中で炸醬麺《ツアジャンミエン》という北京《ペキン》系のものと鶏絲《チースー》麺《ミエン》が紹介されています。この麺料理を作るときに使用する麺条は卵饂飩《たまごうどん》（全蛋麺）を用いるとあります。そしてこの麺条は中国人経営の乾物店に売っており、著者はこの全蛋麺が入手できない方には買って差しあげても（といってもただではありません）よいと記述しています。この全蛋麺は、今も香港や広州、あるいは横浜や神戸の中国菜の食材店で売られており、ボール状に成形した乾麺です。

時代はかなり飛びますが、昭和五（一九三〇）年の『婦人クラブ』の附録に支那そばとあり、カッコして光麺と書かれていますが、光はおそらく黄の当て字でしょう。

灰汁（あく）を加えた麺条に親しんできた沖縄の人たち

明治以降、長崎や横浜、神戸に居留していた中国の人たちが食べていた麺は、小麦粉を碱水や卵で練り、細く切ったものでしたが、灰汁で練るものもおそらくあったでしょう。

灰汁を使って小麦粉を練り、麺棒で押し広め、それを折りたたんで庖丁で手切りする沖縄すば（そば）が、かつての琉球（りゅうきゅう）に登場するのは明治中期以後のことだといわれています。もともと中国人がその店を開いていたらしいのです。その中国人はおそらく福建人でしょう。

灰汁を使って小麦粉を練る福建系の「沖縄すば」

なぜなら、琉球王朝が栄えたころ、中国から琉球に来る使節＝冊封使（さっぷうし）たちを歓迎する宴会料理を作るために、琉球王朝の厨師（調理人）たちは福建省に調理法を学びにいきました。

また冊封使に随行してきた調理人にも学びました。しかも民間の交流もさかんでした。そんないきさつがあって現在の沖縄料理には、福建系のものが多く息づいているのです。すば（そば）もその一つです。

沖縄では福建系の灰汁で小麦粉を練り、幅広く切った麺をたんに「すば」と呼びました。明治末期から大正、昭和初期にかけて大和すば、支那すばと呼び、前者はヤマトンチュ（本州や九州、四国の人）が作ったもの、後者はウチナンチュ（沖縄の人）、あるいは福建や台湾の人たちが作ったものです。ただ、大正七、八年ころに「琉球すば」と名称変更するようにと警察から指導があったそうです。

このように灰汁を使ったドゥを麺棒で延ばして庖丁切りにするめんを福建省では「杠（摃）麺」と呼びます。福建省では固木を燃した灰を使っていました。

しかもこの杠麺を固めにゆでて風を当て少し乾かし、油で麺の表面を薄化粧して保存性を高めるのも沖縄すばとの共通点です。この麺を冷麺和油麺と呼び福建省では炒め用に使用する細いの、幅の狭いの、広いのと大きく三種類に分かれています。半生（イタリア語のアルデンテ）の杠麺を半生熟麺と呼び、細いものを幼麺、太いものを粗麺と呼びます。筆者も幅広（きしめん状）、中細、細の三種類を廈門の面点店で求めて食べたことがあります。福州や泉州にも同様の麺がありました。しかし今は灰汁は使用せず化学的に合成した碱水をを使います。

福建では、豚の骨や鶏の骨でとったスープにゆでた杠麺を浮かべるのが普通ですが、ときには海鮮（鮮度の良い魚介）のスープを用いることがあります。

横浜や神戸、長崎の中国人街以外に、明治中期に中国系の麺が沖縄でも食べられており、その麺はアルカリ性の強い灰汁を使用したものでした。灰はガジュマルの木や砂糖キビ粕を燃して取ったものです。今は福建同様に碱水を多く使います。

日本で灰汁入りの麺を食べた先駆けは沖縄の人たちだったのです。

それは福建省との交流の中で沖縄に土着化した灰汁粽（ちまき）の風味に慣れていたからです。灰汁粽とは灰水を含ませた糯米（もちごめ）を孟宗竹の皮で包み、灰汁でゆでて作ります。エキゾチックな特有の色と香りが醸し出され、保存性も高まります。これを切ってシロップやきな粉で食べるのが普通で、琉球文化の影響を受けた鹿児島でも灰汁粽を食べます。

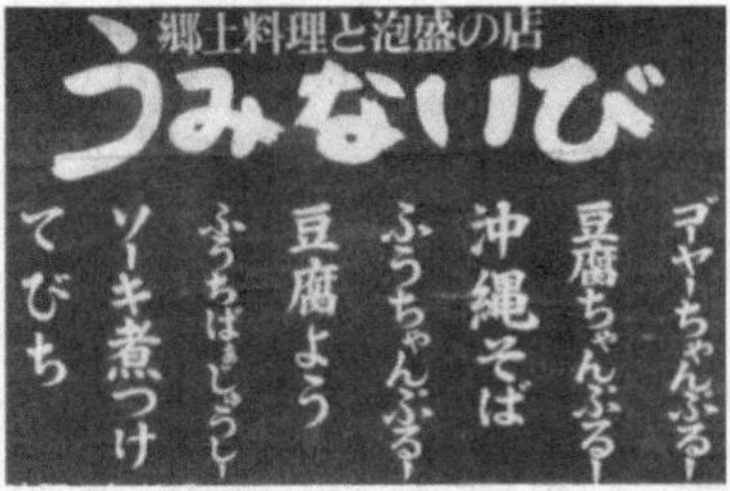

「沖縄そば」のメニューを掲げた料理店の看板

沖縄で灰汁入りの固ゆで麺が普及したのは、今日のように冷蔵庫がなかった時代、切り出した生の麺条は亜熱帯の気温と湿度にさらされると異常発酵をおこし、麺条の質が変質し、しかも腐敗臭が出てきます。

それを防ぐために福建式に半生の状態にゆで、油をまぶして麺条の表面をコーティングし、時間が経過しても麺条が乾いたり、麺条同士がくっつかないようにしたのです。固ゆで、あるいは蒸気で蒸すのは、いずれも半生ですが異常発酵を防ぎ、保存性を高めるとともに、麺条の味を保持させるための工夫でもあったのです。人が生活する環境（気候風土）によって同類の麺条であってもその製法は変わるのです。

福建省の杠麺こと沖縄（かつては琉球）すばは、炒めたり揚げたりするとじつにサクサクとしておいしいのですが、スープに浮かべるとやや麺条の食感にはなめらかさや艶（つや）が不足しているように感じます。しかし、この杠麺になれ親しんでいる沖縄の人にとってこの素朴な食感と風味がよいのだといいます。だしは鰹節（かつおぶし）と豚でとったスープを半々ぐらいに合わす日中折衷型で、トッピングする紅しょうがの紅と刻んだ青ねぎ、黄色を帯びた沖縄すばのカラートーンは琉球の風あるいは琉球舞踊のようにエキゾチシズムを感じる素朴でシンプルな味わいをもっています。

このシンプルな沖縄すばを首里（しゅり）や那覇（なは）、あるいは八重山（やえやま）で食べたとき、ふと思ったことは、大阪での素うどんと同じように、上にトッピングする食材はあくまでも附属品で、これによって麺条やだしの味は左右されることはなく、麺条とだしやスープさえよければなにもいらないと思いました。味をしめくくる薬味さえしっかりしておればよいのです。

日本で多くの人々が灰汁を加えた麺条に親しんできたのは、横浜でも神戸でも長崎でも、東京でもなく、沖縄の人たちだったのです。現在はソーキ（豚の骨付き腹身の煮付）を入れたソーキすばが人気です。

明治期、中国大陸でラグマンを食べた堀賢雄

明治のころ、中国へ渡っていた人のうちの何人かは手延べの拉麺ならびにその系列のラグマン等を食べていたはずです。しかし、中国では麺条はスープに浮かべると湯麺。冷したり熱いものを和えて食べると拌(撈)麺。蒸し麺を鍋に張りつけるようにしてじっくり油で焼くと煎麺。炒めると炒麺。油で揚げてから調理すると炸(脆)麺。煮こむと煨(烩)麺。あんかけにすると溜麺。とろんととろみをつけた汁に沈めると打(大)滷麺と文字の使い方は明瞭で厳格ですが、日本は実にあいまいです。ほかに食べ方や振り売りの仕方からついた麺条の食べ方の名前があり、その代表が担々麺です。荷台と共に椅子まで荷負って売り歩きました。トッピングする料理や味つけでも名を変えます。だから手延べする拉麺はあってもその名前が麺条の食べ方の代名詞として表に出てこないから、ラーメンという食べ物がない、ということになるのです。しかし近年は、中国においてもラーメンという言葉を使いますが、それはインスタント麺のことをさします。劉心武の

「ラグマン」を食べるトルファンの人たち。
麺におかずをのせて和えて食べる。

『北京下町物語』（一九九三年）にもこのインスタントラーメンが登場します。

あの国土の広大な中国大陸で拉麺系列のラグマンを食べるとともに自ら作ったことを記録した人がいます。

その人は明治のころ京都の西本願寺の法主であった大谷光瑞氏が隊長となって中央アジアの仏跡を求めて探検した大谷探検隊第一回目に随行した堀賢雄氏です。その探検記には明治三十六（一九〇三）年八月十三日、ブグルでラグ・マンを食べたと記述しています。同年八月二十六日はタベルグ、九月一日はトクスン、そして九月三日はトルファンのバザールです。私もここで一九八八年の夏食べました。更に九月六日はルクチェン、九月十四日フコー。テンザではなんと自らラグマンを作って食べているのです。鶏一羽を買ってスープと具を作り、それをラグマンにかけて食べたのです。一斤の羊肉で作ったものより味がないと、落胆して日記にしたためています。九月十六日はサイオボでも食べています。

明治期、横浜でラウメンを食べた長谷川伸

堀賢雄と同じころ、日本の横浜でラウメンを食べた人がいました。明治の初め、中国から渡って来た華僑や職人、在横浜のヨーロッパ系の商社に勤めたり、欧米系の家庭で家政婦や使用人として働いていた中国人たちが居留していた横浜の南京町には明

治二十年ごろ中国菜館や酒家は二十軒近くあったそうです。屋台もありました。庶民的な大衆菜館や屋台では、先に紹介した來々軒同様に麺条の点心である南京そばや焼売、餛飩、肉饅頭などが売られていました。ちなみに北海道函館の西洋料理店である「養和軒」は明治十七（一八八四）年四月二十六日に出した広告に五月八日から南京そむ（ば）を一五銭で売り出すとあります（『函館蕎麦史』）。おそらく横浜で流行っていた南京そばを真似たのでしょう。

そのころ（明治二十年代から三十年代）、横浜生まれの劇作家・小説家であり、新国劇のおはこであった『沓掛時次郎』や『瞼の母』『一本刀土俵入り』でおなじみの、と言っても若い方々は知りませんが、長谷川伸[*46]は横浜で逆境の少年期を送っていました。土建屋の手代、街の水撒き。当時は今のようなトラックでなく、大八車という二輪車がついた人力車で、その荷台の上に水を入れた樽をのせ、大きな杓子で水をすくっては撒いたのです。その後、長谷川伸は新聞記者になりますが、彼の自伝随筆であ

*46　長谷川伸（はせがわしん）。一八八四～一九六三。大正・昭和期の小説家・劇作家。父の破産のため小学校を二年で退学した後は、自活のため屋台の出前持ち・石工など様々な肉体労働に従事する。その間も向学心は失わず、一九一一年には都新聞社会部に職を得るまでに。代表作に「股旅もの」の『沓掛時次郎』『瞼の母』、歴史小説に『日本捕虜志』などがある。『新コ半代記』は一九四八年に書かれた自伝随筆。

る『新コ半代記』に彼が足しげく通った「遠芳楼」でラウメンを食べたと書いているのです。ラウメンを注文すると「イイコラウメ（ミ）ン」と弁髪の肥った給事人が調理場に告げたそうです。イイコは一個で、北京語ではイゲ（ガ）、だとすると「遠芳楼」は広東系の酒家（というほど高級店ではないのですが）であったことがわかるのです。

ただ気にかかるのは広東語でラウメン（ミン）といえば老麺は広東語ラウミンに発音が似ていますが、広東では麺条ではなく饅頭や包子をイーストや甘酒を使わず天然酵母の働きで自然発酵させるため、スターター＝発酵剤として利用するもので、これを饅頭や包子を作るときに種として小麦粉に加え、自然発酵させる素なのです。しかし、長谷川伸が食べたのは確実に庖丁切りの麺条です。その麺は柳麺（関東語ラウミン）で、それを給事人が使っており、それを長谷川伸の耳にラウメンと聞えたのです。その麺には何かトッピングされていたのです。そのことが『ある市井の徒』に書かれており、「豚蕎麦（そば粉から作ったものでなく中国麺です）のラウメンは五銭……ラウメンは細く刻んだ豚肉の煮たのと薄く小さく長く切った筍が蕎麦の上にちょっぴり乗り、これがたいした旨さの上に蕎麦も汁もこの上なしです……」と、あります。長谷川伸にラウメンと耳にひびいたのは、老麺ではなく、柳麺だったのです。北京語でリュウミェンと発音します。

そして長谷川伸の食べた麺条菜は、本人も書いている通り、豚肉をせん切りにして油で炒めて煮たものとメンマをトッピングした「肉絲麺（ロウスーミエン）」（関東語ヨクスィミン）でした。遠芳樓の給事人がこのヨクスィミンと厨房に告げるより、ラウミンの方が簡単で早く伝えられたのです。中国で肉といえばたいていは豚肉です。ていねいに表記する場合は猪肉（チュウロウ）です。ですから長谷川伸が食べたのは猪肉絲麺となるのです。長谷川伸は広東菜の柳麺（ラウミン）をラウメンと聞き違えていたのではないでしょうか。

この「遠芳樓」に他にどういう麺条菜があったのかはわかりませんが、苦難の時代の長谷川伸にとっては、この柳麺が安くて腹がふくれ、そのうえ栄養があり力のつく食べ物であったのです。ラウメ（ミ）ンは老麺でもなく拉麺でもなく、柳麺なのです。

今も東京あたりのラーメン店で老麺と染めた暖簾（のれん）をかけているのをときどき見かけますが、老麺は麺条とはまったく関係のない発酵麺体なのです。擬（もどき）すぎです。

柳麺は筆者も修行中の若いころ大阪の中央区難波（なんば）、ちょうど御堂筋（みどうすじ）をへだてて現在の歌舞伎座（かぶきざ）（今はありません）の向かいぐらいにあった中国料理店、桃源（今はありません）のメニューにありました。昭和三十二、三（一九五七、八）年ごろです。中国麺はしだれ柳のように腰を曲げ、だらりとたれ下がっている姿に似ているからだと店の主人（中国人）が言ったのを今も覚えています。

南京そばは、明治初め横浜の屋台で多く売られていました。ところがそれを東京の

北海道大学前に開店し、中国人学生で賑わった当時の「竹家食堂」

者が模倣し、夜になるとチャルメラを吹きながら支那そばと称して街々を売り歩いていたといいます。時代は明治三十六、七（一九〇三、四）年ごろであると獅子文六[47]氏は語っています。

作家の話のついでにもう一つエピソードを語ります。探偵小説作家である江戸川乱歩[48]氏は大正八（一九一九）年に隆子夫人と結婚しましたが、食い扶持を得るためにまったく経験がない支那そばの屋台を引いており、自らの職業を「支那ソバ屋なり」と言っていたそうです。チャルメラを吹きながら屋台を引いての支那ソバ屋、かなり収入があったようですが深夜の商売なので長つづきはせず、半月ほどでやめてしまいました。

江戸川乱歩が支那ソバ屋を始めるに当たり、道具と麺、スープ一式をセットで親方に借りています。このシステムは関東大震災後に東京で大流行するのです。被災した人達の腹を満たしたのです。昭和の戦後における闇市の支那そば（やがて中華そばと名が変わりますが）と相通じます。

大正期、大当たりした札幌「支那料理竹家」のラーメン

江戸川乱歩氏の支那ソバ屋の屋台に遅れること二年の大正十（一九二一）年の札幌。北海道大学前で写真館を経営していた大久昌治（おおひさまさじ）氏は、店を改装して「竹家食堂」を開店しました。この店は北大に留学していた中国人留学生で賑わっていたようです。最初の調理人は素人で、福建省出身の布地の行商人でしたが、氏名は不明です。調理経験のない彼の作る中国菜は中国人留学生たちにも不評でした。

その即席調理人に代わる人を探し求めていたところ、帝政ロシアに起こった革命騒ぎに乗じてロシアから知人の商人、大道俊二氏を頼って室蘭（むろらん）へ亡命していた王文彩（ワンウエンカイ）を、大道氏の紹介で雇い入れました。王文彩はニコライエフスクにあった中国酒家の調理人をしていて、腕はなかなかのものだったようです。大久昌治さんの孫の武さんの話によると、当時高給取りで月給十二円に対し、王さんは破格の五十円だったそうです。

＊47　獅子文六（ししぶんろく）。一八九三〜一九六九。昭和期の小説家・劇作家。一九二二年渡仏して演劇を研究し、三九年帰国。二八年から岸田国士らと演劇活動に入る。三七年文学座を結成。代表作に『悦ちゃん』『てんやわんや』など。

＊48　江戸川乱歩（えどがわらんぽ）。一八九四〜一九六五。大正・昭和期の探偵小説家。多彩な職業遍歴ののち、一九二三年に『二銭銅貨』で文壇にデビュー。猟奇趣味の濃い作品を多数発表したが、内外探偵小説の研究・評論にも力を入れた。代表作に『人間椅子』『怪人二十面相』など。

王さんが作る中国料理は本場の味で、一切妥協はしなかったと武さんは言います。メニューの数は多く、麺条料理もありました。

大正十一（一九二二）年に店名を「支那料理竹家」と変更しました。

王文彩の作る麺条は手延べの拉麺でしたが、翌年手動式製麺機になりました。王さんが来た当時、碱水がなかったので、稲わらを燃やし、その灰で灰汁を作り、小麦粉を練りました。その後碱水になりスープは鶏骨と豚骨でとる清湯(チンタン)（澄ましスープ）で、味付けは塩だけだったそうです。スープには昆布も入れていたと武さんは言います。

王文彩は中国菜が出来上がると、いつも「好了(ハオラ)」と言ったそうです。「よくできたぞ」という意味ですが、それを聞いていた大久昌治氏の奥さんが、麺条の料理名を思案していたところ、王文彩がたえず口にするハオラのラをラーと引っ張ってラーメンとカタカナ表記してメニューに載せたところ客から大受けしたと武さんは語ってくれました。人気だった肉絲麺(ロウスウミエン)が名を変えて大ヒットしたのです。ラーは接頭語。

王文彩は五年足らずでこの店を去ります。後任に来たのが李広業(リグアンイエ)でした。前任の王文彩の中国菜は総(すべ)て脂っこく日本人向きではなかったのですが、北海道大学の近豊(こんゆたか)教授のアドバイスで李は日本人向きにあっさりした味にしたそうです。ラーメンの味付けも東京風に醤油にしました。それが受け、昭和の初めには出前がすごく出たと、武さんは語ります。このころ、札幌の喫茶店にまで置かれるようになりました。

ラーメンは亡命して札幌にやって来た中国人コックによって作られた灰汁入りの機械切りの麺条で、命名者は支那料理竹家の主人の奥さん。このラーメンなる言葉が函館に伝わるのは昭和の初めで、ここでも喫茶店で出されたそうです。だから、ラーメンと拉麺は違うのです。ラーメンは「支那料理竹家」で誕生した中国系の麺料理の日本名なのです。小麦粉を碱水や灰水で練って麺条にして、ゆでて肉系のスープに浮かべたものなのです。今風に定義すれば、準強力小麦粉を碱水で練って麺条にして、ゆでて鶏や豚の骨ならびに肉を主体にしたスープに浮かべた食べ物となります。

再現された創業当時の「支那料理竹家」のラーメン（新横浜ラーメン博物館）

話は変わりますが、中国風の麺条をなぜ支那そばと呼んだのでしょうか。そば粉をいっさい使わない小麦粉の麺条を中国風に肉のスープに泳がせて食べるやり方を支那そばというのは、スープは鰹節入りで、そのうえ味付けに醤油を使い、その味はそばだしのような感じだったのでそう命名したのでしょう。

時代は下りますが、昭和十八（一九四三）年二月に発刊された『海軍主計兵調理術教科書』には、支那ウドンとあります。やはり支那そばの方がすっきりしてなじみやすいのです。余談になりますが、私がはじめて北海道旭(あさひ)川(かわ)の「青葉(あおば)」でラーメンのスープを飲んだとき、こりゃそばだしだと即座に思いました。鶏骨のスープに昆布や削り鰹節を加え、醤油味であったからです。

飛驒高山(ひだたかやま)の「豆天狗(まめてんぐ)」や「まさご」のスープもそばだしそのものでした。このそばだし系スープは東京の支那そばがルーツなのです。日本人にとって醤油は郷愁の味と香りだからです。のちに味噌(みそ)味も加わります。

しかし、ラーメンは北海道札幌地区のローカルな言葉で、全国的であったのは支那そばで、この言葉を転用して沖縄では沖縄す（そ）ばと呼んだのです。ラーメンといい、支那そば、沖縄すばといい主材料以外に欠かせないものは鹸水やその代用としての灰汁です。

クッキングブックスにみる「支那麵(チャーメン)」「支那そば」の作り方

北海道の札幌に大衆的な「支那料理竹家」（大正十一（一九二二）年）ができたころ、大衆中国菜はうまくて安いとの評判がたち、菜館だけではなく中国風のクッキングブックスも多く刊行されました。そのクッキングブックスには麵条の作り方や食べ方が幾つか記述されています。

中国の食材を扱う店主小林定美氏が著わした『手軽に出来る珍味支那料理法』（一

九二六年）に支那麺の拵え方が記載されています。

なぜ支那麺にチャーメンとルビを打ったのでしょうか。中国料理の歴史にくわしい人類学者の周達生さんのお話では、炒めて食べることが多かったから炒麺、これがチャーハンみたいになまってチャーメンというのだそうですが、私はチャイナ・メンをちぢめてチャーメンと著者の小林定美氏がしゃれたのだと思います。

支那麺の拵へ方

十人前

〔材料〕メリケン粉（小麦粉）一升　鹽適宜

寒（鹹）水　盃二杯　片栗粉少々

〔こしらへ方〕

先づ一升のメリケン粉にて、支那麺十人前は出来ます、此の粉に寒（鹹）水（支那料理原料商に在り）盃二杯を入れ、鹽二摘み位を加へ、水を静かに加へ乍ら、延板の上にて延ばし得る程度の硬さによく練り合せ、延板には一面に片栗粉を敷き置き、延棒にも片栗粉を塗りつけ、練り合せたるメリケン粉にも一面に片栗粉を散布し、扨て延棒を以て、丁度延餅を拵らへる氣分で延ばします、延ばし乍ら、片栗粉を晒布に包み置き時々、散布して、延板や棒に粉の着く事を防ぎます。

斯くして延ばせば、いくらでも薄く延びますが、五厘（一・五ミリ）位の厚さ迄延ばしましたなら、片一方から、庖丁の長さ位に折畳み、出來得る限り細く切ります、斯くして出來上りたる支那麵は、一人前普通三十匁（約一一二グラム）位宛を分けます。

支那麵を茹るには、湯を沸騰させたる中に、餘り多くなく一升位の湯ならば二人前位宛を入れ、麵が浮き上りたる程度を以て最も適當な茹具合とします。茹で湯がドロ〳〵になりましたらば、取替へる事。

明治・大正のころはメリケン粉はアメリカから輸入した小麦を製粉したもので、国内産はうどん粉と呼びました。中国風の麵を打つ場合は準強力粉を使います。

寒水は碱水です。麵条の太さは一・五ミリ程度で、これならさっとアルデンテにゆでて食べることができます。上湯（上質の澄んだスープ）で食べるのなら一・四〜一・六ミリくらいの中細が最適かと思います。

この珍味集と同時代に出版され、当時ベストセラーになった山田政平氏の『素人に出来る支那料理』にも支那そばの打ち方がくわしく載っており、碱水を入手できない場合の代用として洗濯用の曹達（ソーダ）を煮溶かして用いるようすすめています。

切麵（そばの製（つく）り方）

支那そばの打ち方

支那そばと申しますが、實はうどんであつて、日本のうどんと異ふ處（ところ）は、少量の鹹水（シエンスイ）（注意の項参照）を含むのと、製法に多少の相違があるだけです。

まづ麵牀（ミエンチャン）（捏板兼伸板（こねばんのべばん））と、二本の麵杖（ミエンチャン）（伸棒（のべぼう））とを用意しなくてはなりません。麵牀は大きな程よいのですが、家庭で少量のものを製るには、普通の飯臺（はんだい）くらゐの平滑な板であれば何でもよろしい。麵杖は一つは長く二尺から三尺くらゐのもの、一つは短く一尺から一尺五寸位のものを作つて置きます。

材料

メリケン粉　一斤（六〇〇グラム）

鹽　小匙一杯

鹹水　小匙三四杯　鶏卵　二三個（用ひなくも可）　片栗粉　一本

鹹水（シエンスイ）を一合くらゐの水にて稀（うす）め、鶏卵は充分に攪拌（かくはん）してから水と合せます。メリケン粉を麵牀の上にあけ、鹽を混ぜ、凹（たかくぼ）に盛り、窪（くぼ）んだ中へ水を流して捏（こ）ねつけます。煉（ね）りに煉つて充分煉れたら、牀（いた）上に附いたメリケン粉は庖丁で搔（か）き取り、煉粉といっしょにいたします。今度は片栗粉を糠袋様の袋に入れて、麵牀や麵杖に充分振りかけます。煉粉は細長く丸めて、直径二三寸くらゐの棒状にして麵牀の上に置き、掌で壓して大體平にして、短い麵杖でさらに薄く伸ばします。伸ばすたびに片栗粉を撒布しないと密着する虞があります。追々薄くなるに從って只だ棒を押し轉がしたゞけでは伸びなくなりますから、麵牀や煉粉の表裏に充分片栗粉を振り掛けて二つ折か三つ折にし、端から麵杖で順々に壓へて（轉がさずに）行きます。壓へ終つたら擴げて平たく直し、今度は長い麵杖を取って端から輕く巻きつけ、最後に麵杖を抜き、また短かい麵杖で端から壓へ壓へて伸ばします。これを繰返して五厘ぐらゐの厚さになりましたら、長い麵杖に巻きつけ、解きながら巾三寸位に折り畳み、端から細く切つて行きます。玉一個の分量は、出來上り三十匁位が適當でせう。

注意　澤山の製り置きは禁物です。鹹水は支那食料品店にあります。日本ではカンスイと呼んで、種々勝手な文字をあてはめて居ります。鹹水は元來鹵汁と同じものですから、豆腐などに用ひるあの鹵汁でもよろしい、現今支那で鹹と云へば天然曹達のことです。（昔通りの字義に解しては違ひます）ですから鹹水の手に入らぬ地方の方は洗濯曹達を煮溶かして用ひても、その効果に變りはありません。支那には鹹水も鹹石も天然産のものが澤山あります。

山東式拉麺を日本で初めて紹介した料理書

大正から昭和へと時代が移り変わると東京だけで兼業も含め、中国菜館や酒家は二千有余軒あったといわれています。しかも、女学校でも和洋中と三ヶ国の料理を実習するようになります。外国料理を教育の中に取り入れることは世界でも珍しいことです。

そのころ上野にあった「翠松閣（すいしょうかく）」の料理長をしていた日本人シェフ、吉田誠一氏は『美味しく経済的な支那料理の拵（こしら）へ方』を著しています。この中に山東式の拉麺（ラーメン）の拵へ方が図入りで書いてあり、その手法は現在山東省や山西（さんせい）省、北京などで一度に多量に手延べする方法です。拉麺（ラミエン）という文字が日本ではじめて印刷された記念すべきクッキングブックスです。それ以前の切麺と異なる手延べの山東式拉麺の作り方は今日とまったく変わりません。ラミェンは日本語で発音しにくいので著者はラーメンとルビを打ったのです。

拉麺の図〈吉田誠一著『美味しく経済的な支那料理の拵へ方』（一九二八年　東京博文館）より〉

拉麺（ラーメン）の拵方（こしらへかた）

材料　メリケン粉、碱水（かんすい）。

伸し方　メリケン粉を鉢に入れ、水を加へて前の麺（碱水を加えないで打っていたもの）よりも、柔く手に着く位に練ります。之れは初の内は軟いから手に着いて始末の悪いものですが、煉って居る内に着かなくなります。手に水を着けては充分に煉り棒の様に長く伸し兩端を持って麺臺へポンと叩き付けそれを二ッに折曲げて繩の様に巻き（捻じり）、別に丼に碱水を用意して置き手を碱水の中に入れ其儘麺の外部に塗着け又兩端を持って麺臺に叩きつけ三、四回目に一度碱水を塗って數十回繰返しますと煉りが出ます。之を今度は兩端を持って上下折りながら引伸し圖の様に繩に右に巻き繩の兩端を持って更に上下に振りながら引伸し、今度は左繩をない、右左々々と何十回も繰返し充分に麺のねばりを出します。次に麺臺にメリケン粉五十匁位を廣げて置き、伸した麺を棒の様に太い細いの無い様にして粉の中へ傳し手にも粉をつけ棒の麺を四五尺に引伸し二ッに折って兩端を持ち上下振ながら引伸ますと二本になります。太い細い所の無い様にして粉を着けては兩端を持って上下振ながら四本となし、それを二ッに折って八本となし更に折って十六本に引伸しなるべく細く何回も繰返します。手で持って居る所は固って居りますから第二圖の様に其部分丈け切り落し、前から湯を沸騰させて置き其中へ入れて茹浮上ってから掬ひ上げて水に入れて冷します。

之れは伸す時は軟いが充分に煉って有りますから茹でますと固くなります。別

番号	品名	読み	訳	値段
136	三絲炒麵	サンスーソーメン	豚肉糸切きんとあわび竹の子焼そば	五拾銭
137	蝦仁炒麵	ヒエーレンソーメン	ゑび、竹の子焼そば	五拾銭
138	三鮮炒麵	サンセンソーメン	ぶた肉切きんとあわび竹の子焼そば	五拾銭
139	十錦炒麵	シーチンソーメン	十色の材料入焼そば	五拾銭
140	鮑魚麵	ボーユイメン	あわび、竹の子御汁うどん	参拾五銭
141	蝦仁麵	ヒエーレンメン	ゑびと竹の子豆御汁うどん	参拾五銭
142	三鮮麵	サンセンメン	ぶた肉、鮑、きんこゑび、御汁うどん	参拾五銭
143	三絲麵	サンスーメン	豚肉、糸切、きんこあわび御汁うどん	参拾五銭
144	肉絲麵	ユースーメン	ぶた肉、糸切、竹の子御汁うどん	貮拾五銭
145	干拌麵	カンパイメン	かしわごま味噌玉子干ゑび冷うどん	参拾五銭
146	炸醬麵	ザーチャーメン	かやく味噌くずかけうどん	参拾銭
147	三鮮餛飩	サンセンワンタン	あわび、きんこ、ゑびわんたん	参拾五銭
148	蝦仁餛飩	ヒエーレンワンタン	ゑびと竹の子わんたん	四拾銭
154	包子	ボウーツー	ぶた肉入まんぢう	
155	湯面餃子	タンメンギヨーツー	むしたまんぢう	八拾銭
156	水餃子	スイギヨーツー	みづまんぢう	二十個 六拾銭
157	鍋貼	ゴーテン	やきまんぢう	二十個 七拾銭
158	三鮮水餃子	サンセンスイギヨーツー	ゑび、きんこ、あわび、豚、青物水饅頭	二十個 七拾銭
159	蝦仁餃子	ヒエーレンギヨーツー	ゑび、ぶた、青物入水まんぢう	二十個 七拾銭
160	牛肉水餃子	ニーユースイギヨーツー	牛肉ねぎ入水まんぢう	二十個 七拾銭
161	家常餅	キヤーチヤンピン	やきぱん	二個 六拾銭
162	饅頭	マントウ	支那蒸ぱん	

京都・木屋町にあった「桃花園」の麺料理のメニュー。日本語訳がおもしろい。

に道具もなく練習して置きますと、一寸(ちよつと)の間に合ひ麺棒で伸した麺よりは味もづっと良いものです。ただ炒麺(ちやめん)(ヤキソバ)には不向ですが汁の入った麺や冷い麺に用ひます。

炒麺に拉麺は不向きなのは、小麦粉に入れる水の量(加水量)が多いため、べたつくからです。

この拉麺以外に卵入りの切麺や伊府麺の作り方も紹介しています。

舞子はんも食べた中国式麺条の点心

大阪の梅田(うめだ)にある阪急(はんきゅう)百貨店の食堂で中国料理部ができるのは昭和七(一九三二)年のことですが、東京の三越(みつこし)食堂でもその後提供され、麺条料理として什碎炒麺(チャツソイチャオミエン)(今でいう什錦炒麺(シーチンチャオミエン))で、炒めた麺条にとろみをつけた具だくさんのあんをかけたものです）とか叉焼麺が献立の中に入っています。

中国式に食べる麺料理は横浜や神戸、東京、大阪、札幌、沖縄の人だけではなく、京都の人も食べていました。

京都は都があった都市で明治まで約千百年続きました。多くの人は京都を古都と呼び、閉鎖的で保守的な土地柄と思っていますが、じつはそうではなく進取的なのです。古きに新しきを重層してより高質な文化を築くのが京都の伝統です。発電所を日本で最初に築いたり、かつその電気を利用して市電を走らせたのも京都が初めてです。食べ物もそうです。中国料理も早くからありました。

大正末期か昭和初期の物と思える中国料理店の菜（彩）単（メニュー）が三通、手元にあります。四条通祇園町北側にあった「鳳來」は小麦粉で作る麺条や麺片、蒸餅の点心の種類は豊富です。その中から麺条料理だけを挙げておきます。

次は木屋町三条小橋上ルにあった「桃花園」の菜単にも麺条、麺片の菜（料理）がたくさん出てきます。

そして三つ目の菜単は下京区河原町佛光寺上ルにあった「対山閣」の菜譜です。「桃花園」に比べ麺点（小麦粉から製した点心）のメニューは少ないのです。

以上いずれの中国料理店も広東系の料理で、火鍋子（中国式寄せ鍋）も出していました。この火鍋子をヒントに京都の「河道屋」は「芳香炉」を考案し（昭和七（一九三

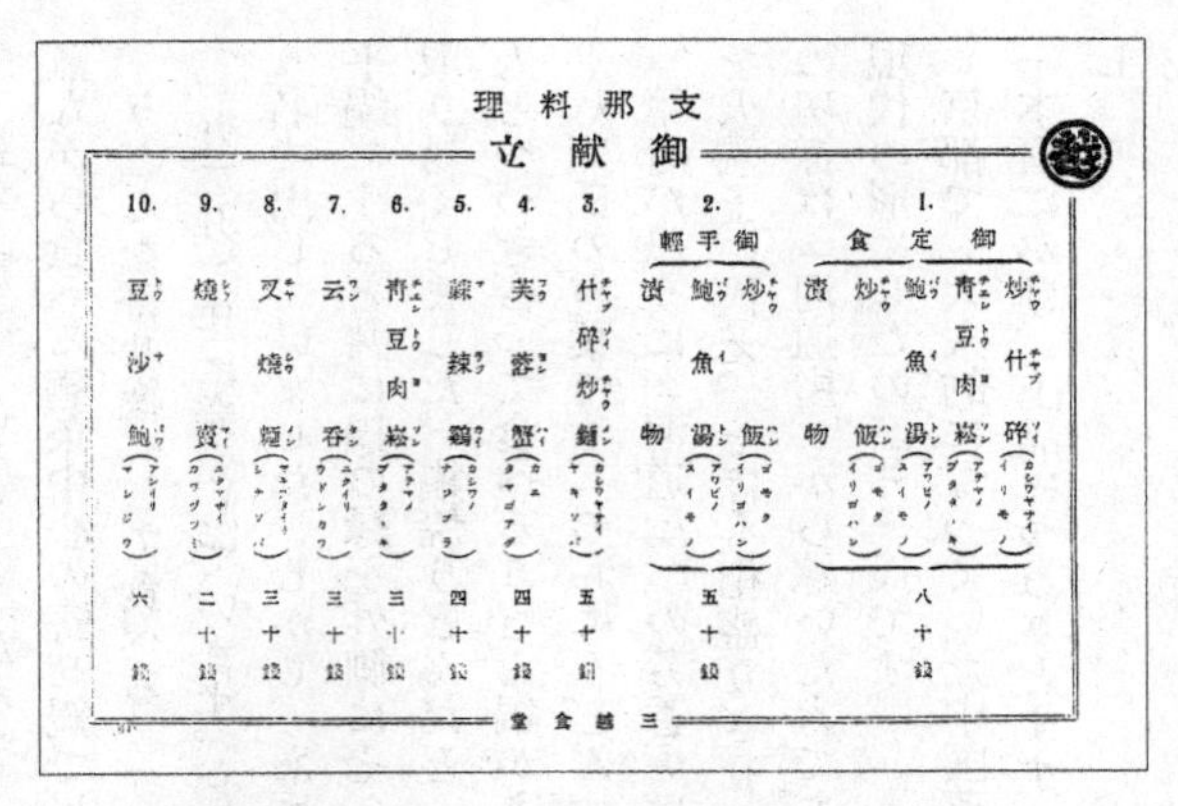

支那料理
御献立

番	品	価
1.	御定食：炒什砕、青豆肉絲、鮑魚湯、炒飯、漬物	八十銭
2.	御手軽：炒飯、鮑魚湯、漬物	五十銭
3.	什砕炒麺	五十銭
4.	芙蓉蟹	四十銭
5.	辣辣鶏	四十銭
6.	青豆肉絲	三十銭
7.	云呑	三十銭
8.	叉焼麺	三十銭
9.	焼賣	二十銭
10.	豆沙鮑	六銭

三越食堂

昭和初期の東京・三越食堂のメニュー。什砕炒麺・叉焼麺などがみえる。著者蔵

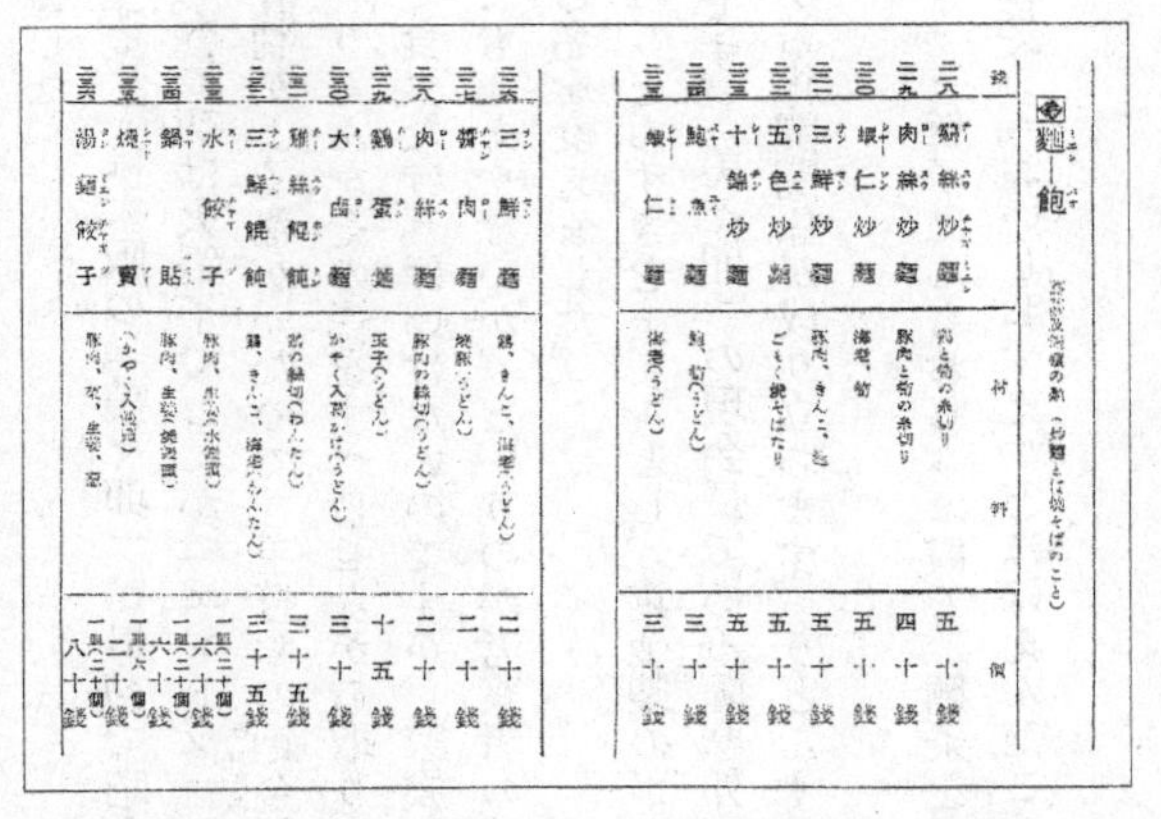

麺—飽

（炒麺とは焼そばのこと）

番號	品	材料	價
二八	鶏絲炒麺	鶏と筍の糸切り	五十銭
二九	肉絲炒麺	豚肉と筍の糸切り	四十銭
三〇	蝦仁炒麺	海老、筍	五十銭
三一	三鮮炒麺	豚肉、きんこ、[illegible]	五十銭
三二	五色炒麺	ごもく焼そばたり	五十銭
三三	十錦炒麺		五十銭
三四	鮑魚麺	鮑、筍(うどん)	三十銭
三五	蝦仁麺	海老(うどん)	三十銭
三六	三鮮麺	鶏、きんこ、海老(うどん)	二十銭
三七	醬肉麺	焼豚(うどん)	二十銭
三八	肉絲麺	豚肉の糸切(うどん)	二十銭
三九	鶏蛋麺	玉子(うどん)	十五銭
四〇	大鹵麺	かやく入葛かけ(うどん)	三十銭
四一	鶏絲餛飩	鶏の糸切(わんたん)	三十五銭
四二	三鮮餛飩	鶏、きんこ、海老(わんたん)	三十五銭
四三	水餃子	豚肉、[illegible](水餃子)	一皿(二十個)六十銭
四四	鍋貼	豚肉、生姜(焼餃子)	一皿(二十個)六十銭
四五	焼賣	(かやく入饅頭)	一皿(六個)二十銭
四六	湯麺餃子	豚肉、葱、生姜、[illegible]	一皿(二十個)八十銭

京都・河原町にあった「対山閣」のメニューは麺はうどん、餛飩はわんたんと訳している。

二）年、鶏肉、ひろうす（がんも）、ゆば、しいたけ、季節の野菜とそばやうどんを煮ながら食べる麺条中心の寄せ鍋で当てました。

うどんを寄せ鍋にして食べる「うどんすき」は大阪の「美々卯(みみう)」が最初で昭和四(一九二九)年に発売しています。ここでも最初は火鍋子でしたが「エントツ」という名で出していました。しかし、あまり評判がよくなかったので、手打ちの鉋金(ほっきん)製の平鍋にすると共に鍋の縁を外側にそらせ、うどんをその縁をすべらせながら取り皿に取り易くしました。鍋焼うどんだと一人で食べなければいけないのですが、家族や友人とつつき合って食べるうどん鍋があってもええやないか、というのが考案者の薩摩(さつま)平八郎氏の言葉です。のちにうどんすきと名を変えました。

筆者が思うに「河道屋」の芳香炉はこのうどんすきをモデルとし、鉋金製の平なべを火鍋子に代え、そばも相盛りさせたのです。「美々卯」の現会長である薩摩卯一(ういち)氏の奥様は「河道屋」から嫁いだ人であるから相関関係が成り立ちます。うどんすきを現代の形にしたのが卯一氏です。

京都でも大衆的になっていた中国菜、きっと舞子はんもおちょぼ口で、麺条を一本一本箸にかけ、上品につるりとすすって食べ、「おいしおすえ」とほほえんだことでしょう。

第七章　世界に飛躍する食文化「ラーメン」

世界に飛躍する食文化「ラーメン」《対談編》

安藤百福×奥村彪生

安藤　ラーメンのルーツについては、これまでの議論で大方の結論は出たと思います。索餅（ソウピン）、索麺（ソウミエン）、経帯麺（ジンダイミエン）などを土壌に、拉麺（ラミエン）が宋や元（げん）から明（みん）の時代に完成する。これが原点です。南京（ナンキン）そば、支那（シナ）そばなどとして明治以後、日本に土着、日本的な要素を加える。そして、戦後、一挙に日本の食文化として表舞台に躍り出る。中国から引き上げてきた人たちが各地で中国菜をもちこんで、店を開いたことが下地になったわけです。そして支那そばから中華そばに名は変わります。

奥村　ご当地ラーメンが、人気を呼ぶようにもなりました。

安藤　私もインスタントラーメンの開発を意識してから、札幌（さっぽろ）には何度か食べに行きましたよ。寒い土地ですから、ギラギラした油が表面を覆い、熱々のスープを保護していることで、美味（おい）しさを際立たせていた。

奥村　『暮しの手帖』の名編集長、花森安治（はなもりやすじ）氏が『週刊朝日』に「札幌・ラーメンの町」を書いたのが、昭和二十八（一九五三）年一月十七日。このころからラーメンは各地に誕生し始めるのですが、ラーメン専門店が全国的に広まるのは昭和三十年代の後半からですね。

安藤　そういえば、中華料理屋の一メニューであったり、ギョウザ屋のそえものだったり、といった記憶ですね。

奥村　それはやっぱり、ラーメンが一分野として「独立」するのは、安藤会長のチキンラーメン以降（昭和三十三〈一九五八〉年誕生）ですよ。チキンラーメンが爆発的に売れて、後発メーカーが続出してブームになったでしょ。加えて、日清食品が先頭になり、各メーカーが競って当時、ようやく認知され始めたテレビのコマーシャルで連日、「インスタントラーメン」を消費者に呼びかけました。これでラーメンという言葉が初めて全国版になったのです。札幌ラーメンもＴＶで放映されましたが。

安藤　ありがたいことです。今年（一九九八年）でチキンラーメンによって即席麺産業が誕生してから四十年になります。短いような、長かったような……。

奥村　一つの食品産業として成立したという点からすれば、驚くべき短時間というべきではないですか。それよりも、主としてアジアの食文化であった麺が、インスタントラーメンによって、世界性を獲得したことに注目すべきだと考えています。

安藤　簡便性、保存性といった要素は加工食品にとって大きな武器になります。それに、麺類はもともと優れた食品なのですよ。おいしいし、どんな国の食文化とも容易になじんでしまうし……。

奥村　即席麺産業がなぜ、こんなに発展したかという要素として、非常に効率的な生産システムを安藤さんが構築されたことが重要です。インスタントラーメン以前の製麺業といえば、零細・中小の分野で、家業のような段階でしたからね。

安藤　たしかに大手食品メーカーの参入も含め即席麺は国際的に、大きな産業になりました。

奥村　ところで即席麺が国際食になったことによって、言葉の面では多少の混乱が生じてきています。日本でラーメンといえば、屋台からラーメン専門店、中華菜館や酒家（料理屋）で出される麺類から即席麺の一部までを包含しますが、日本以外の国々では即席麺を意味するようになりつつある。

安藤　日本でもラーメンを即席麺の愛称、という捉え方もされています。言葉は〝生き物です〟から、時代とともにうつろうのもやむをえない……。

奥村　これも安藤会長の衝撃波が大きかったからです。

安藤　私は、麺食の文化がもっともっと進化していってほしいと思っているのです。昨年、世界のインスタントラーメン・メーカーに呼びかけて『世界ラーメン協会』を設立したのは、二十一世紀の食糧問題解決に、私たちが作り上げた麺の世界が必ず、貢献できると信じているからです。

奥村　『食創会』の創設に関与されたのも、食品分野に創造的、独創的精神を奨励したいからだ、と聞きます。ますますのご活躍を期待しています。

札幌・ラーメンの町

昭和十九（一九四四）年の夏、筆者は小学校二年生でした。紀州の田舎に住んでいましたが、綿を入れた三角頭巾をかぶり、竹槍を持ち、稲わらで作った人形をアメリカ兵に見立て、エイッ、ヤッと突き刺す訓練を子供ながらやらされました。

そのころは田舎でも学校の運動場はさつまいも畑になっていました。今まで食べたことのなかったさつまいものつるの先端部や葉柄まで食べました。カボチャも同様で柔らかそうなつるの先端部や雄花、未熟果、そして種まで余すところなく食べました。そしてたんぱく質の補給のために、くさぎの木の根っこのところに棲みついているカブト虫の幼虫（さなぎ）やいなごなどをとり、焼く、あるいは炒って食べていました。実に芳ばしくおいしかったですよ。食糧は田舎でも窮乏していたのです。

この年全国的に使われた言葉は必勝食糧。当時の農林水産大臣であった石黒忠篤は、「米は日本人の主食糧であるという考えを捨て、麦はもとより大豆、豆粕、さつまいものつるでも大根の葉でもおよそ食べられるものはなんでも食べねば」と語っています。

食糧増産を旗印に東京そのほかの大都市の都民や市民は農家に出向き、田んぼの草取り、料理業者は「本日休業」の帖り紙を出し、緑地帯で野菜の増産のための勤労奉仕をしました。

　これだけでは食糧はまかないきれないから、食糧の武装化のかけ声のもと、産地で野菜の漬物や乾物、海産物の干物がさかんに作られ、都市に運ばれました。

　東京都内の戦火が激しくなると、いよいよ決戦食。未利用資源の利用が唱えられ、どんぐりや木の芽、根っこ、道端に生えている野草、かたつむりやいもりまで食べるよう指導があり、生きのびるためにはなんでも食べなければならなかったのです。

　こうなると食物総戦力。食糧営団ができ、隣組[*49]制度や共同炊事をする共同配給所が設けられます。そして乾飯（ほしいい）や炒米、炒大豆、炒とうもろこし、乾パンなどの非常用家庭糧食の備え方や非常炊き出しの講習が行なわれました。

　昭和二十（一九四五）年八月十五日終戦。戦前より食糧難で、戦地から引き揚げてこられた人たちで、戦前より人口が増え、田舎の農家への買い出し、焼け跡にはヤミ市が立ち、雑炊やすいとんが売られ、長い行列ができました。なんでもよい、とにかく腹を満たしたいというのが、都民や市民、いや多くの人々の願いでした。田舎に住んでいた私の家族もひもじい思いをしながら海水を煮つめて塩を作り、手作りした干物といっしょに戦地から引き揚げて来た兄たちがリュックサックにつめ、すしづめの

＊49　隣組（となりぐみ）。第二次大戦下、国民統制のために作られた地域組織。町内会などのもとに作られ、食料その他の生活必需品の配給などを行なった。

シュッシュッ・ポッポッと息苦しそうに走る列車に乗り、滋賀県の農家まで行き、少量の米と交換して帰宅するのでした。時にはその米を警官に検査され没収されることもありました。

都市では引き揚げてこられた方々の中に屋台で餃子(ギョーザ)や支那そば(一九四六年以降中華そばに変わります)を売る人も増え、その屋台にも行列ができました。とにかく栄養をつけねばという思いから、これらは安くて人気がありました。日本の餃子がにんにく臭いのは、にんにくを食べるとスタミナがつくと思い込まされていたからで、それは終戦後の空腹の時代にうまくフィットしたのです。

支那そばのスープは美しく澄んだ品格のあるものではなく、脂がギラギラと浮いて濁っており、鶏骨や豚骨の強い毛物臭、麺条の碱水(かんすい)の匂い、更にはヤミ市の屋台の長い行列から漂う人々の汗臭い体臭などが混ざり合った一杯を涙を流して食べるだけで力が出そうな気持ちになったという人が多くいます。

昭和二十二(一九四七)年七月六日に発令された「物価庁告示第三百五十九号」に生支那そば(干したのは乾支那そば、蒸したのは蒸支那そば)があり、その価格と材料の配合が決められています。

小麦粉　二二升(二斗二升)

澱粉（打ち粉として使用）　適量
が（か）ん水（代表薬品を含む）　〃
食塩　〃
水　一貫一〇〇匁以下（原文ママ）

支那そばの材料の配合や麺条の価格も決められていました。

そうこうしているうちに昭和二十五（一九五〇）年を迎えます。小麦の統制が解除され、多くの屋台が支那そばから中華そばと名を変え、中華そば屋が増えます。それは素人でも簡単に商いができたからです。中華そばやスープ、調味料、ゆで湯、トッピング用の具、鉢、箸などをセットした屋台を貸し出す業者が現われ、それを借りて、街をチャルメラを吹きながら流して売り歩いたのです。屋台の貸し主に売り上げの何％かを渡し、あとはふところに入れました。それでも引き子（借りた屋台を引いて中華そばを売る人）には充分に金がまわったそうです。私が初めて中華そばを食べたのは和歌山市に下宿していた昭和二十八（一九五三）年です。古川緑波ではありませんが、こんなうまいもん世の中にあったのかと思いました。

この中華そばはアメリカの余剰農産物の小麦で作られました。

話は変わって札幌。碱水入りの切麺を肉のスープで中国風に食べる料理をラーメンと命名をしたのは「支那料理竹家」で、その後、その名は札幌で認知され、昭和の初めには喫茶店までラーメンを売るようになったことは先に書きました。第二次世界大戦中には営業していなかったラーメン屋でしたが、終戦後最初に屋台を出したのは札幌の「龍鳳」です。昭和二十一（一九四六）年のことで、場所は創成川畔のヤミ市でした。その後時計台前に移りましたが現在は廃業してありません。私は一九九八年にこの店で食べましたが、麺条は自家製で卵入り、スープは豚骨と鶏骨。これにたまねぎや人参、にんにく、生姜が加わり、うま味を補うために昆布を入れていました。味つけは醬油を本流としており、札幌ラーメンの戦後の草分け的存在の店でした。

札幌のラーメンを有名にしたのが「味の三平」。三平を築いた大宮守人氏は「龍鳳」の松田勘七氏同様素人から始めました。師匠は松田勘七氏で昭和二十三（一九四八）年の暮れにオープンしました。松田氏は天津からの引揚者で大宮氏は満州からの復員者です。

味の三平のヒット商品というより、全国的に有名にしたのが味噌ラーメンです。この味噌ラーメンが誕生するには紆余曲折があったそうです。開店当時は豚汁も扱っていたそうです。そのころ店にいつも来る一人の客が、豚汁にラーメンを入れて欲しいと所望するのを見て、もしやこれはいけるのではないかと思い、創作したのだと語っています。売り出しは昭和三十八（一九六三）年暮れです。豚のひき肉を炒め、たまねぎや緑豆もやし、きゃべつをにんにくとともに加え、炒め合わせてから味噌味スープに泳がせた麺条の上にトッピングします。トウバンジャンを効かせると四川省でよく食べる担々麺の味に似かよいます。ラーメンの具に緑豆もやしを最初に使ったのも「味の三平」なら、ラーメンをくちなしの染液で黄色くしたのも「味の三平」です。黄色く着色することで、食べる人の気持ちをワクワクさせたのです。黄色にはそんな色彩効果があります。エンドルフィンと呼ぶホルモンの働きです。

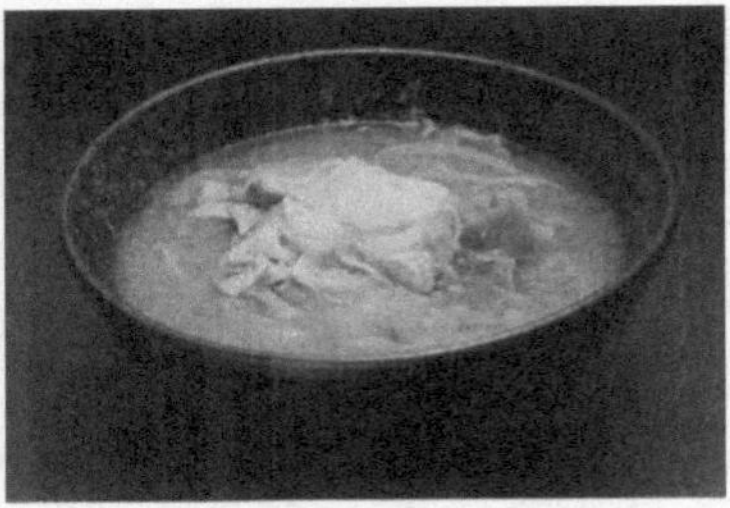

この味噌ラーメンは室町時代返りで、このころはそうめんもひやむぎもうどんもきしめんも味噌の澄まし汁である垂味噌のつけ汁に薬味を加えて食べたり、味噌汁で煮ました。昆布や鰹節のだしが鶏や豚の骨のスープに代わっただけのことなのです。言ってしまえば簡単ですが、まさか豚汁にラーメンが合うとは当の大宮氏も夢々思ってもみなかったことでしょう。味はこの方がコクがあり、なにせ、味噌は魚や豚、鶏といった肉や骨とよく合うし、そのものの匂いも消す作用があります。味噌も醤油同様に日本を代表する郷愁の味と香りなのです。ことに中部、越後、信州、信濃、関東、東北、

札幌ラーメンを一躍有名にした味噌味スープのラーメン（札幌・純連）

札幌をラーメンの町として有名にした「ラーメン横丁」

北海道の人たちにとっては、醤油よりも思い入れが強いのです。ために味噌ラーメンは長野県以北で好んで食べられています。

しかし、札幌ラーメンファンとして、この味噌ラーメンは邪道であるという御仁がいて、「もやしなどトッピングするとスープが水っぽくなり、豚のひき肉を入れるなどもってのほかで、第一食べにくい。札幌ラーメンのスープは鶏骨七、豚骨三で取り、醤油味（これって和風化した支那料理竹家の味では）。そしてトッピングは半切りのゆで卵とチャーシュウ（といっても本物でなくだしがらのゆで豚の煮染です）、なると（かまぼこ）、干たけ、（麻竹のメンマ）のり、ねぎがオリジナルだ」と言うのです。しかも、今のようにスープは油でギラギラ光ることもありませんでした。なんだか昔の東京風支那そばのようですが、「今は薩摩（久留米）ラーメンの影響を受けて豚骨派が多くなっていることは、地元の者としてさみしい限りだ」ともつけ加えました。

このような淡白で品のよいラーメンはないかと札幌の町をうろうろしていたら北区にありました。すすきののラーメン横丁に何度も足を運びましたが、「龍鳳」や「味の三平」を越える店は一軒もありませんでした。スープが悪い。ここは観光客や酔払いさんで賑（にぎ）わっているだけでした。

札幌には現在約二千軒（一九九八年当時）のラーメン屋があり、ラーメンの町といわれています。物資の流通がよくなってきた昭和二十六（一九五一）年にラーメン横丁（公楽ラーメン名店街）ができたことと、昭和二十八（一九五三）年一月十七日に『暮しの手帖』の名編集長であった花森安治（はなもりやすじ）[*50]氏が『週刊朝日』に札幌ラーメンのことを書き、翌年一月十七日に再び同誌に「札幌・ラーメンの町」を書いたことが、ローカル的な郷土の食べ物であるラーメンを日本全国に知らせるキッカケになったのです。その一文を少し長いですが紹介しましょう。

「これがサッポロだ」

札幌の名物は、ラーメンである。鮭（さけ）でも昆布でもない。わざわざ重いのをガマンして、札幌から鮭を買って帰ると、実は東京あたりの

＊50　花森安治（はなもりやすじ）。一九一一〜七八年。昭和初期のジャーナリスト。伊東胡蝶園（現パピリオ）宣伝部、大政翼賛会宣伝部を経て、一九四六年衣裳研究所を設立する。四八年『暮しの手帖』を創刊。広告収入を拒み、商品テストを行なうなど独創的編集スタイルを確立。著書に『一戔五厘の旗』がある。

方が、ずっと品がよくて安かった、という話をよくきく。これは、東京への問屋が、いい漁場をすっかりおさえていて、金の力で大量にさっさと運んでゆくからである。ところが、札幌には、そんな力のある問屋はないから、東京が引っさらって行ったおこぼれを、ぼそぼそと買う。だから、地元で売っている方が、どうしても品が落ちるし、割高になるのである。

昆布も、なるほど、北海道ではとれるのだが、それが札幌を素通りして、大阪へゆく。そこで加工されて、「北海道名産」のレッテルをつけて、全国へバラまかれる、それを札幌でも仕入れて、店先にならべるという寸法である。

いきおい、名物はラーメンということになってしまう。うまいから、というのではない、やたらに数が多いのである。札幌中、どこをどう歩いても、必ず一町と行かないうちに、ラーメンの看板にぶつかる。薄野(すすきの)あたりでは、もう軒並ラーメン屋である。風呂のかえりにラーメンを食う、映画がハネたらラーメンを食う、ひるめし代りにラーメンを食う、アベックで歩き疲れたらラーメンを食う、客が来たらラーメンを食う。デパートの食堂あたりでみていても、大ていラーメンを食っている。

一杯六十円だから、札幌の物価にしては、安上りだというせいもあるかもしれない。寒い土地だから脂肪分をとりたいという気も働いているのだろう。なんとなく安直だということかもしれない。

それにしても、軒並ラーメン屋の提燈看板をながめ、広告塔の「ラーメン、ラーメン」とふりしぼる声を聞いていると、これがサッポロだという気がしてくるのである。

日本の生そばの、あの伝統風味は、もちろんあろう筈はないが、さりとて、マカロニ、スパゲッティのような、本場のハイカラさからもほど遠い。なにか安手の異国ふうにみえて、実は日本製そのもの。

サッポロ――まさしくラーメンの町。

筆者は札幌や旭川、函館、小樽へ何度も足を運んでご当地のラーメンを食べてみましたが、やはり冬がいちばん味を感じます。しかもビルの中の店ではなく、屋台がい い。上等でないオーバーコートの襟をたて、寒風にさらされながら、油ぎったスープの中に泳ぐラーメンを箸で束ねて一気にすする、このダイナミックな食べ方はラーメンに似合います。

ラーメンが日本人に周知・認知されるのはチキンラーメンから

札幌で誕生したラーメンは昭和二十年代の後半には東京や大阪の一部の人に知られ

ていました。それを全国的に知らしめたのは花森安治氏でした。しかし、料理名は中華そばであったり、支那そば（今も支那そばを使っている店は何軒かあります）が主流で、ラーメンと変える店は少なかったのです。

その固い殻を破ったのはチキンラーメンの発明者であり、日清（にっしん）食品を創設した安藤百福氏でした。昭和の戦後、大阪市梅田（うめだ）のヤミ市にあった支那そばの屋台に長い行列を作って待つ人々の姿が長く脳裏に焼きついており、なんとかして安全で安く、おいしく、かつ栄養があり、そのうえ保存が効き、食べたい時に即湯をかけて、しかも腹持ちがよい麺条を作りたいという思いがつのり、失敗に失敗を重ね試行錯誤のすえ創り上げたのが、即席めんのチキンラーメンでした。麺条に味をつけ、しかもその味は日本人の体臭にもなっている醤油。小麦粉を碱水を加えた水で練り、麺条にしてから蒸し、チキンスープや調味料、スパイス、胡麻（ごま）油等で味付をする。それを穴をあけた型に納め（もともとは針金で作った籠（かご）でした）、油に入れて揚げる瞬間油熱乾燥法を発明したのです。蒸した麺条を揚げることにより、乾燥と同時に麺条に多孔質を形成させます。これに熱湯をかけ、三分間待つだけで即食べられます。このチキンラーメンは安藤百福氏の独創で商品化された世界最初のインスタントラーメンです。この瞬間油熱乾燥法を発明するヒントになったのは、失敗を重ねていた時、奥様である仁子（まさこ）さんが天ぷらを揚げているのを見たことです。衣がサクッと乾いて揚がっていたのです。

安藤百福氏が立派だったことは製法の特許を取得せず、公開したことです。メーカーが増え、競合することにより、より安全で安く、おいしいインスタントラーメンの品質向上ができると確信したからです。昭和三十三（一九五八）年に一袋三十五円で発売し、販売業者から高いのではといわれましたが、発売とともに人気が沸とうし、一年で千三百万食を生産したと聞いています。

そしてこの時代は民間放送のテレビジョンでコマーシャルを放映する時代に入っていました。このメディアを利用してチキンラーメンを全国に向けて宣伝したのです。もし、テレビジョンがなかったならば、全国的に消費されることなく、大阪のローカルな新タイプのラーメンで終わっていたかもしれません。しかし、テレビジョンが民間放映されることにより、電通や博報堂などはその広告を製造会社から委託され、テレビ局に売る仲介業として存在しており、これらの会社が世界的になるということは、コマーシャルの時代に世の中が入っていたことを物語っています。

発売当時の「チキンラーメン」のテレビコマーシャル

広告会社や民放のテレビ局はこの広報料（いわゆる番組の制作料とスポンサー料）で支えられているのです。時代の流れを読み、それをうまくつかみ、利用することが重要なのです。

コマーシャルの時代であればそれを大いに利用しなければ全国的に製品は売れません。そういった時流を早くつかみ、軽佻浮薄ではなく、波に堅実にのることが、会社を運営するうえで重要です。チキンラーメンはその媒体である電波にのり、テレビジョンやラジオでコマーシャルを流しました。「百聞は一見にしかず」ということわざがありますが、目と耳に直接訴えてくるテレビジョンの力が大きかったのです。

昭和三十五（一九六〇）年には新規メーカーが参入し、テレビジョンでコマーシャル合戦をくり広げました。ラーメン、ラーメン、ラーメンと。この年インスタントラーメンは年間一億五千万食生産されています。

このインスタントラーメンのコマーシャルの影響でラーメンという札幌のローカル用語が全国的に広まり、周知、認知され、それまで中華そばや支那そばを売っていた屋台や専門店もラーメンと切り換えました。このラーメンを周知、認知させる先駆けになったのが日清食品のチキンラーメンでした。

発売当時、テレビジョンの料理番組で全国的な人気を得て高名であった関西の料理研究家であった関西割烹学校（のちに土井勝料理学校と改称）校長で私の師匠の土井勝（まさる）氏は、このチキンラーメンを試食して「すぐ消えるよ」と大声で叫びました。しかし、今やインスタントラーメン（ヌードル）は世界的な食品になり、ウェブスターの辞典にもラーメンは日本語で英字 ra・men (ramen) と記載されています。ちなみに中国語では Lâmián となっています。

昭和二十年代後半から三十年代にかけてマスコミを通じ東京・大阪の一部の人にラーメンが知られていたことをすでに書きました。『婦人倶楽部（ふじんくらぶ）』新年号附録（昭和三十年一月一日発行）の「朝昼晩　三百六十五日のお献立」の五月のお惣菜（京阪ではおばんさいといいます）二十五日の献立はラーメン（焼豚、葱（ねぎ）、青味）とあり、一年間を通じてただ一回だけ出てきます。

サザエさん一家が食べたかもしれない発売当時のチキンラーメン。袋にあいた「窓」から中身がみえる。

『サザエさん』にみるラーメンの登場と回数

そこで昭和二十一（一九四六）年から昭和四十八（一九七三）年まで、その時代の社会・風俗を風刺して描かれたマンガ『サザエさん』をテキストにして、いつ中華そばがラーメンになったかを見てみることにしましょう。

第四巻（縮少版）、昭和二十五（一九五〇）年には家族七人で西洋料理も提供する中華菜館で中華そばを注文しています。その店の壁には、「とんかつ」「やきそば」「シチュー」「しゅうまい」「オムレツ」と書かれており、注文を受けるコックさんは中国の厨師がかぶる丈の低い白の帽子をかぶっているので、この店は中国の庶民的な点心と日本人、とくに東京の人が好む洋食も作って出していたのです。

ラーメンを食べるのは昭和三十六（一九六一）年ごろで、お父さん（波平さん）がカツオを連れて行きつけの中国の麺点だけを商う専門店でラーメンらしきものを食べています（巻二三）。

磯野家の人々は中華そばやラーメンだけではなく、冷し中華も食べています。お父さんこと波平さんご贔屓の「えいせい軒」で、マスオさんが食べています。「ラーメン」「五目そば」と板に書かれたメニューがL字型の壁かけに掛かっています。

一般的には中華そばからラーメンに名称が変わるのはもっと早かったようですが、なにせ慎重派でじっくり思考するサザエさん（実は作者）、商品が大衆化（普及率五〇〜六〇％）しないと買わない主義のひと、ラーメンという言葉が全国的になるまで、マンガに載せなかったのです。朝日新聞という全国紙となるとその発行部数は多かったから、読者にわかりにくい食べ物やその名前は使えなかったからです。おそらく作者の長谷川町子(はせがわまちこ)さんは早くから食べており、その名を知っていたはずです。けれどもラーメンという言葉が全国的になるまで、じっとがまんをしていたのです。このへんに大衆マンガ作家としての心にくいほどの配慮があります。ラーメンという帰化言葉を周知、認知させたチキンラーメンを食べるのはなんと発売から七年を経過した昭和四十（一九六五）年です。

その後はせきを切ったようにインスタントラーメンが登場します（巻二八、三四、三六、三七、三八、四二、四五）。

昭和四十年、サザエさんは実子であるタラちゃんと妹のワカメに、ゆうびんだといってだまして外に出し、そのすきにチキンラーメンの袋を破って中の麺を鉢に入れ、やかんで沸かした熱湯をかけて食べています。それを見たワカメは「ウソだ、インスタントラーメンだ」と大喜びをしているのです（巻二九）。

また、弟カツオも別の場面でインスタントラーメンの上に喜々としてゆで卵やかまぼこ、刻みネギをトッピングして食べています（使用したのは袋入り。巻四三）。

ついでの話ですが、サザエさんは料理が苦手でした。伝統的なお惣菜(そうざい)はお母さんから習っていますが、あとはラジオやテレビジョン、料理の講習会等で習得する程度。

そのレパートリーは狭く、しかもワンパターンです。そのサザエさんのクイックメニューがあって番号をつけた表が台所の壁に張り出されていました。

①おでん ②やきザカナ ③カレーライス ④コロッケ（ポテト） ⑤チャーハン

今夜のメニューを決めるのにサイコロを振り、出てきたサイの目で決めるのです。サイの目は六までですが、メニューは五つ。六が出た場合、家の内外を眺め、その情景でメニューが決まるのです。たとえば、窓を開けて外を見る。お坊さんが墨染の衣をまとってスクーターで家の前を通り過ぎて行く。それを見て、そうだ、衣、てんぷらと連想して、今夜はてんぷらと決めるのです。そんなサザエさんを見て弟のカツオは「料理のレパートリーが少ないのは、主婦のたいまんだ」と叫ぶのでした。

夫のマスオさんはおでんと卵焼が好物であったらしく、夕食にこの二つがセットで並ぶと、通勤服から着物に着がえるときに（こんな風俗は現在では珍しくなっています）、「スチャラカ、チャン・チャン」は今は亡き上方の漫才コンビであった、ダイマル・ラケットさんや藤田まことさん等がテレビジョンで放映した「スチャラカ社員」からとったものです。

サザエさんの夫であるマスオさんのある週の週間メニューはじつに貧素なものです。ご覧ください。

	朝	昼	夜
月	トースト・コーチャ	そば	ライスカレー
火	みそ汁・ごはん二杯	うどん	おでん

水　ナシ　ラーメン　サンマ
木　ナシ　おにぎり　不明
金　トースト　ラーメン　不明

五日間で昼食は麺類が四回、そのうち二回はラーメンですが、マスオさん自身はラーメンが好きでした。

月に九回は麺類を食べる女子学生

私は神戸山手(こうべやまて)女子短期大学生活学科（二〇一九年春廃校）の二回生に「食文化論」を講義しています（単行本を書いた一九九八年当時）。受講している百六十名（出席者数百五十一名）の学生を対象に、ある日一ヶ月に麺類を何回食べるかと、アンケートをとりました。その結果を示しますと、平均月に九回食べています。十回と回答した学生が圧倒的に多く、三十五名いました。彼女たちは三日に一回はなんらかの麺類を食べていることになります。驚いたことに、毎日食べている学生はなんと三名いました。最も食べる回数の少ないのは月に一回でした。これは二人いました。したがって麺類を食べない女子学生はアンケート結果に見る限りにおいて、誰一人いないのです。

次の設問は麺類を食べる時間帯です。朝、昼、晩どちらか。その結果を眺めると、さすがに朝食には登場しません。朝食に摂るのは圧倒的にパンです。ごはんもかなり占めます。麺類はほとんど昼に食べています。「家にいるときに食べる」とただし書きした学生が多くいました。夕食に麺を食べる学生は一人で、ほとんどごはんです。夜食として食べると書いた学生が何人かいて、それは即席麺が便利ということでした。一日の食事の組み方として①朝パン、昼ごはん、夕ごはんのパターンが最も多く約三〇％を占めています。②次に多いのは三食ともごはんで二一％、③三位は朝パン、昼麺類、夕ごはんというバラエティー組です。一五％ちかくありました。

昼に麺類を食べるのはごはんの代用としてお手軽に腹を満たすことができる便利な食べ物として彼女らはとらえています。

麺好きな女子学生たちが好む麺を分類すると一位はパスタ、二位はうどん類、三位はラーメンという順位になります。男子学生では一位と三位が入れ替わります。この嗜好順位は地域によってかなり差がでます。神戸山手女子短大でパスタが上位にきたのは女子学生たちはイタリアそのものにあこがれを抱くと同時に、うどん類やラーメンより食べ方がファッショナブルだと思っているからです。

「ラーメン」は何語?

私のゼミを受けている一回生二十八名を対象に、ラーメンはどこの国の言葉かと問

さまざまに呼ばれる袋づめされた麺（1997年青森市にて）

いました。すると日本語と書いた学生は二十五名。英語と書いた学生は二名。そしてフランス語とユニークに答えた学生が一人いました。彼女がいうにはラーメンはラーメンではなく、ラウミェヌと発音するようであって、フランス語の発音によく似ているというのです。読者の皆さんはすでにお気づきのことと思いますが、ラーメンを中国語として回答した学生が一人もいないのです。じつは中国にはラーメンという食べ物はなかったのです。しかし、現在はあります。先にも書きましたが中国でラーメンといえば即席麺のことです。韓国ではラーミョンといいます。中国では毛物臭と複雑怪奇な味のするスープで食べる日本のラーメンを日式拉麺といって現在とても人気です。他の外国の人達もこの味を好みます。多くの日本人もそうだと思いますが、女子学生（男子もそうでしょう）にとってラーメンは日本語なのです。それは幼児のころからラーメンを食べ、言葉がすり込まれているからです。

ラーメンを今だに支那そばと昔の呼び方を使っている店が少数ですがありますし、のれんもかかっています。袋づめにされた麺そのものを支那そばと書いているメーカーもあります。

終戦後しばらくしてから中華そばと呼び名が変わりますが、飛騨高山（ひだたかやま）へ行くと、たいていの店は中華そばと看板をあげています。高山ラーメンとあげているのは少数派です。青森市の市場でラーメン、中華そば、支那そばと書かれた袋入りの生麺を買い、ゆでて食べてみましたが、どこがどう違うのかといいたいほど、三種とも似たような味と香りでした。しかし、ラーメンは麺そのものの名称ではありません。料理名です。

さて、ラーメンの表記の仕方ですが、片カナだけではなく、らぁめん、らーめん、らうめん、ら・めん、ラー麺、老麺とあり、手延べでもないのに拉麺と厚かましく書いている麺店があります。現在は麺屋といいます。ラーメンに似た言葉に羅麺（ラミエン）がありますが、これは目の細かい絹張りの篩（ふるい）でふるった小麦粉のことです。北京（ペキン）市内の小さな点心店のメニューに四川風辣麺（ラミエン）がありました。唐がらしが沢山入った湯麺（タンミエン）です。

今だにない「ラーメン」の定義

南京そばから支那そば、支那そばから中華そば、中華そばからラーメンと名が移り変わって来たことを眺めて来ましたが、そのラーメンの定義が、今だにないのです。

ラーメンについては過去にいろいろ詮索(せんさく)はされていますので、その例を幾つか拾ってみることにしましょう。

株の神さま、金儲(かねもうけ)の神さまといわれ、かつ食い道楽というか、とにかく食べることが大好きであった作家の邱永漢(きゅうえいかん)[*51]氏が、食の都市広州(こうしゅう)のうまい物を書き集めた『食は広州に在り』（昭和三十二（一九五七）年）にはラーメンは出てきません。広東(カントン)名物である蝦子麺(ハーチーミエン)と雲吞麺(ワンタンミエン)の二つが登場します。

蝦子麺は麺条の中に蝦子、俗にいうえびの卵を加えたものですが、実はこのえびの卵は鬚蜞(ペンクイ)と呼ぶ蟹(かに)の卵です。できた麺条を野球のボール大に丸め、乾したものです。この麺は汁そばにもできますが、せん切りにした豚肉と炒める肉絲炒麺(ロースーチャオミエン)にも仕たてます。ねぎと生姜だけで炒めた姜葱炒麺(キョンツォンチアオミエン)があっさりとしてうまく、この上に蠔油(ハオユー)（本物の福州(ふくしゅう)産のオイスターソース）を少しかけるとうまいといっています。福建(ふっけん)の人は打ちたての生麺を好みますが、広東人は乾麺をゆでてから用いるともいっています。

＊51　邱永漢（きゅうえいかん）。一九二四～二〇一二。小説家・経済評論家。台湾生まれ。二・二八事件（台湾省民反蔣介石暴動）で香港へ脱出、貿易商を営むが、五四年に日本へ亡命する。社会性をおびた小説の他、評論、哲学随想もある。経営のコンサルタント・実業家としての活動も多彩。著書に『香港』などがある。

広東の乾麺は細手で、ゆで方もスパゲッティのように少し芯(しん)を残します。湯麺にする場合はきれいに澄んだスープ、清湯(チンタン)に浮かせます。

かつての清朝(しんちょう)末葉の皇帝の妻であった愛新覚羅浩(あいしんかくらひろ)氏の著書である『食在宮廷(しょくはきゅうていにあり)』(昭和三十六(一九六一)年)には切麺と拉麺の製し方が書かれていますが、ラーメンはありません。

邱永漢氏が昭和三十七(一九六二)年に出した『食前食後』には細かく刻んだねぎとむきえびを油で炒め、スープを加え、味つけしてから麺を入れて煮る、風邪に効く葱油開陽麺(ツオユークワイヤンミエン)とラー油入りのねぎ麺である紅油胡葱麺(ホンユークーツオミエン)が語られているだけで、ラーメンはありません。

昭和三十六(一九六一)年初版とされる料理研究家の田村魚菜(たむらぎょさい)氏が編纂した『材料別料理事典』の中に老麺(一般の中華そば)が載っています。しかし、これは生の中華麺をゆで、熱いスープに浮かべ、焼豚と炒めたもやし、刻みねぎをトッピングすると書いているだけで、老麺とはなにかの説明はありません。おそらくラーメンだったのでしょう。

田村魚菜氏はもと魚屋で、のちに料理学校を作り、テレビジョンの料理番組で名をあげた方で、東の雄。西の雄は私の師匠である故土井勝氏です。

テレビジョンにたえず出演し、文章を書くのが好きな田村魚菜氏でしたが、料理研究家として老麺の意味を知らず、世間の中華そば屋が間違ってのれんやメニューに書く文字を使用していたのです。

ここまで探索してきてあきらめかけていましたが、やっとラーメンなる解説に巡りあいました。その著書は中国の物産を輸入して日本国内で販売をする会社の社長である大島徳弥氏が著した『百味繚乱　中国・味の歳時記』（昭和四十四（一九六九）年）です。

氏がいうに、「日本全国、北は北海道から南は鹿児島まで、ラーメンのない町はない。日本のそば屋にまでラーメンが売られているから純粋のそば屋がたいへん少くなった感じがある」と嘆き、「ラーメンの浸透力は恐るべきである」と将来の麺食について危惧しています。そして中国の北京には日本風のラーメンはないというのです。

「しかし、この食品が日本人の口に適し、即席ラーメンの売れ行きも上々で、巨億の富を築いた人（安藤百福氏を指しています）も出て、まことにめでたしである。……ラーメン（拉麺をさしてい

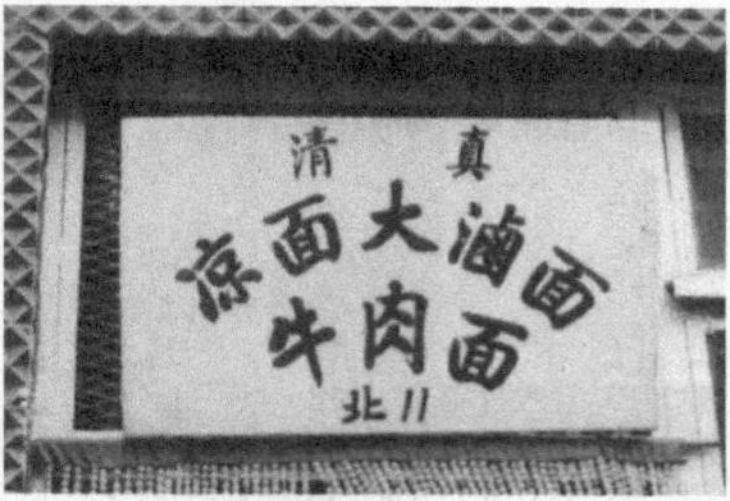

「涼面、大滷面 牛肉麺」の看板（蘭州にて、イスラム教を信じるウイグル人が経営する麺店のメニュー）

る）というのは日本語になおすと、手でのばしたうどんということで、つまり手打ちうどんのことになる」と手延べと手打を混同しています。手打は庖丁切りです。だが待てよッ、拉はラーと手延べうどんのように引っ張って発音しないのです。北京語読みをすると、ラ・ミェンであって、ミェンをメンと発音してもlāmiàn）ラ・メンで、ウェブスターの辞典にあるとおりです。やはりラーメンは日本語で、中国麺の食べ方から派生して変容した日本の食べ物なのです。

このことに言及したのは揚萬里（ようまんり）氏です。私も氏の講演を何度か受けたことがあります。氏は語ります。「（中華）そばの上にかけてある支那竹や焼き豚、あるいは（ゆで）卵の味などは、華中、華南の食べもので『鹵味（ルウウェイ）』といわれるものです。ですから広東系の店では『鹵麺（ルウミエン）』と呼び……、現在の『日本の中華そば』すなわちラーメンなるものは、全中国のあらゆる麺類をミックスしたところの、日本人の独創性を発揮した名の食べものの一つで、この『名称』も遠からず中国にも渡って中国風の日本料理（日式拉麺と現在はいいます）などといわれるかも知れません」と先見の明で語っています（『中国の味・話題から食べる中国料理』昭和四十六（一九七一）年刊）。揚萬里氏がおっしゃる通り、日本風に改創した肉のスープを主体にした中国風に仕立て直した日本の麺料理がラーメンで言葉そのものは日本語なのです。

聞き間違え説、新日本語説

揚萬里（ようまんり）氏は「鹵麵（ルウミエン）」がラーメンになったと明言はしていませんが、おそらくそうであろうといっているのは作家の陳舜臣（ちんしゅんしん）[*52]氏で『美味方丈記』（昭和四十八（一九七三）年）に「……私はラーメンという言葉は、鹵麵がなまったのではないかと考えています。鹵はどろりとしたタレのことです。ですから、鹵麵はあんかけそばで、日本でいうラーメンとはちょっとモノがちがうようです」と書き、続けて、「あまり言葉の通でない日本人が、中国人にあんかけそばを指さして、『これは何であるか』『鹵麵である』といった問答をした可能性がある」というのです。これは聞き間違え説。こんな聞き間違えはよくあること。日本人同士でもあるのです。たとえば、落語ばなしの原典といわれる安土桃山（あづちももやま）の終わりごろ安楽庵策伝（あんらくあんさくでん）が著した『醒睡笑（せいすいしょう）・戦国の笑話』にこんなのがあります。

「奥山家に住む貧乏人が国中（くんなか）（京都）へ出た。宿へちょうど客があって、素（索）麵の振舞があったので、その御相伴をした。人並に膳（ぜん）の前に坐ったが、どうして食べて

＊52　陳舜臣（ちんしゅんしん）。一九二四～二〇一五。小説家。推理小説から出発したが、歴史小説・紀行エッセイと幅広く活躍。一貫して中国の歴史・風土・日中関係に取材している。著書に『枯草の根』『敦煌（とんこう）の旅』など。

よいかわからず、ぼんやりして、ただ座敷をきょろきょろ見廻すばかりであった。再進（お代り）を盛る給仕人にむかって、『このお名は何といいますか』と問うと、給仕人は自分の名をたずねられたと思い、『弥二郎』と答えた。……ある時（同じ村の）連中と国中へ行くことがあった。市を見て歩くと、素麺を竿に干してある（おそらく実演販売でしょう）。それを見つけて例の男は『あれあれ、弥二郎があるわ、ゆで弥二郎にして食わせてやりたいな』といった」

まさしくこの落ち話は聞き間違いから生まれた弥二郎（素麺）です。

話を元に戻します。

ラーメンを新日本語だといったのは、[*53]西園寺公一氏です（『蟹の脚が痒くなる季節』昭和五十六（一九八一）年）。氏は語ります。「語源は中国語らしく、『拉麺』をもじったものであろう。ところが中国の拉麺は拽麺ともいい、ラーメンとは関りのないもののようだ。拉も拽も引っぱるとか、引き伸ばすという意味で、うどん粉を練って、引っぱって伸ばしてゆき、庖丁を使わずに食べごろの細さに仕上げる手打ち（延べ）うどんが本当の拉麺である。（これは）なかなかの技術を要し、大変な忍耐を要する。何事にもせっかちで、職人の手間の高い日本では、拉麺つくりはテレビの番組にのるぐらいが関の山で、一般の口に入れるなどとても算盤にあうものではあるまい。やはり大量生産（機械で切る）のラーメンが向いている」というのです。

この説だと碱水や灰水入りの庖丁切りや機械切りの中国風の麺条になり、ラーメンの定義にはなりません。決してラーメンは拉麺をもじった名ではありません。ラーメンの名称の生みの親である札幌の「支那料理竹家」では肉のスープに灰水か碱水を加えた手延べや機械切りの中国式の麺条を浮かべていました。

ラーメンは日本で育った帰化料理

料理研究家の丁秀山氏が著した『丁さんの食談義』（昭和六十一（一九八六）年）では「……ラーメンは中国から日本へ渡って来た中国料理ではなく、日本で作り出した中華料理である」といっています。そして「……『中華そば』は大変な人気で売れ行きも上々、それなのに中華料理店に『中華そば』がないのはおかしいという理由から『ラーメン』という名前をつけて売り出した……」というのですが、このラーメンの語源説には根拠はありません。

しめくくりは、〝ラーメン〟はラーメンにあらず？　と書いている塚田孝雄氏の『食悦奇譚・東西味の五千年』（平成七（一九九五）年）です。この著書の中で塚田氏は

＊53　西園寺公一（さいおんじきんかず）。一九〇六～九三年。政治家。西園寺公望の孫。外務省嘱託として国際交流活動に従う傍ら、近衛文麿のブレーンとなるがゾルゲ事件で逮捕された。一九四七年参議院議員。五八年から七〇年まで北京に滞在し、民間大使と呼ばれた。

ラーメンの発音は拉麺にちかく、ある人の説として、製造法からいえば、手延べ式の拉麺の方が切麺より技巧が加えられているため、高級なイメージを呼び、客寄せの呼称として都合がよかった。……ラーメンは「南京そば（明治のころの横浜に住んだ中国人たちが食べていました）の強烈さとは程遠い、淡泊な、『帰化料理』としての地位を獲得した」と書いています。横浜も神戸もそうでしたが明治四（一八七一）年に日清通商条約が結ばれるまでは、清国人（中国人）は条件の悪い土地、湿地帯に住まわされ、外国人居留地[*54]には入れてもらえませんでした。

いずれも広東省出身者が多く、その人たちのための料理店が生まれますが、やはり広東料理店が多く、北京や上海（シャンハイ）、台湾料理店は少数派でした。そういった店のほかに麺類を食べさせる屋台もあり、そこではやや白濁したスープ（毛湯（マオタン））にゆでた中華麺を浮かべ、その匂いと味が日本の伝統的な麺のだしとはまったく異っていました。じつは屋台の「南京そば」は場末の肉体労働をする人たちの食べ物であったのです。それを日本化したのが支那そばです。ですから、南京そば→支那そば→中華そば→ラーメンと名称が変化しても毛湯（マオタン）と呼ぶ白濁したスープと、澄んであっさりとしたもの、上湯（シャンタン）とがあったのです。いずれも味付けは醤油でした。

九州三県（福岡、熊本、鹿児島）や京都にある店のように白濁した強烈な毛物臭の個性のあるスープは昭和十二（一九三七）年福岡県久留米市の屋台南京千両がルーツのようです。

日本のラーメンを何軒か食べ歩いた中国の食物史研究家で、田中静一（たなかせいいち）氏と『中国食品辞典』を著した洪光住（ホングワンジュウ）氏は「日本の中国麺は間違っている」と言ったと、国立民族学博物館名誉教授でいらっしゃる石毛直道（いしげなおみち）氏が私に語ってくれたことがあります。おそらく白濁したスープがお気に召さず、下品な味がしたのでしょう。中国では原則として湯麺（熱いスープに浮かべて食べる麺）は上湯といってきれいに澄んだスープで食べます。白湯（パイタン）あるいは牛乳のごとく白濁した奶湯（ナイタン）と呼ぶスープもありますが、これを使う店は場末の屋台ぐらいです。

現在の日本人が好きな食べものはラーメンが第三位。一位は握りずし、二位は刺身（NHKの調査）。老若男女が好んで食べます。そのラーメンは揚萬里氏が書いたように日本で生まれ育った中国風の麺条の食べ方なのです。そのルーツは大正十一（一九二二）年にロシアから北海道札幌に亡命してきた王文彩（ワンウエンカイ）氏の落とし子です。彼が「支那料理竹家」で働いていなかったらラーメンなる言葉は生まれていなかった筈です。

＊54　外国人居留地（がいこくじんきょりゅうち）。幕府は一八五八年に米国など五ヶ国と通商条約を結び、横浜・長崎・神戸などを開港することを約束し、各港に外国人の居住・貿易などを許可する地域を設けた。これを居留地という。神戸の場合は六八年に開港。洋館が立ち並び、治外法権の「外国」であった。九九年に条約は改正され、居留地は日本側に返還された。

彼は灰水や碱水入りの麺条を作り、肉系のスープに浮かべました。これが原型です。そして店主の奥さんがラーメンと命名したのです。製麺機械を使って打った灰水や碱水入りの切り麺であっても鶏や豚の肉や骨を主体にしたスープにゆでた麺条を浮かべた料理をラーメンと呼ぶことを札幌の人達を始め多くの日本人が暗黙のうちに了承してきたのです。だから目くじらを立ててその語源を詮索し、こうでなければならないという固定概念を抱かずに今日まできたのです。碱水が入ろうが入るまいが、細かろうが太かろうが、ちぢれていようが、ちぢれてなかろうが、とにかく鶏や豚の肉類とか骨で、あるいはそこに鰹節や昆布、煮干、焼干、あご節、果てはどろどろに煮詰め、冷めるとコラーゲンが固まるようなスープであっても、うまければ、誰も文句をいいません。その理由は、昭和の戦後、肉や油脂の味に馴れたこと以上にだしやスープの雑味の効いたうま味を最重要視するからです。そのことが現在外国で人気を得ているのです。そして味つけは塩であろうが、醤油であろうが、味噌であろうが気にしません。食べる人が自分の好みで選び、それが安くてうまければよいのです。いっときの空腹を満たすため、あるいは酒を飲んだあとののどの渇きを癒すために食べるラーメンだからです。提供する店主だって自分の思い入れを一鉢の中へ込めればよいのです。それは己れのラーメンに対する思想とか哲学といったむつかしいことではなく、自分が納得したものをお客さんに食べていただくというサービス精神なのです。何をどうしようと、客が喜び、その見返りとして金がふところに入った者が勝ちなのです。金を払って食べてくれる客のために己れの思いを込めて他店にない味を自由に創作することこそが重要なのです。要するになんでもありなのです。店が大きくても小さくても商売の基本はここにあるのです。そのためにチェーン店はあっても大企業は手が出せないのです。ここにラーメン店の強さがあるのです。

ラーメンに定義がないのは日本人のおう揚さ、なんでもありというふところの広さ、深さにあるのです。悪くいえば白黒をはっきりするより、ぼかしてあいまいさを好む民族性によるのです。

インスタントラーメンはラーメンと違って企業が製造する加工食品として流通しますから食べる人に悪影響を与えないために、安藤百福氏の提唱でJAS規格を作りました。日本の麺（といっても中国から伝来したものですが）類については「そうめん太さ〇・六～一・三ミリまでのもの」「ひやむぎ　一・四ミリから一・八ミリまでのもの」「うどん　一・八ミリ以上のもの」と規定されており、すでに江戸時代には、ひやむぎはうどんより細いものであるといわれていました。

製麺機での切り歯は日本工業規格でそのサイズ（太さ）が決まっており、中華麺の切り歯は一二番（直径二・五ミリ）から二八番（一・一ミリ）の間が最も多く、一二番の太麺は札幌や喜多方（きたかた）で多く用いられています。一般的なのは一七番（一・九ミリ）から二二番（一・四ミリ）で、博多や鹿児島では二八番を使う店もあります。私の考えでは二二番（一・四ミリ角）を細とし、標準にして、それより太いものを太、より細いものを極細と分けるとよいのではないでしょうか。そして中華麺は準強力粉を中心に使用し、碱水を何％以下加え、くちなしの実を用いて黄色に着色したものをゆで、肉類を主体にしたスープに浮かべて食べるものと定義をしてはいかがでしょう。

なぜインスタントラーメンが世界的になったか

うどんやそば切りでもかけにして、てんぷらや肉類をトッピングして出すと外国の人たちは喜んで食べます。麺類にかけるだし汁には、少し油っ気がある方が味がマイルドになり、こく味が出ます。日本でも麺条料理の種物の中でえびのてんぷらが最も人気があるのはそのためで、えびにつけた衣が油の中で少し焦げ、香ばしいロースト臭が出ます。と共に衣からは油がにじみ出ます。そのうえ、えびの尾っぽが油の中で熱せられ、食欲をそそるロースト臭が出ます。また、発色した尾っぽの赤い色により、アドレナリンと呼ぶホルモンの働きで食欲が増進します。フランス料理に使う牛肉用のソースであるブラウンソースをつなぐのに小麦粉をバターでブラウンに炒めているそのときからおなかがゴロゴロするほどの芳ばしい香りを漂わせます。このブラウンルウから発せられる香りはバターと小麦粉によるロースト臭なのです。そう、ステーキャロ－ストビーフ、ローストチキン、うなぎのかば焼の香りもたんぱく質が焦げたときに出るロースト臭なのです。このロースト臭が人間が持っている五感の一つである嗅覚(きゅうかく)を刺激して食べる前からおいしさを感じさせてくれるのです。

だしで、さっと煮るだけの鴨肉や鶏肉、牛肉の匂いと溶け出した脂肪はうま味を強くするのと共に、だしを引くときに加えた削り鰹節の匂いが消され、外国の人が好きな濃厚さが出ます。大阪で万国博覧会があったとき、鶏からとったスープと削り鰹節と昆布で引いただしを半々にブレンドして外国の方にうどんを提供した店がありました(現うさみ亭マツバヤ)が、日本人にも好評でした。節類の鰹節や鯖節に鶏のうま味が重層してその相乗効果で味にコクが出るのです。

うどんやそうめん、ラーメンにする原料の小麦は外国産に今はたよっていますが、元々は国内産であり、その中でももっとも品質が秀れていたのが、農林六一号(のうりん)[*55]でした。これは中力でうどんやそうめんを作るのに適した小麦でした。そんな上品質の小麦がありながら時代の流れに添って変わる嗜好の変化に対処して品種改良することを農林水産省は怠って来ました。その理由は日本は米が主食で、小麦粉で作ったうどんやそ

＊55　農林六一号(のうりんろくじゅういちごう)。一九四四年に九州で育成された代表的な国内産小麦で、うどん用としては標準的な品種。現在でも関東から九州まで広い地域で栽培され、生産量は第二位。

うめんを米の代用食と呼んで、米より価値を下に置いてしまったからです。

　この農林六一号を基に品種改良をすすめ、日本のうどん専用にと開発されたのが、オーストラリア産のスタンダード・ホワイト（ＡＳＷ）です。この小麦はヌードル小麦六〇％とプレミアム・ホワイト四〇％をブレンドしたものです。カロテンが国内産小麦より多く、色はやや黄色を帯びています。そして含まれているでんぷん、アミロペクチンの味はとてもよいのです。ラーメンの麺条（中華麺）もそうですが、麺条の艶（つや）やうまさを決めているのは、グルテンではなく、でんぷんなのです。ＡＳＷは二種類の小麦をブレンドしたものですが、主にうどん用にします。今流通している生うどんやゆでうどん、冷凍うどんがやや黄色っぽいのはＡＳＷのためです。

　うどんといえば讃岐（さぬき）。「カラスの鳴かない日はあってもうどんを食べない日はない」といわれるほど朝からうどんを食べる土地柄です。かつて札幌で喫茶店までもラーメンを食べさせたように讃岐も同様にうどんを食べさせています。この讃岐うどんに使われている小麦粉はほとんどＡＳＷに二種類ほどの小麦をブレンドしたものです。

　じつはラーメンに使う中華麺にもこのＡＳＷが使われており、準強力の小麦粉を主に、強力小麦粉とともにブレンドします。インスタント麺も同様で、その配合は各社によって微妙に異なっています。世界でいろんなタイプの小麦粉を商品によって使い分けたり、ブレンドしているのは日本だけです。デリケートな舌を持っている日本の消費者を満足させるためには、原料から上品質の小麦を選ばなくてはならないのです。日本人が繊細な味を好むのは、一日一食は必ずといってよいほど食べる炊きたてのごはんによって育てられました。ですから麺条であっても、そのつややシコシコ、モチモチ感とともに、香りがマイルドでかすかな甘味とうま味が総合的にバランスがとれているかどうかを瞬時に味わい分け、良否を即判断できるのです。

このように上品質の小麦を輸入し、それらをブレンドしたおいしい麺条は、多く製麺機で作られます。小麦のブレンド、加水率、練り、熟成、延ばし、切る、工場の温度や湿度も一定に衛生的に保たれ、すべての工程はコンピューターで管理しています。ですから製麺機製の麺条は下手な人が手打ち・手延べするよりおいしいのです。加水率の高い手延べの拉麺より、製麺機製の麺条の方がおいしいと北京大学で調理学を教えている賈蕙萱（カケイケン）先生は私に言いました（一九九七年）。

世界中の人に受け入れられたインスタントラーメン。写真はマレーシア・ペナン島のスーパーで売られているインスタントラーメン。

では、インスタントラーメンがなぜ世界の人々に受け入れられたのでしょうか。多民族で多言語、タブーの多いインドでも食べているのです。豚を食べないイスラム教徒の多いサウジアラビアでも食べています。その国の民族や嗜好に合わせて製造をしていますが、どんなわけでインスタントラーメン（ヌードル）は世界に広がったのでしょうか。そのキーワードは三つです。

①原料は世界の人々が好む小麦であること。

②世界中の人が好む油で揚げて（現在はノンフライが主流になりつつありますが）ロースト臭をつけてあります。チキンラーメンが爆発的に売れたのはテレビジョンによるコマーシャルだけではなく、鶏のスープや油の味に日本人がようやくなれてきたのと機を同じくしたからです。握りずしのまぐろの赤身はトロより価値が上でしたが、逆転（昭和三十（一九五五）年ごろ）してトロが高価になっていく時代と歩をともにしています。トロはもともと安かったのです。碱水が入っている麺条には肉のスープに油を少し足すと、肉のスープの味が麺条によくなじむのです。

③スープは、削り鰹節や煮干でなく、使っても補助的で世界中の民族がまったくタブー視しない、チキンを使ったことです。これだとイスラム教徒（豚はタブー）やヒンドゥー教徒（牛はタブー）であっても口と心を汚すことなく食べられます。韓国は牛のスープを多用します（近年は珍島（チンド）で養殖した昆布を加えます）。

この三種の神器ならぬ三種の宗教的にタブーのない原料を使ったところに、世界に飛躍する要因があったのです。

もう三つ加えると

㋑　油で揚げることによる完全殺菌と完全乾燥が可能なので安全であることです。

㋺　それぞれの国の食文化と嗜好を重んじ、その国の味に仕立てオリジナル化をしたことです。

㋩　インスタントラーメンはいつでも食べたい時に食べられる保存食であり、製造年月日と賞味期限を入れたことです。

だからチキンラーメンの発明は食品産業の大革命を成し遂げたのです。今から四十年前（出版当時）に地球的視野で当時としては高価だった一袋三十五円のチキンラーメンが製造され、販売されたのです。味つけに使用する醬油もまた、世界へはばたいています。欧米の人は調味のためだけではなく、フレーバーをつけるために使用します。焦がすとそのロースト臭は芳ばしく、食欲をかきたてます。その理由は、醬油に微量含まれているたんぱく質のロースト臭とバニラ香が、人々の心をときめかせているのです。

今から四十年前（出版当時）に誕生した袋入りのチキンラーメン以外に、カップ入りのカップヌードルが誕生しました。これは安藤百福氏が昭和四十一（一九六六）年になって欧米へ視察旅行をした時に思いついたものだそうです。アメリカのロスアンゼルスにあるスーパーマーケットにチキンラーメンを持って行き、試食してもらったときのこと。彼らはチキンラーメンを半分に割ってカップに入れて湯を注ぎ、フォークで食べ始めたそうです。鉢と箸がなかったからです。これがヒントになったのです。しかし、当初は油で揚げて乾燥した麺条は輸送中にカップの中で折れることが多発しました。その改良を思いついたのは、ある日、会社から帰宅してふとんにもぐり、考えごとをしていた時、疲れのせいか天井が動いて天地が入れ替わったというのです。その時、成形したフライ麺をカップに入れていたのを反対にしたらと思いついたというのです。カップの底に近いところに段を付け（これも新案特許です）、型にはめ揚げた麺条を固定してその上からカップをかぶせることを思いついたそうです。即実験したところ輸送中の麺条の折れを防ぐことができました。これこそ「逆転の発想」だと百福氏は私に語ってくれました。

カップヌードルが全国的に認知されたのは、一九七二年長野県軽井沢町で起きた「あさま山荘事件」がきっかけです。

共産主義革命を目指した連合赤軍メンバー五人が、あさま山荘の管理人の妻を人質に立てこもりました。人質の救出と犯人逮捕のために、警視庁の機動隊が出動しました。銃撃による攻防は十日間にわたりました。その時、カップヌードルが臨戦食として用いられ、隊員達は合間をぬってカップに湯を注ぎ、フォークで食べる姿がテレビジョンの画面に写し出されました。私も何度かその場面をみましたが、何を食べていべている隊員の姿が印象的でした。冬の最中、湯気を立て、ほっぺを赤く染めて食べているのか見当がつかず、不思議でした。

しかもフォークだと歩きながら食べられます。そしてスープをまるでコーヒーや紅茶を飲むがごとく、カップから直接飲むのでした。

その後様々な商品が開発されますが、宇宙で食べられるインスタントラーメンを作るのが安藤氏の夢でした。その夢が実現する時がやって来ました。宇宙食ラーメン、スペース・ラムは宇宙飛行士野口聡一（のぐちそういち）氏によって宇宙ステーションで食べられたのです（二〇〇五年七月二十六日二三時三九分）。

そして今日では生タイプ麺も登場し、安くて、ゆでるとまるで生麺のごときおいしさに仕立てられています。

インスタントラーメンは現在は即席めんと協会では呼んでいます。その定義は次のページの表の通りで、インスタントラーメン（即席めん）の分類は五つのタイプがあります。

このように即席めん（インスタントラーメン（即席めんの総称として併用しています））が発達発展したのは、麺類がもともと優れた加工食品であったことです。主食とスープ、おかずをいっしょにして食べられる簡便性、おかずの具材や調理法のバラエティー、消化の良さ、どれをとっても抜群の食品です。ただ優れものではあっても、

インスタントラーメンの定義

①主原料を小麦粉、 またはそば粉としていること、 麺の弾力と粘りを高めるものを加えて製麺していること。
②①にかやくを添付したもの。
③①～②のうち調味料を添付したものか、 あるいは調味料で味付けしたもの。
④簡単な調理で食べられるもの。
※ただし、 かんすいを用いず製麺したものは、 成分でんぷんがアルファー化されているものに限る。

さらに、 即席麺のうち蒸煮した麺を有機酸（主に乳酸、 クエン酸、 リンゴ酸など）で処理した後に殺菌する「生タイプ即席麺」があります。

インスタントラーメンの分類

インスタントラーメンは、 包装形態や味付け、 麺の特性などそれぞれに種類によって分類することができます。 最近では、 消費者の多様なニーズに対応するため、 添付調味料やかやくがバラエティ豊かになってきています。 また、容器包装のサイズにも広がりを見せ、 さらにきめ細かい対応へ向けての製造がなされています。

包装・容器での分類	袋麺、カップ麺
麺の種類による分類	中華麺（ラーメン、やきそばなど） 和風麺（うどん、そばなど） 欧風麺（スパゲティなど）
麺のアルファー化の有無による分類	アルファー化麺（蒸熱後、乾燥したもの） 非アルファー化麺（蒸熱しないで乾燥したもの）
麺の処理方法による分類	油揚げ麺、ノンフライ麺（熱風乾燥麺）、 生タイプ即席麺
味の分類	醤油味、味噌味、塩味、とんこつ味、カレー味、 ソース味、など
食べ方の分類	汁もの（ラーメン、かけそば、かけうどんなど） その他（焼きそば、焼きうどん、冷やし麺、 つけめん、ざるそば、スパゲティなど）

インスタントとなるとそう簡単にはできません。手工業では安全で安く、おいしいものはなかなかできません。

インスタントラーメンはそうした欠点を取り除き、手軽にラーメンが食べられる家庭の常備食、あるいは登山や旅行の携帯食として用いられるようになったのです。安藤氏が開発に際しての指針に掲げた①おいしいこと　②保存性　③簡便性　④適正な価格　⑤安全性、の五条件は今でも立派に通用します。食の世界に革命を起こしたことには、それだけの理由があった、というべきでしょう。

もう一つの安藤氏の功績は、ただ新しい食品を考え出しただけでなく、大量生産のシステムを完成させ、即席麺を一つの産業として作りあげたことです。それ以前、製麺業はどちらかといえば零細の分野でした。それを近代的工業に仕立て直し、三千年の麺類の歴史を一変させてしまったのが、安藤氏なのです。

このことによって、それまで主として中国、中央アジアの一部から朝鮮半島、日本、東南アジアでしか食べられていなかった麺類（パスタを例外として）は、即席麺の登場によって欧米、インド、中南米、アフリカまでエリアを広げ、ほとんど全世界に定着しました。今では即席麺の年間総需要は全世界で約一千億食となり、まさしく「人類は麺類」となったのです（国別の総需要は巻頭の図参照）。

世界のインスタントラーメン事情

アメリカ

日本からアメリカへのインスタントラーメンの輸出が始まったのは、昭和三十三（一九五八）年で、日本にインスタントラーメンが誕生したのと同じ年です。一九七二年には、日本のメーカーが工場を設立して、現地生産を始め、現在は日系企業を含む十五社が、年間十二億食を生産しています。

発売当初は、ベトナムの戦地で兵士の食糧として湯を使わずにそのままで使われたこともあって非常食のイメージが強く、スーパーの片隅の「オリエンタルコーナー」に置かれていました。

一九七〇年代に入って、「スープセクション」にスープヌードルとして、キャンベル製品などと並べて置かれてから売り上げが急増し、現在は各地のスーパーに置かれています。

麺は食べやすいように短めで、味つけはビーフ、チキンフレーバーのほか、マカロニチーズ、イタリアン、マッシュルーム、オリエンタル、ポーク、チリなど。

袋麺は東海岸で人気があります。ラーメン単品としてより、料理の中の一品（つけ合わせのスープなど）として利用されることが多く、一袋で複数人分としています。

単品では、間食や夜食として利用されています。

カップ麺はランチやスナックとして使われることが多く、オフィス街ではランチワゴン車で販売されたり、ベンディングマシンに入っていたりするので、沸とうした湯でなくてももどりやすくしてあります。

カップ麺は西海岸で多く出ます。

価格は袋麺で一袋三十五セント、カップ麺は五十セントくらい。いずれもアメリカのほうが原料が安いので、日本より安くなっています。

ブラジル

袋麺のみ生産で、チキン、ビーフフレーバーが人気です。消費量は年間、一億五千万食、日系人は日本人同様の食べ方をしますが、ブラジル人は麺を湯でもどしてから湯を捨てて、スープをからませるパスタスタイルで、昼食などに主食として食べることが多いです。

メキシコ

袋麺のラーメンに、チリやビーンズなどそのほかいろいろな材料をいれて煮込んで主食として食べています。消費量は一千万食ですが、実態はもっと多いです。

〈ヨーロッパ〉

食べ物には保守的な国が多く、加工食品はなかなか受け入れられないのが現状です。しかし、現在、イギリス、オランダ、フランス、ベルギーを合わせて年間で九千万食生産されていますが、東洋系の人向けが主なので、日本食やチャイニーズ食品を売っている店で販売されているケースが多いです。

イギリス

現地メーカー三社により、年間八千万食生産されています。カップ麺が多いですが、焼きそばスタイルのものが、つけ合わせ風に使われています。

価格はカップ麺が約百六十円。

フランス

現地メーカー一社により、年間一千万食生産しています。インスタントラーメンが誕生した一九五八年には、日本からの輸出も行なわれていて、フランスでのインスタントラーメンの歴史も古いのです。

ロシア
サハリン在住の日本人を中心に、日本のメーカーの輸出品が食べられています。近々、日本メーカーがアメリカやインドで生産したものを本格的にロシアに輸出する予定です。

〈アジア〉

韓国、中国、インドネシア、タイなどを中心に、年間九十億六千万食を生産し、三年前に比べると二〇％増になっています。

東南アジアでは一日五食の習慣があり、そのうちの一食として食べられるので、量を控えてあるのが特色です（一袋あたり日本一〇〇グラム、東南アジア五〇～八〇グラム）。

味はチキン味が主流ですが、カレー、チリ、ココナッツミルク風味など、地域によって変化がついています。

香港
日系企業四社を含む七社により、年間二億食を生産しています。この三年間で三〇％の上昇をしました。

味は肉汁エキスがベースで、チキン、ビーフ、ポークフレーバーなどですが、日本に比べて味が濃い感じがします。かやくにビーフ、オニオンなどを入れているところもあります。価格は袋麺で四十五円、カップ麺九十五円くらいです。

シンガポール

袋麺を主流にして、日系企業二社を含む九社により、年間一億七千万食を生産しています。価格は袋麺四十~四十八円、カップ麺百四十円ほどです。

韓国

現地メーカー五社によって年間三十八億食生産されています。三年前に比べると一・二倍の伸びを示しています。

辛い味が主流で、好みのキムチやスパイスを加えて、自分の好みや家庭の味を大切にして、オリジナルな味を作る傾向が強いです。袋麺を鍋物に仕たてて食べたり、キムチ入りやチャーハンにくだいて混ぜる人もいます。

袋麺が圧倒的に多く、カップ麺との比は九対一です。

価格は袋麺三十八円、カップ麺は四十八円です。

タイ

日系企業二社を含む六社で、年間七億五千万食を生産。三年前に比べ、二五％の伸びを示しています。

味は辛めで、麺は日本より短かくしています。一日五食の食生活が普通なので、インスタントラーメンも一食あたりの量はやや少なくしています（日本一〇〇グラム、タイ五〇〜六〇グラム）。

価格は袋麺が二十四〜三十円、カップ麺は四十八〜六十円です。

インドネシア

現地メーカー五社により、年間十七億食生産しています。三年前に比べて二〇％の伸びを示し、まだまだ増えそうです。価格は袋麺が十五円です。

マレーシア

日系企業二社を含む七社で、年間二億食生産。イスラム教の国なので、豚肉はいっさい使わないのが特色です。価格は袋麺が三十円です。

台湾

現地メーカー十社により、年間五億五千万食生産しています。三年前は四億食でしたので一・三七倍の伸びを示し、アジアで一番の伸び率です。

味は日本より薄味で、八角の香りが好まれています。

価格は袋麺で六十円、カップ麺は二百〜二百二十円とかなり高いです。

中国

現地メーカー四十二社により、年間十四億食生産しています。三年前は十二億食でしたからかなりの伸びを示しています。

ラーメンの本場のインスタントラーメンの味は、日本のものより薄味に作られ、八角の香りが好まれています。

インド

日系企業二社により、年間八千万食生産。三年前は五千万食でした。

宗教上の食制限がありますので、牛肉、豚肉はいっさい使わないのが特徴です。注ぐお湯の量を少なくして、おじやのようにして食べていますが、今後、需要は増える傾向にあります。価格は袋麺で三十七円、カップ麺は五十二円です。

オーストラリア

スープの量は多く、セロリのきいたチキンスープやトマト味、ビーフフレーバーなどの味が人気があります。

価格は袋麺が五十四円、カップ麺は百十円です。

※以上、「世界のインスタントラーメン事情」の項目のデータは、単行本執筆時（一九九八年現在）のままとした。文庫化にあたり、二〇一七年現在のデータを巻頭に表示した。

ラーメンのルーツとそのひろがりを探ってまいりましたが、麺条そのものはそば切りやうどんを除いて、ほうとう、きしめん、ひやむぎ、そうめんは中国がルーツです。山東式の拉麺（ラミエン）や蘭州式拉麺などの起原になった索餅（ソウピン）や索麺（ソウミエン）ならびに経帯麺（ジンダイミエン）も中国です。拉麺は手延べの麺条ですが、日本のラーメンと呼ばれるようになってから碱水入りの中華麺（碱水なしのものもあります）を肉類のスープに浮かべて食べる料理の代名詞になりました。

今や日本を代表する麺食文化となり、ラーメンから進化したインスタントラーメンは世界の人びとに認知され、ラーメンという言葉とともに愛され、麺食文化が存在しなかった国々でもその国の社会的、歴史的背景あるいは嗜好に合わせて味を仕立てるようになりました。日本の食の歴史の中でその言葉とともに世界的な食べ物になったのはインスタントラーメンがはじめてです。日清食品のチキンラーメンが発売されて今年は四十周年（単行本出版当時）。晦日（みそか）そばの代わりにラーメンが食べられる時代になりました。

「ラーメンを年越そばのかわりとし」村中千穂子（大野雑業子編『俳句用語小辞典①食・味覚俳句を詠むために』博友社／一九七五年より）

この文書を書くにあたり、資料を提供してくださった大阪市天王寺区（てんのうじ）にあるショッケン、そして資料の整理を手伝ってくださった大阪大学留学生（当時）周倩（シュシン）さんに心からお礼を申し上げるとともに、文書をまとめる僥倖（ぎょうこう）を与えてくださった日清食品ホールディングス会長安藤百福氏に心から感謝申し上げます。

主な参考文献

〈日記録〉

『山科家礼記』1〜5　続群書類従完成会
『言継卿記』1〜6　太洋社
『多聞院日記』1〜5　角川書店
『石山本願寺日記』上下　清文堂出版
『蔭涼軒日録』1〜5　臨川書店
『隔蓂記』1〜6　鹿苑寺
『鹿苑日録』1〜6　続群書類従完成会
『お湯殿の上の日記』1〜11　続群書類従完成会
『大谷探検隊西域旅行日記』堀賢雄　白水社
『日乗上人日記』稲垣国三郎編、日乗上人日記刊行会

〈歴史と文化関係〉

『中国の歴史』上、中、下　貝塚茂樹　岩波新書
『物語中国の歴史』寺田隆信　中公新書
世界の歴史6『隋唐帝国と古代朝鮮』礪波護　武田幸男　中央公論社

世界の歴史7　『宋と中央ユーラシア』　伊原弘・梅村坦　中央公論社
世界の歴史9　『大モンゴルの時代』　杉山正明　北川誠一　中央公論社
『宋代中国を旅する』　伊原弘　NTT出版
『中国開封の生活と歳時』　伊原弘　山川出版社
『琉球王国』　高良倉吉　岩波新書
『日本後紀中』　森田悌訳　講談社
『箋注倭名類聚抄』　狩谷棭斎　曙社蔵版
『雍州府志全』　湯浅吉郎編　京都叢書刊行会
『群書類従』　第九輯　群書類従完成会
『続群書類従』　第九輯（下）　群書類従完成会
『萬金産業袋』　吉田光邦解説　八坂書房
『典座教訓』　平野正章訳　徳間書店
『世阿弥と利休』　桑田忠親　至文堂
「貞丈雑記」『故実叢書』　吉川弘文館
『漢字の知恵』　藤堂明保　徳間文庫
『ハタケと日本人』　木村茂光　中公新書
『中国の年中行事』正、続　中村喬　平凡社選書

『禅と日本文化』　鈴木大拙　岩波新書
『入唐求法巡礼行記』1、2　足立喜六訳注　塩入良道補注　平凡社
『四民月令』　渡部武訳注　平凡社
『東京夢華録』　入矢義高・梅原郁訳注　平凡社
『夢粱録』　国立民族学博物館所蔵本を使用

〈麺類関係〉
『中国の食譜』　中村喬編訳　平凡社（東洋文庫）
『中国面点史』　邱龐同　青島出版
『斉民要術』　西山武一・熊代幸雄訳　アジア経済出版会
『中国食物史の研究』　篠田統　八坂書房
『飲膳正要』　忽思慧　八坂書房
『中華料理の文化史』　張競　ちくま新書
『つるつる物語』　伊藤汎　築地書館
人間は何を食べてきたか　アジア・太平洋編『麺、イモ、茶』　NHK取材班　日本放送出版協会
『麺ロードを行く』　安藤百福編　講談社
『文化麺類学ことはじめ』　石毛直道　フーディアム・コミュニケーション

文化麺類学『麺談』　石毛直道・安藤百福監修　フーディアム・コミュニケーション
『素麺史料集』　朧谷寿・五島邦治　三輪そうめん山本
『沖縄そばに関する調査報告書』（株）サン食品
アジア麺食の道『沖縄ソバ』（株）サン食品
『さっぽろラーメンの本』　北海道新聞社
『竹家食堂ものがたり』大久昌巳・杉野邦彦　ＴＯＫＩＭＥＫＩパブリッシング
『うどんの基本技術』　柴田書店
『にっぽんラーメン物語』小菅桂子　駸々堂出版
『改訂日本めん食文化の一三〇〇年』　奥村彪生　農文協
〈その他〉
『文人悪食』　嵐山光三郎　マガジンハウス
『食卓の文学史』　秋元潔　葦書房
『字統』　白川静　平凡社

『進化する麵食文化』に寄せて

安藤百福

四十周年にふさわしいテーマ

私が食品産業にかかわるようになってから、すでに半世紀になる。その過程で即席麵の開発に携わり、この道一筋に四十年が過ぎた。豊かな食生活にならされた現在の視点で、五十年前を振り返ると、まことに夢のようである。麵類と私のかかわりを振り返りながら、本書のあとがきに代えたい。

次の誕生日に、私は卒寿ということになる。そのおかげ、というのもおかしいが、戦前のこと、戦後から現在までをつぶさに経験してきている。中でも〝飢餓〟とはいかなるものか、時として食を求める人間の営みがどんなに真摯(しんし)にならざるをえないか……年配の方々は実感としてお分かりになっているであろう。しかし、体験しないものに、説明するのはむずかしい。

若い人は、世界中に出掛けて行っておいしい食品、珍らしいものを食べている。海外に行かなくても、現在の日本では、たいていの国の料理を口にできる。それは幸せであるには違いない。よい時代であることを否定するつもりは毛頭ない。が、反面、飽食のなかで、人間にとって食べる喜びが本来、どんなに大きく、また大切であるか……本質的なことを見落とす結果になっていることを恐れる。自分自身の健康を維持するため、食に対してしっかりとした考え方をもっているだろうか。

また大きく言えば、人類の未来を考えるとき、〝食〟の持つ意味、大切さをしっかりと踏まえていてほしい、と思う。私は、食品産業に携わっているのだから当然ではあるが、〝食〟のことがいつも頭から離れない。

そうしたわけで、食文化について学者や料理専門家、さらには料理人、シェフの方々のお話をうかがったり、郷土料理の原点を訪ねたり、麺食文化の総合的な探求をしたり、とさまざまな試みをしてきた。

奥村彪生（おくむらあやお）先生には古くから、私たちの勉強にお付きあいいただいている。〝食〟についての熱心な学問の徒であるばかりでなく、学者の余技を遥（はる）かに超えた第一級の料理人でもあるという、ちょっと他にはない存在である。

「世界的な食文化になろうとしているラーメンを、麺類のルーツから現在に至るまで、一本の線で結んでみようではないか」と意気投合したのは、新聞社の企画で奥村先生と長崎・島原（しまばら）に旅したときである。たまたま、そうしたお話になったのである。きっかけは〝たまたま〟ではあったが、これは私にとって、いつか真剣に取り上げてみたいテーマであった。

ラーメンが、戦後日本の食文化の中で、重要な役割を果たしてきたことに異論はなかろうと思う。戦後というより、食の歴史全体を通じても、特異な存在といえるのではないか。ところが、これだけ全国民的に愛され、食べ歩きや品定めなどで話題を集中させている食品であるのにもかかわらず、分からないことが意外に多い。ラーメンとはなにか、どこからきて、どのように広がっていったのか。それが出発点である。

今年は、即席麺の原点となる「チキンラーメン」発売から四十年となる。『進化する麺食文化』は探求するのにふさわしいテーマである、と考えたのである。

なぜ『食足世平』なのか

私にとってラーメンから「チキンラーメン」に至る道は『食足世平』そのものであった。この言葉は現在の仕事を天職と心得るようになった原点であり、何度、語っても足りない気持ちである。まずそのことからお話ししてみたい。

すべての生き物は、「食」を必要としている。生物は成長し増殖するからこそ生物なのであるが、それには「栄（営）養分」の補給が不可欠である。つまり、「食」＝

「栄養分」がすべての根源、文字通り命のカテ（糧）である。霊長類である人間も同様である。食物がなければ、誰ひとり生きて行くことはできない。食が充足しなければ、〝衣〟も〝住〟もない。まして文明も文化もあったものではない。

戦中戦後の飢餓感はまことに切実だった。戦災の焦土に立って、私はその衝撃から『食からすべてのことは始まる』との思いにつき動かされ、食品産業に参入したのである。日清食品の前身になる会社を設立したのは、五十年前の昭和二十三年、三十八歳のときである。さらに十年後に当たる昭和三十三年八月二十五日、それまでやってきた事業をなげうち、即席麺の第一号である「チキンラーメン」を開発して発売したのだった。

発想は、戦後の闇市の屋台に並んだ長い人の列を見たことに始まる。一鉢の支那そばを求めて人々は、一時間も二時間も、寒風にさらされながらひたすら待っている……。東京へ出張しての帰り、大阪・梅田の駅裏でふと見かけた光景を、この歳になっても鮮明に記憶している。ここに庶民の切実な〝食〟に対する思いを読み取ったことは、すでに何度も書いてきたとおりである。

振り返れば、それ以前にも、私は幾度となく、うどん、そうめん、そば、中華そばなど、あらゆる麺類と巡りあってきたはずである。だが、それぞれに味わいがあり、麺好きではあっても、自分に深くかかわることなく、日常的に通り過ぎて行くたくさんの食事の一つでしかなかった。

〝食〟が、かくも深刻であった時代に「長い行列」に行き当たったからこそ、重大事として認識できたのである。この偶然が、私の運命を変えることになる。

深く、味わい豊かな道

それにしても、極めて幸運な出会いではあった。ここから私はしだいに麺一筋の道に、奥へ奥へと踏み込んだのである。そして奥へ進むほどに、深く、味わい豊かな道であった。

麺類はもともと、優れた加工食品であった。一鉢の中に、主食の麺とともにスープもおかずに当たる具材もいっしょに盛りこめる簡便性があるだけでなく、工夫次第で栄養バランスのよい一食になる。異なる、あらゆる食文化、伝統とよくなじみ、ほとんど無限といえるほど調理のバラエティーを広げる。しかも消化しやすく、おいしさの割りには安価である……といった長所をたちどころに挙げることができる。

こうした数々の利点にもかかわらず、なぜ麺食の文化が主としてアジア地区を出ることがなかったのか。また一般家庭では、ハレの日の特別の食事として供され、近年に至るまで外食として親しまれていたのだろうか。ただ一つといえるかもしれない欠点が、加工の難しさである、とかねて筆者は考えてきた。

麺づくりには熟練を要し、極めて手間がかかったからではないか……。

なるほど、昔は家庭でうどんやそば切りを粉から打つこともあったが、一日がかりの仕事になったはずである。とても常食とはしえなかったろう。この欠陥を解消して、麺類を家庭の食事とする、というのが「チキンラーメン」開発の問題提起であり、瞬間油熱乾燥法によって麺類は即席性を獲得して簡便に食べられる食品となった。

その結果として、私が創業した会社も、即席麺という新しい産業も、ともに順調に成長し、世界的規模にまで拡大した。〝唯一の欠点〟が解消して、麺食文化は国民食、国際食となったのである。

いま、中国では即席麺が大盛況である。手元には平成八年までの数字しかないが、年間需要は百五十億食と、すでに本家日本の五十三億食を凌駕するまでになった。家庭の常備食としてばかりでなく、数年前、彼の地を訪問した折り、料理店の食材として大いに利用されていることに驚かされた。いまでは「ラーメン」といえば、即席麺のことを指すと、奥村先生が指摘しておられる。それだけ評価され、重宝しているということである。この事実に、どこか、ときめいた喜びを覚える。

一千五百～二千年も前、麺類は中国で発明された。丸めたり、平らにしたりとは異なり、小麦粉をこね、延ばし、線状にするというのは、並の発想ではない。食品加工の歴史上、一大技術革命だったと思われる。

　奥村先生が詳述されているように、その後も開発努力が重ねられ、たちまちにして食文化として大きなウエイトを占めるようになったのは当然の成り行きだろう。その知恵の数々、多様性には脱帽するばかりである。

　日本にも早くから伝わり、独自の工夫が加えられて、日本人は無類の〝麵好き族〟となる。こうした土壌から「チキンラーメン」は生まれたのである。麵類の長い歴史の中に生まれた数々の技術革新の一つではあるが、幸いにして広く世界に迎えられ、麵食文化の世界化につながったのは、前述のごとくである。

　さらにいえば、新たな技術創造によって、麵食文化の父祖の地である中国に逆流していったことに、歴史の妙を感じる。

こだわりのラーメン

　今回、私がこだわっているのは「ラーメン」である。「チキンラーメン」の技術はすべての麵類に応用されていくが、原点はあくまで「ラーメン」なのである。

ところが、冒頭でも述べたように、この極めてポピュラーなはずの麵が、実のところよくわからない。日本の麵類のほとんどは、中国へ留学した学僧などによって導入され、和風に味つけされつつ受容されているので、その源流を探りあてることは比較的、容易である。ところが、「ラーメン」については、あくまで中国風であるのに、直接の糸でつながる麺が、中国では見あたらない。もちろん、それらしきもの、ヒントになったとおぼしきものは、豊富に存在することは奥村先生の考証にあるとおりである。

少し斜めな見方をすれば、やはり「ラーメン」は中国の麺である、といえるのかもしれない。ただ、中国にあっては、たくさんの麺の調理法と食べ方に埋没していたのが、日本で取り出して一部門として独立させ、新しい分野として仕立て直されたのではないか。

しかし、その過程で重要な役割を果たしたのは、日本にやって来た中国系の料理人だったのだから、やはり中国の麺ということになる。

そのことは、本書でかなりの部分、解明されてはいるが、なお異論があるかもしれない。

一つ確かなのは、日本の麺愛好史をひもといても、江戸期以前、「ラーメン」の記録がないことである。この麺は、明治維新以後の日本の風土のなかで特異な発展をし、短期間のうちに愛され定着していったのである。とくに、この戦後五十年間が重要である。

過去は、油断していると、あっという間に風化してしまう。この時代を生きるものとして「ラーメン」について、できるだけの記録を残しておくのは、大切な作業である。また、異文化がどのように受容され、変容し新たに発信されていくか、「ラーメン」はまたとないサンプルではなかろうか。

わたしの〝食〟へのこだわりは依然、続いている。そのなかでも、麺食文化についてはなお、知りたいことがたくさんある。麺類について勉強した成果を、『麺ロードを行く』（講談社刊）や日本の麺を探求した『日本めん百景』（フーディアム・コミュニケーション刊）、『麺談』（同）などにまとめて出版したり、日清食品の三十周年記念事業では『麺の系譜図』の作成なども手掛けたが、今回の企画もその一環である。

文庫版あとがき

安藤百福氏の思い出

奥村彪生（伝承料理研究家）

少年の心を持った方

安藤百福（あんどうももふく）氏と出会ったのは確か昭和六十（一九八五）年だったと記憶しています。株式会社日清（にっしん）食品（当時）の経営が安定して経営陣の若返りを図るために会長に就任した年でした。時に百福氏七十五歳でした。私は四十三歳。

執務に少し余裕ができたので、長年胸に秘めていた失われてゆく日本の郷土料理を求めて各地へ旅を始めるにあたって、私に同行の打診があった時でした。その日、大阪日清食品本社ビルの会長室を訪れ、広報部の方や読売（よみうり）新聞の方々とともに打ち合わせをしました。

百福氏が私の話に興味を抱き、目を輝かせ、身を乗り出して聞く姿を見て、少年の心を持っている方だな、と思いました。

旅は北は北海道から南は沖縄まで四年間にわたって取材して、読売新聞の夕刊に一面記事として「食足世平（しょくそくせへい）」と題して探訪記を連載しました。テーマの「食足世平」は百福氏ご自身の造語で、新聞の題字も自ら筆で書きました。

私はすべての取材には随行できませんでしたが、愛知県名古屋市へ名古屋コーチンの調査の日に同行しました。しかし、その日は午前、午後と土井勝料理学校（現在はありません）の授業があり、夕食を共にする懐石を生業にしている高級料亭で一行と合流することになっていました。

夕方その料亭に着いて、仲居さんに部屋へ案内されて入ると主役の百福氏はいないのです。スタッフにどうしたのかと尋ねると、トイレだと言うのです。そうですかと言って座ってお茶を飲んでいると、かすかに後ろから畳がミシッ、ミシッという音が聞こえた時、私の両目を両手で押さえ、「ワッ」と百福氏が叫び、私を驚かせたのです。百福氏もワタシもスタッフも大笑いしました。この時もやっぱり少年の心を失っていないのだ、と思いました。

実質的な料理を好む

その日の夕食は先に書いた懐石でした。食事の途中、秘書の方が私のところへ来て、「会長はここの料理はまずいといっているから、君どこか知り合いの店を探してくれ」と言いました。高名な北大路魯山人作の器に料理は盛られていたのに肝心の料理はまずいといったのです。味付がお気に召さなかったのです。

そこで南極越冬隊の料理長として二回行かれた経験がある友人の五味貞介氏が働いている料理屋に電話しました。ところが彼は「材料は残り物しかない。それでもよかったら案内して来てよ」と言いました。そのことを会長に告げると、「たのむわ」とおっしゃったのでその高級料亭を出て、友人が働いている料理屋へスタッフも一緒に行きました。

彼の作る料理はさりげなく調理して、ほのぼのとした味付けで、家庭的な味でした。百福氏はお気に召したようで、機嫌よく「うまい、うまい」と言ってすべて食べ尽しました。

食事のエピソードの話を続けます。「料理の鉄人」と銘打った料理番組が人気だったころ、兄弟二人が鉄人になった横浜の中国料理の店主がいました。兄から「奥村君、一度安藤百福氏を案内して弟の店へ来てよ、オレ給仕するから」と頼まれたので、相談をして行くことになりました。

前菜のあと「燕(つばめ)の巣のスープ」が出されると、それを見るなり、「掃除が行き届いていない」と百福氏は言いました。次に「ふかのひれの煮物」が出されると「戻し方が悪い」と言って両皿に箸(はし)をつけませんでした。そして「松茸(まったけ)と鮑(あわび)、伊勢海老(いせえび)の炒(いた)め物(もの)」が出ると「奥村君帰る」と言ったのです。どうしてですかと尋ねると、「高級な食材を集めて一緒に炒めるなんて馬鹿だ。あとは推して知るべし」とお冠。仕方なく急用ができたと言って帰りました。帰り際、「奥村君、残った料理は折詰にして奈良まで持って帰りなさい」とおっしゃったので、その言葉に甘えました。

百福氏は驚かせるような見せ物的な料理を徹底的に嫌いましたし、料理人に誠実な仕事を常に求めており、実質的な料理を何より好みました。

人への思いやり

料亭の話を更に続けます。全国の郷土料理の探索をするに当って当時長寿食として有名だった沖縄料理の講演会を大阪で催しました。講師は沖縄料理研究家の新島正子さんでした。三〇〇名の定員は満席。講演会が終わってから、安藤会長主宰で大阪高麗橋の吉兆本店で食事会が催された時のことです。食事の途中で店主の湯木貞一氏が百福氏に挨拶に来られました。百福氏はここの料理の味付や盛付、しつらえがお気に召したようで、「大阪の味は喰い味と言って口に合う」なんて言って食べていました。そして湯木貞一氏の食に対する考え方に共鳴したらしく、意気投合して話し合っていました。

その話の途中、木の葉に料理を盛ることについて湯木氏は語り出し、万葉集にある有馬皇子作の和歌を朗詠し始めました。「家にあれば笥に盛る飯を……」と詠った時、「あっ、あと忘れた」と残念そうな表情をしました。それを見て、「奥村君、識っていたら後を続けて」とおっしゃったので「旅にしあれば椎の葉に盛る」と連歌しました。するとと会場は盛り上がったのです。ここに百福氏の人へのやさしい思いやりの心を感じました。この人への思いやりは、ご本人の苦労の積み重ねの中から自然に身に備わっていたのです。

独創性を大切に

その夜の料理の中に「鮑と蕗の煮物」がありました。だしに濃口醤油とみりんを加えて味付してあり、共に口当たりが柔らかく、実に食べよいのです。湯木さんに「よう濃口醤油で黒う煮ましたネ、京都だったらしかられます」と私が言うと、「吉兆やからできまんねん」と湯木氏は答えました。京都は薄口醤油で緑色と歯触りを残して煮ます。

すると、このやり取りを聞いていた百福氏は「そうや、他人ができないことをやることが大切なのだよ。自分がええと思ったことを具現化することこそが独創性なんだ。君も他の料理研究家ができないことにチャレンジしなさい」とおっしゃいました。

ヒット商品よりロングセラーを

私が東北のスーパーマーケット、ヨークベニマルの子会社ライフフーズの惣菜、すし、弁当を指導していることをご存じの百福氏は、ある時、「奥村君なぁ、商品作りはヒット商品よりロングセラーを作り、それを幾つ持つかだよ」とおっしゃったので「その数で会社の体力は決まるんですネ」と答えると、「それだけやない、無借金だよ。そしてお客さんに飽きられないように絶えず更新するとともに新商品を開発して、それをロングセラーに育てなければダメなんだ。それが会社を大きくし、長続きさせる重要な要素なんだ。君、心しておきなさい」とおっしゃいました。

金銭にシビアな方

日清食品が東京本社を創設してから十年間、私は月一回料理講習会を担当しました。勿論(もちろん)、日本の家庭におけるごはんのおかず惣菜(京阪ではお番菜(ばんざい))です。毎回新幹線で大阪から東京へ通うのですが、ある日、百福氏は「君、新幹線は普通車か、それともグリーン車かネ」と尋ねました。私は即、「グリーン車です」と答えると「着く時間は同じやろ」ときびしいお言葉を頂戴(ちょうだい)しました。

そして「金はコツコツ貯めて美しく、大きく使うもんだョ」とさとすようにおっしゃいました。

そのことを安藤百福氏は実行しているのです。「走ることはあらゆるスポーツの原点である」。との日本陸上競技連盟のモットーを旗印に、私財を投じて(一九八五年)「安藤スポーツ・食文化振興財団」を設立しました。「食と運動は健康な体力を作る両輪」とのテーマをかかげ、「日清食品カップ　全国小学生陸上競技交流大会」と「全国小学生クロスカントリー研修大会」を支援してきました。その結果、この大会に参加した子供達の中からオリンピックの代表選手を輩出するまでになりました。

また、「新しい食を創り世のために尽す」という理念を基に、一九九六年、新しい食の創造を推し進め、食品産業の発展に貢献した技術者や研究者を褒賞する「食創会」も発足させました。最優秀者には一千万円の賞金が贈呈されています。このような活動をする財団は珍しいです。これがお金を美しく、大きく使うという百福氏の理念なのです。これこそ百福氏の経営美学なのです。

そうそうまだあります。中国大陸へラーメンのルーツを求めて各地へ「麺ロードを行く」をテーマにして、旅を二年間にわたり、全旅程同行しました。その時上海を訪れました。奥様の仁子さんも同行でした。麺の取材が終わり、骨董街を散策した時、百福氏は「君、気に入った品物が見付かっても絶対に正札で買っちゃ駄目だぞ。三分の一ぐらいになるまで値切りなさい」とまるで役者のように手まね、身振り、声色を織り交ぜながら、実にたのしそうにその値切り方を教えてくださいました。

チャレンジ精神を忘れるな

「麺ロードを行く」中国の旅で列車で長い時間移動していた日のこと、四人向かい合って百福氏、奥さん、私、スタッフ一人で何か語り合っているとき、途中、無言になり、しきりに両手を膝の上に置き、左右に何かを引っ張っているようなしぐさを続けました。不思議に思って「会長、何をなさっているのですか」と私が尋ねると、「どうしたらあの商品がもっと品質が良くなるかとか、新しい商品をどうしたら生み出せるかを思案しているんだよ。君ネ、ヒントが浮かんだらすぐチャレンジするんだョ。その精神を持つことが大切なんだ」とおっしゃっいました。その思想通り、百福氏は何か思い付くと即実行に移す経営者でした。でも駄目だと思ったら即引きました。引き際もきれいでした。

きれい好き

きれいといえば仕事に行く時も旅をする時も身だしなみはきちんとしていました。私はゴルフはしませんがお好きだったゴルフもきっとおしゃれに身を包んでいたのでしょう。

旅をして旅館やホテルへ入ると即トイレを検閲していました。あまり手入れが行き届いていないと「ここはサービスも料理もよくないぞ」とこれから先のことまで読んでいました。

夢多き人

昭和の戦後、大阪梅田のヤミ市にあった中華そばの屋台に並んだ行列を見て、食べたい時にすぐ食べられる即席麺作りに夢を抱いてようやく完成させ、その後世界を席巻(せっけん)した数々の即席麺の開発に大成功した百福氏でしたが、最後の夢は宇宙で食べるインスタントラーメンでした。それも長い研究の結果、本書に書いたように見事に成功しました。その執念と根気、辛抱強さに感服しました。

安藤百福氏の長寿と健康を支えたのは、奥様の手料理

安藤百福氏は平成十九（二〇〇七）年正月五日午後六時四〇分にこの世からさよならをしました。年齢は九十六歳十ヶ月でした。翌日、大阪府池田(いけだ)市にある自宅にお悔やみに行くと、奥さんは「まだ生きているように思うんです」と明るい顔をして私におっしゃいました。

百福氏の長寿と健康を支えたのは妻仁子さんです。先に書いたように、百福氏は高級料亭やレストランの料理はあまり好みませんでした。その理由は不特定の方が大勢利用する、これらの調理場で作る料理は、当たり障りのない味付けです。だから、どちらかといえば大衆向きの商品を製造販売していた関係上、家庭的な味を好みました。

仕事を終えると即車で帰宅して奥様の手料理を食べることが、執務につかれた心身を癒すなによりのご馳走でした。時には自ら鍋を振ることもありました。台湾出身ですから、中国菜を好んだのです。

百福氏は会うたびに「大衆こそが商の礎だよ。そのことを忘れずに君も商品開発しないと駄目だよ」と私をさとすのでした。

長い年月のお付き合いでしたが、多くのことを学ばせていただきました。

安藤百福さん、本当にありがとうございました。感謝合掌。

本書は『ラーメンのルーツを探る　進化する麵食文化』（フーディアム・コミュニケーション一九九八年）を元に新しく発見した事項を加え、原文を踏まえてはいますが、割愛改定した箇所もあります。前書は長崎へ卓袱料理の取材の日に、嬉野温泉に宿泊し、百福氏やスタッフと大風呂の湯に入って雑談をしているときに、私が「ラーメンという言葉が日本に定着するのは百福氏が発明したチキンラーメンが周知、認知されてからです」と言ったことがきっかけでまとめることになったのです。棚からぼた餅なのです。

室町時代	安土桃山時代	江戸時代	明治・大正・昭和
民間であまり作らなくなる。宮中の行事に残る。		江戸中期に消滅。	
	平たく切り、うどんのように熱湯浸けのつけめん。	江戸後期まで続く。（薯蕷餺飥） 江戸中期江戸以外の地方で小麦粉で打つ平たい庖丁切りほうとうと手延べのほうとうがあった。	・ほうとう ・ほうちょう ・おきりこみ ・八斗
細々と京都の禅林で作られていた。		中断。	わんたん（広東語）の名で中国から再来。方形の庖丁切りの麺片であんを包む。
			長崎皿うどん（そうめんを油で揚げ、ゆでて炒めるアモイ式食べ方。長崎であんかけになる。）
		でんぷんを打ち粉にする手延べの平麺。索餅の系列。 戦国末期か江戸初期、大和小泉で誕生。『隔蓂記』（1661年）	稲庭饂飩（1665年）
			大正時代の料理書に登場。

日本の麺類の系譜

	中国名／時代	日本名	奈良時代	平安時代	鎌倉時代
手延べ麺系列	索餅(ソウピン) (後漢時代)	さくべい(通称むぎなわ)小麦粉単独と米の粉を混ぜて作る手もみ、手ないの細い手延べ麺。	『正倉院文書』 (758年) 年間を通じて作っているが主に夏に消費。	宮中の七夕の行事に取り入れられる。	
	不托(フトン) (晋代) ↓ 餺飩(ハウトウ) (北魏時代)	ほうとうの祖先。小麦粉の麺体を片手で持ち、別の手で薄く引きちぎる麺片。 ↓ ほうとう　麺体の小片を水中で手のひらにて押さえ、平たく舌型に延ばす(掌托)。唐代に方形に切られる。		『和名類聚抄』 (930〜935年) 方形の庖丁切り入る。ほうとうと呼ぶ手もみ、手延べの平麺もあり、小麦粉をやまいもで練る(薯蕷餺飩)。小豆汁で食べる。『枕草子』(995〜996年)に出てくる。	米粉をやまいもで練り、細く切る。小豆汁で食べる。 薯蕷餺飩------
	餛飩(フォントン) (北魏時代?)	こんとん　小麦粉の麺体の小片を手のひらで押さえた円型の麺片であんを包んでゆで、スープに浮かべて食べる。		唐への留学生によって伝えられる。宮中の朝賀の儀の召供御に用いられている。	
	索麺(ソウミェン)(宋代) 索餅から進化。麺条の表面に油を塗り、手もみ、手ない、手延べの細麺。	そうめん(索麺)			鎌倉時代初期に伝わる。筑前飯盛神社の公文書が最も古い(1271年)。食べ方は日本独自のつけめん型。
		油不入そうめん (平そうめん)			
	拉麺(ラミェン) (明代、手延べ麺、山東系)				

室町時代	安土桃山時代	江戸時代	明治・大正・昭和
ウトンの初出は『嘉元記』(1351年)		かけうどん(『日乗上人日記』)、大阪で発達。	
熱湯浸け専用の太切りめん。京の禅林で切麦を改造。つけめん型。		水戸黄門は具の多いかけのほかに釜上(湯漫)で客にふるまう。ざる、生醤油で食べる。	
『庭訓往来』(鎌倉末期～南北朝)	『言継卿記』(1570年)竹筒で抜いた碁石状のめん片。	塩不入　幅5分(1.5cm)短冊形の平麺。『料理山海郷』(1750年)	名古屋ではきしめんと呼ぶ。ほうとうと混交か。芋川うどん、ひもかわとも呼ばれた。
京都で芽が出る。	信州で成長。江戸へ伝わる。	元禄のころ、江戸で結実。華と咲く。	
			南京そば(横浜)明治 支那そば(東京)大正 ラーメン(札幌)大正 中華そば　昭和21年 山東式拉麺細々と作られる
			仙台で生まれる(昭和12年)
			チャンポン(長崎)明治 ソーキすば(沖縄)明治 ソース焼そば(大阪)昭和20年代
			盛岡冷麺 盛岡で小麦粉と緑豆でんぷんに改造。
			昭和33年　安藤百福氏が発明。チキンラーメンの名で発売される。

	中国名／時代	日本名	奈良時代	平安時代	鎌倉時代
庖丁切りの麺系列	切麺（チェミエン） 剪刀麺（チェタオミエン）と呼ぶ庖丁切りの麺が唐代にあったが、盛んになるのは宋代。	切麦（きりむぎ） 主に冷やして食べたのでひやむぎという。中細切りの麺。つけめん型。			『鎌倉遺文 北条重時 消息文』 （1261年） 派生
		饂飩（うどん）			改造・改名 → 饂飩
	碁子麺（粥） （北魏時代） 菜箸ぐらいの正方形の切麺	きしめん 日本で変容。			
		そば切り　日本独自で発達。切麦がモデル。			
明治以降に日本に伝わった中国の麺		支那そば　ラーメン（中国風切麺） 山東式拉麺（ラミエン）（手延べ）			
		冷やし中華			
	杠麺（カンミエン） （福建省）	沖縄すば			
		冷麺（れいめん）（そば粉と緑豆でんぷんを使った朝鮮半島の押し出し麺：ルーツは中国の粉絲（フェンスー））			
		インスタントラーメン（即席麺）			

麺の源流を再現する❶

「水溲餅（スイソウピン）」「水引餅（スイインピン）」「索餅（さくべい）（麦縄）」を再現

手延べの麺条系の最初は水溲餅や水引餅で、これから進化したのが索餅である。海から上った生命が進化したように、索餅はさらに索麺や平索麺へと進化する。中国では麺線の名で、福建省の福州や泉州アモイ、台湾で息づいている。

「水溲餅」「水引餅」

①中力小麦粉2カップに、豚肉のスープ100ccを加えてよく練り、ラップして約1時間ほどねかせる。

②ねかせた生地を手もみして箸ほどの太さにして、一尺(約30cm)の長さに切る。

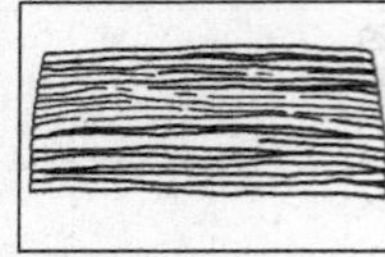

③かなりコシがあり、ゴムのような弾力性がある麺条になる。

④平鉢に水をはって、その中に麺条をひたす。水につけるとのばしやすくなる。

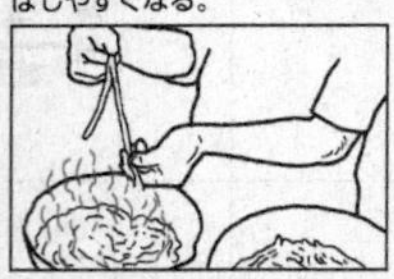

⑤湯の上で指でもみながら引きながら延ばし、2～3倍の長さにして熱湯に入れてゆでる。

⑥ゆでた麺を、水に入れて冷やし、鉢に盛る。コシとツヤのある平たい手延べ麺である。

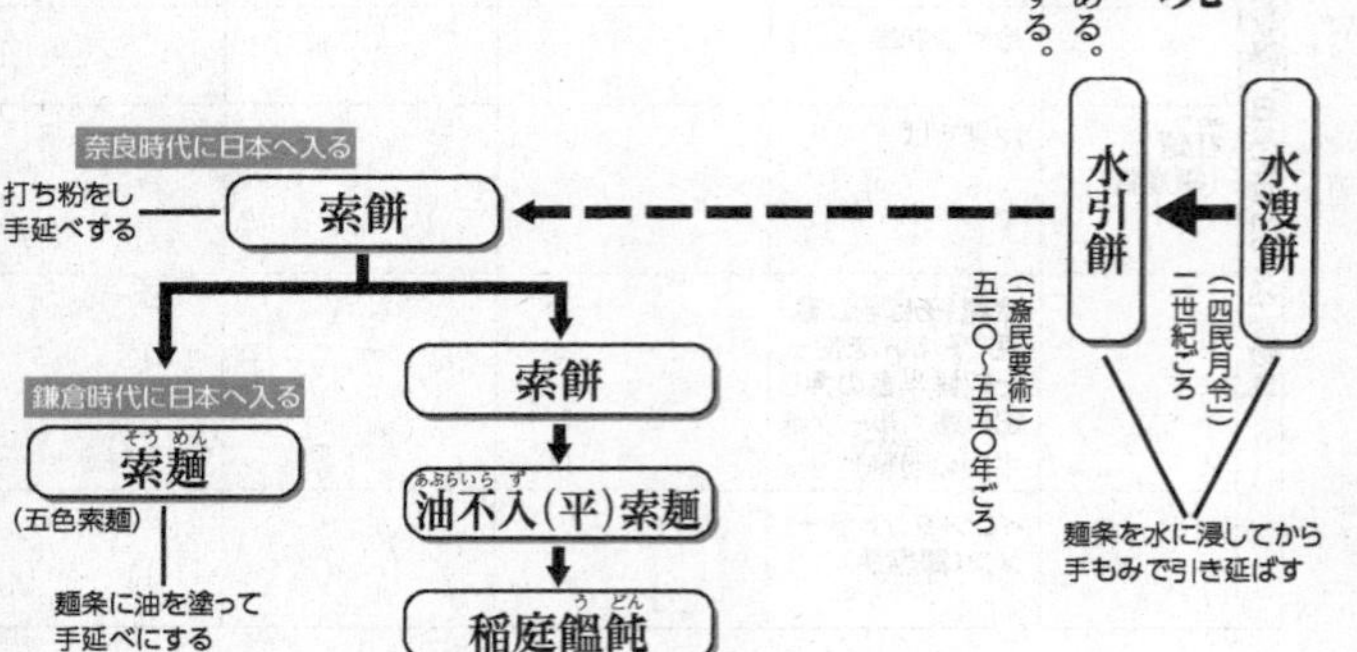

「索餅」

索の象形文字は　で一本の手もみの麺条を振り、それを合わせ、更に両手で左右に引き延ばす意。このよりじなうことを索という。

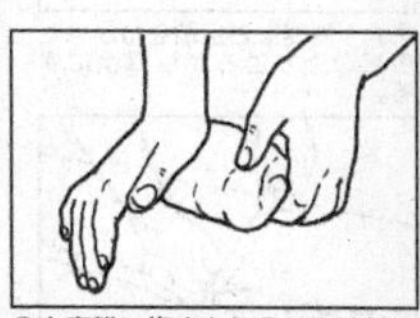

①小麦粉に塩水を加えてよく練る。耳たぶの柔らかさに練りあげる。

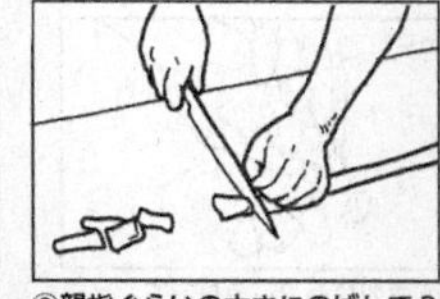

②親指ぐらいの太さにのばして２寸（約６cm）の長さに切る。

③まゆ状にしてラップをかけて熟成させる。

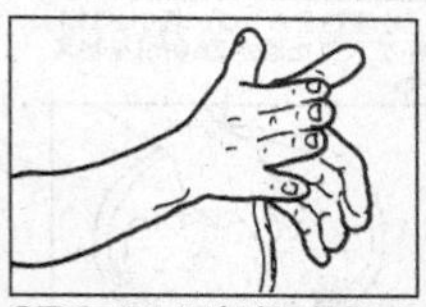

④両手でもみながら細い麺条にのばしていく。米の粉を小麦粉に混ぜる下物もあった。

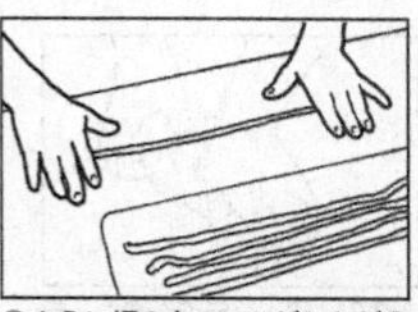

⑤さらに板の上でころがしながら細くのばす。表面が乾きやすいので米の粉を少し打ち粉をしてラップをかけ30分寝かせる。

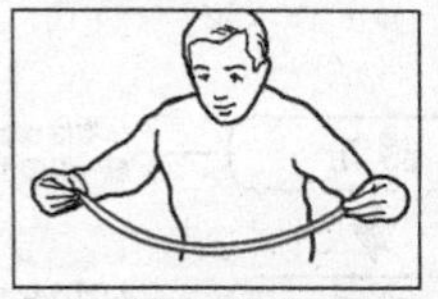

⑥もう一度麺条を持ちあげて、板にたたきつけるようにして除々に細くのばす。

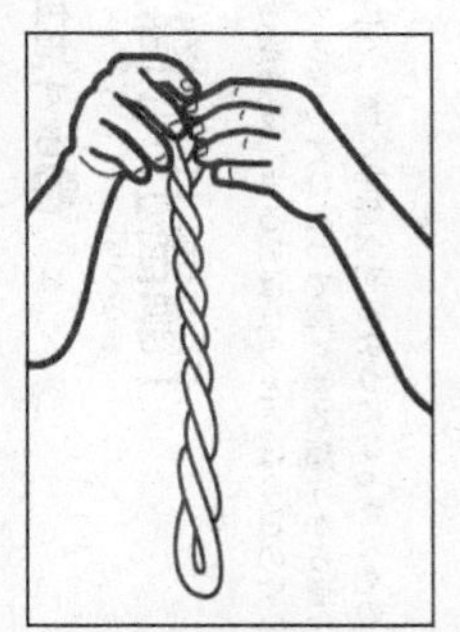

⑦両手で高く持ちあげて２つを縄のようにねじり合わせる。均等にねじ、左右に引っ張る。

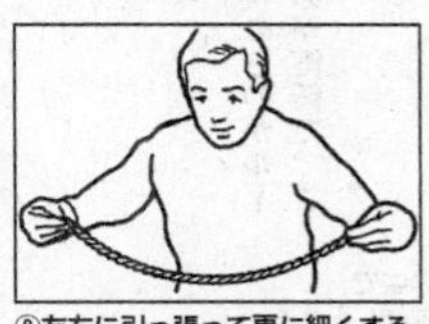

⑧左右に引っ張って更に細くする。

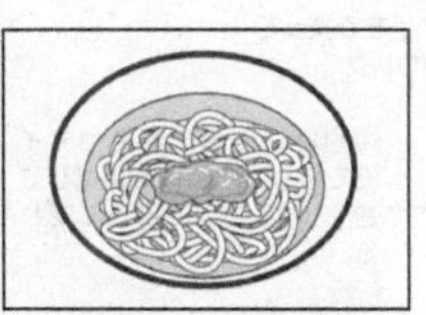

⑨ゆでて水にとり、酢醤油や酢味噌、ゆで小豆をかける。天皇への供御用は毎日作るので、作りたてをゆでた。

「餺飥」「麺片(ミエンピエン)」「飽腸(ほうちょう)」

わんたんやぎょうざの皮、あるいはほうとうは今日のすいとん状のものがルーツであろう。指でちぎってひねって薄くする麺片から進化したのが餺飥で、これからさらに幅広く、長く手延べするようになった。その一例。

「餺飥」

①小麦粉2カップに塩小さじ1杯を入れた塩水260mlを加える。

②小麦粉に塩水をゆきわたらせるようによく混ぜ合わせる。

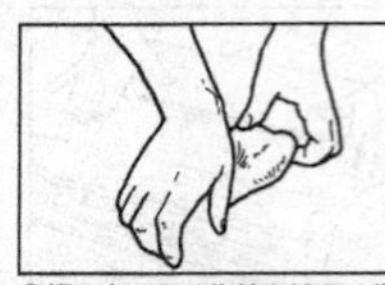
③板の上でよく生地を練る。生地を折り返しながら練り上げる。ラップで包む。

④約1時間ほど生地をねかせたら板の上でころがし棒状にする。

⑤親指ぐらいの太さにのばして2寸(約6cm)の長さに切る。

⑥手のひらでころがして、まゆのようなだ円状にまとめる。

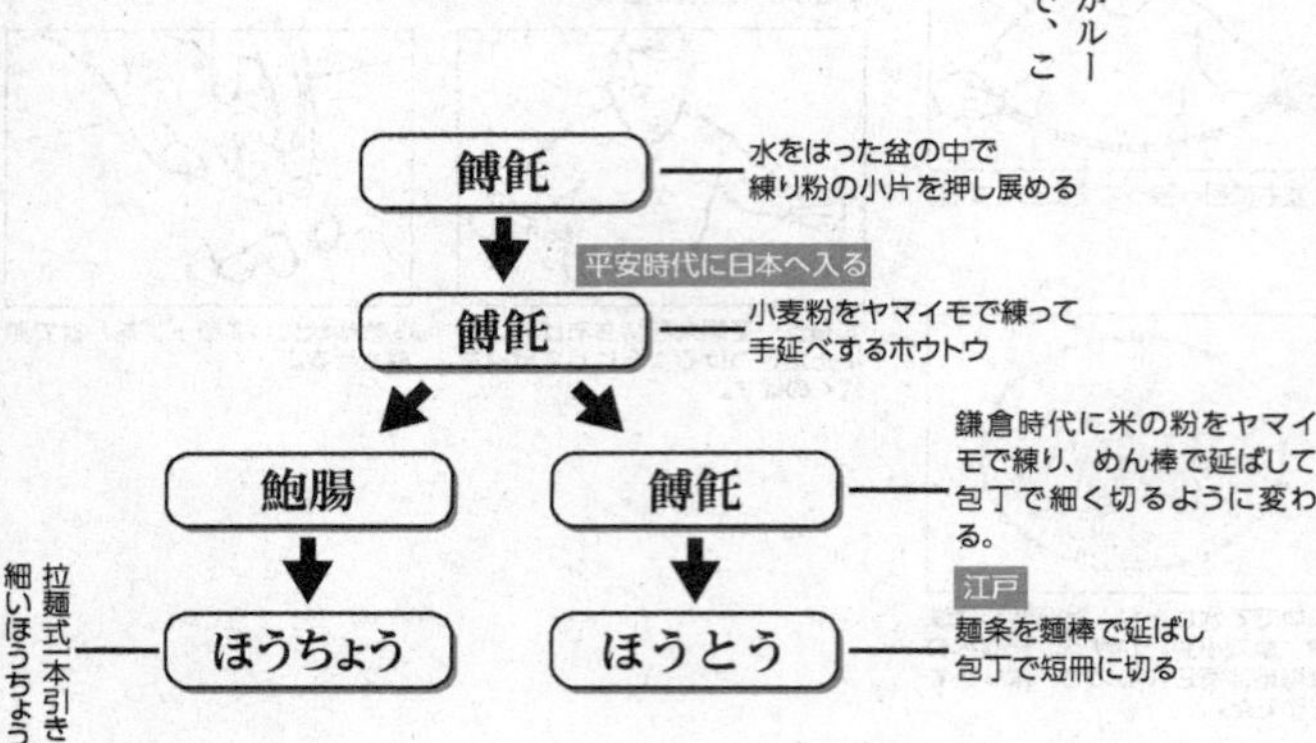

「鮑腸」

古い延ばし方

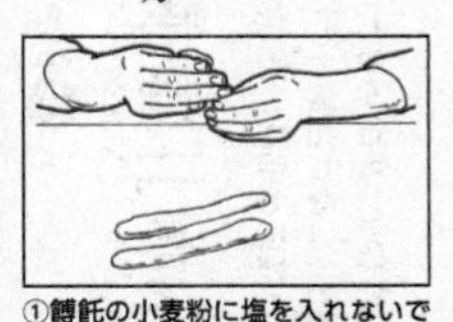

①餺飥の小麦粉に塩を入れないで水で練り、親指より大きくちぎってまゆ状にして、両手で持ち、両端を引っぱって延ばす。

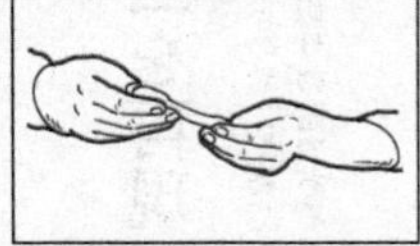

②平らな状態にのばすには、両手の指と親指でもみながらに上下に引っぱるのがコツ。

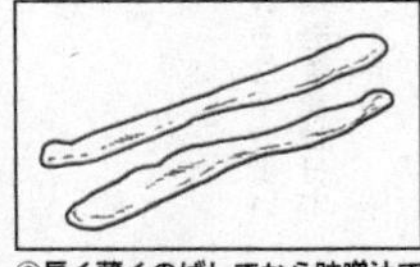

③長く薄くのばしてから味噌汁で煮る。団子汁やほうとうの名で日本の郷土料理に残る。

「麺片」

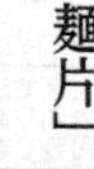

①麺片はより原始的な作り方。餺飥の④のように棒状にしてから適当な大きさにち切る。

②ち切った麺片を、さらに指先でひねりながら薄くして、熱湯に入れてゆでて、水にとる。

③麺片は、中国は炒めるが、日本ではとっちゃなげや、ひっつみと呼び味噌汁やすまし汁で食べる。

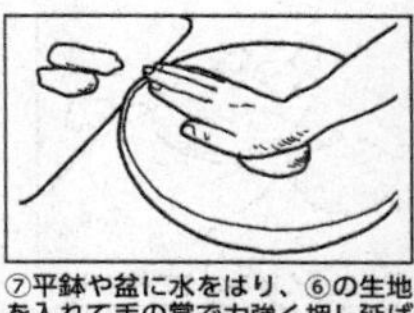

⑦平鉢や盆に水をはり、⑥の生地を入れて手の掌で力強く押し延ばす。

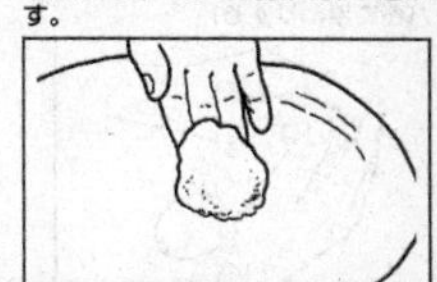

⑧薄いだ円状(舌状)に延ばされた麺生地。道具を使わず手だけで作る。

⑨沸とう湯に、⑧の麺生地を入れてゆでたら、すぐに水にとる。

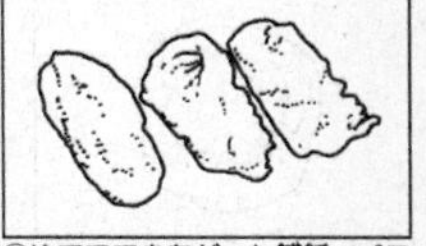

⑩ゆでてできあがった餺飥。ペロペロとした触感がたのしい。

⑪熱いスープに浮かべて食べた。

麺の源流を再現する❸

「餛飩（フォントン）」「経帯麺（ジンダイミェン）」「碁子麺（キズミェン）」を再現

餛飩や餃子の皮は〝掌托〟をして手で広げる麺片で、のちに麺棒でのばされる効率のよい方向へと進化する。そして掌托しない(不托)包丁切りの麺である碁子麺や経帯麺は日本でいつしか合体し、きしめん(平うどん)に。

「餛飩」

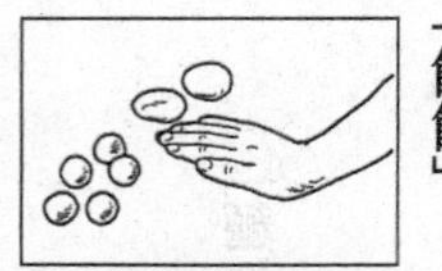

①小麦粉に塩水を加えて練った生地を丸めて、粉をふりながら手のひらで押して円形にする。

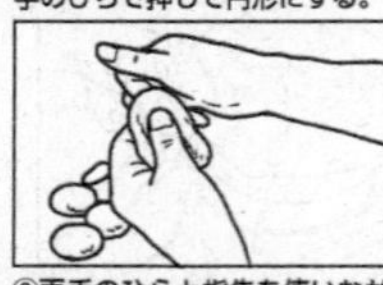

②両手のひらと指先を使いながら薄くのばしていく(掌托)。生地をまわしながらのばす。

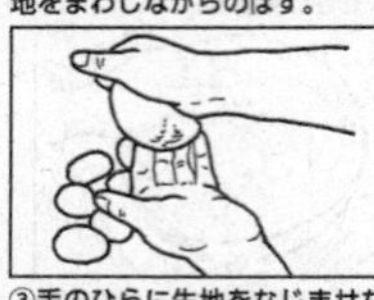

③手のひらに生地をなじませながら薄く指先でのばし、約8cmぐらいの円形になるようにする。

④中央がくぼみ、包みやすい形になる。(今もブータンではソバ粉で手作りする)

⑤肉や野菜のあんを④の中央に入れ、2つ折り。フチを寄せてヒダを作りくっつける。

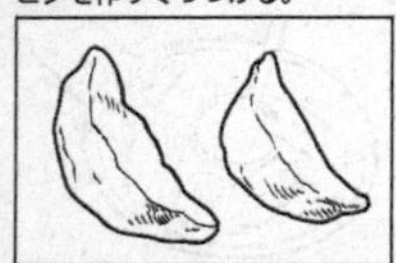

⑥餛飩のできあがり。春秋時代の遺跡から発見された餃子の化石はこの形をしていた。

餛飩の包み方(餃子と異なる)、やはり化石として同時代の遺跡から出土。

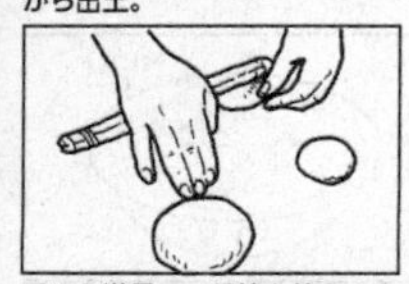

手から道具へ—麺棒を使うようになり、生地を円形にのばす作業が簡単に早くできるようになり、大量生産が可能になった。

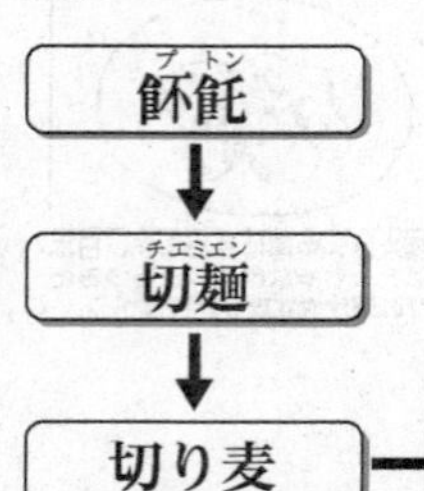

日本に鎌倉初期に伝わる。中細麺

ひやむぎ

主として冷やして食べる

うどん

南北朝のころ京都の禅寺で生まれた湯浸専用の太切麺

「経帯麺」

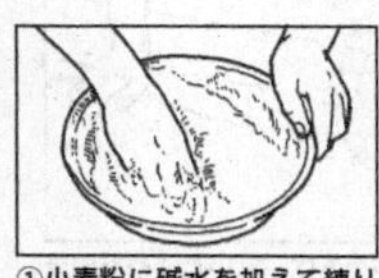

①小麦粉に鹹水を加えて練り、ねかせたのち、麺棒で薄く延していく。

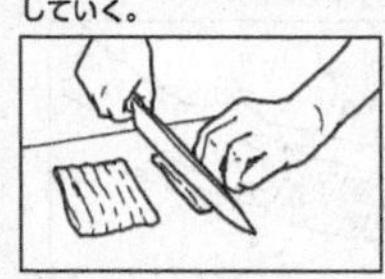

②打ち粉をして折りたたみ、経文を巻いて結ぶひもである経帯の幅5分(約1.5cm)に切っていく。室町時代京の相国寺で再現している。

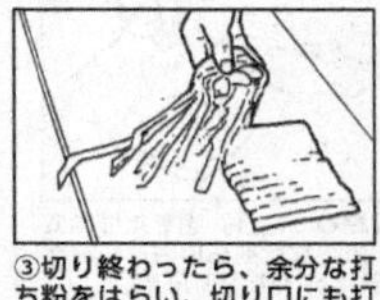

③切り終わったら、余分な打ち粉をはらい、切り口にも打ち粉がつくようにさばく。

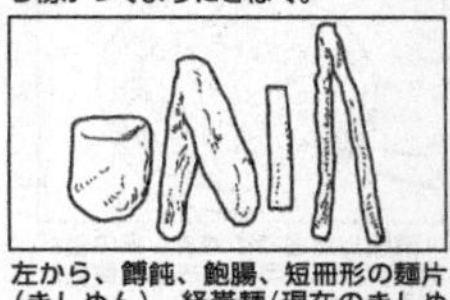

左から、餺飩、餛腸、短冊形の麺片(きしめん)、経帯麺(現在のきしめんに近い)である。手延べ麺から切麺へ。

「碁子麺」

(ダイス形、サイコロ形に切る)

①碁子麺の源流は小さなサイコロ形に切ったものである。やや厚めの麺帯を5mm幅に切る。

②さらに、①で切った拍子木状のものを置き直して、同じ5mm角に切り分ける。

③全体に粉をまぶしておき、それを、蒸して干して保存する。ゆでて用いている。

(碁石のように抜く)

①日本で室町時代に変化して、碁石のように丸く抜くものもあった。竹筒のようなもので生地を抜く。

②丸く抜いた碁子麺をゆでて水にとり、きな粉をまぶしたもの。日本では丸から短冊、平うどんへと進化する。

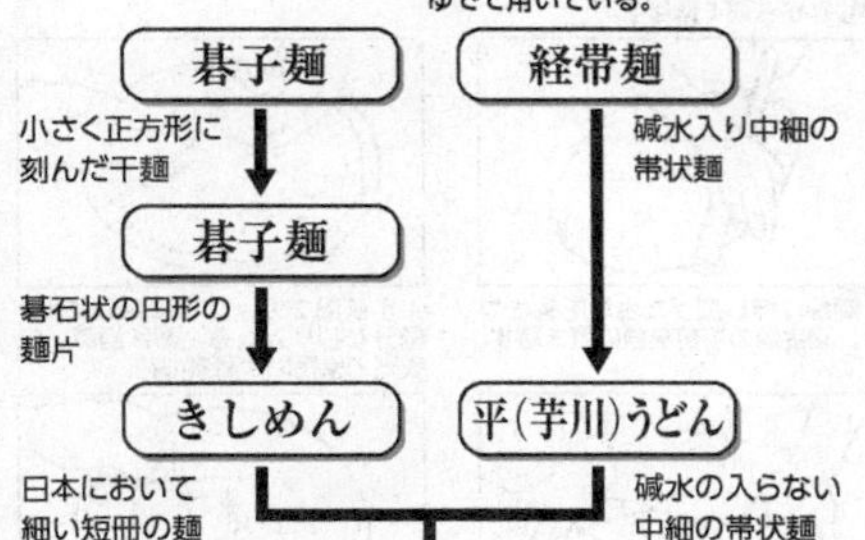

麺の源流を再現する❹

江戸時代の「浮世うどん」を再現

宋代の鶏子麺がルーツであるが、全卵で小麦粉を練り、細切りにしたのが、清代の全蛋麺で、その手法は江戸中期に長崎に伝わっていた。それから進化したのが、浮世うどん。今は岩手県江刺の蘭(卵)麺やそばの卵切りにその名残りをとどめる。

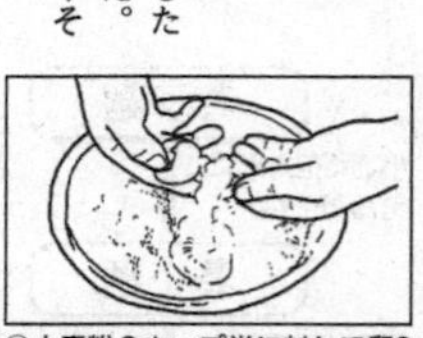

①小麦粉２カップ半に対して卵2個分を割り入れる。卵は当時、栄養剤で庶民には高嶺の花。

②さらに日本酒を大さじ１杯ほど加える。ふつうのうどんを作る要領で生地を練り合わせる。

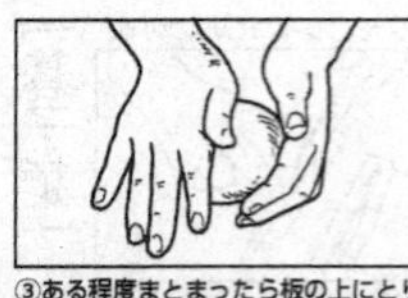

③ある程度まとまったら板の上にとり、端を折り込むようにしてよく練ってから、麺体をラップで包んでねかせる。

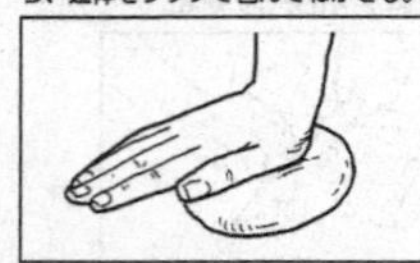

④練り粉にくず粉またはかたくり粉をふり、手のひらで押して平たく延ばす。

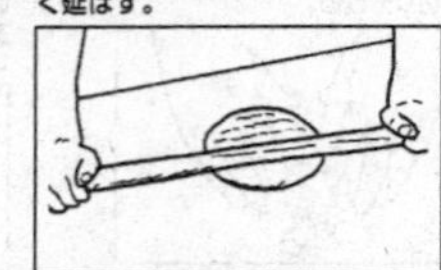

⑤麺棒を使って上から強く押して生地を延ばす、さらに麺棒をころがしながら薄く延ばす。

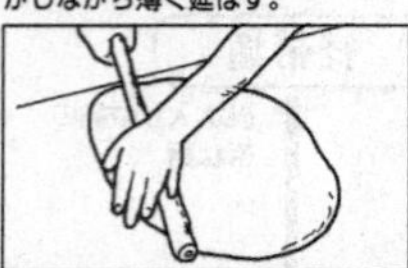

⑥麺棒に押し広げた生地を巻きつけ、麺生地の手前を横に置き直す。

⑦麺棒を押さえ、前後にころがす。この方法は中国から伝わったもので、全体に均等な厚みになる。

⑧麺体を広げ、丸いところを四角くなるように成形して、のしの部分は完了する。

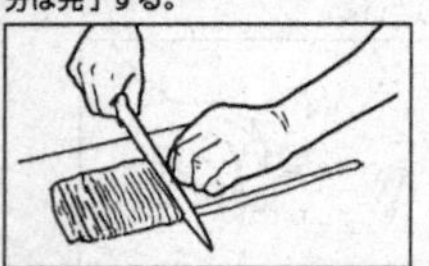

⑨薄くのした生地に打ち粉(くず粉)をしてびょうぶだたみにして庖丁で均一の幅に切る。

⑩切り終わったら、端をたばねて持ち、余分な粉を払い落としながら、切り口にも粉をまぶす。

⑪沸騰した湯でゆでる。卵の色がゆであがるとうきうきした黄色になる。

⑫卵色のうどんはその名も「浮世うどん」として流行した。卵入りの手打ちラーメンのルーツ。

本書は、一九九八年六月一日に刊行された『進化する麺食文化　ラーメンのルーツを探る』（フーディアム・コミュニケーション株式会社）を改題・加筆し文庫化したものです。

麺の歴史

ラーメンはどこから来たか

安藤百福＝監修　奥村彪生＝著

平成29年 11月25日　初版発行
令和7年 5月30日　5版発行

発行者●山下直久

発行●株式会社KADOKAWA
〒102-8177　東京都千代田区富士見2-13-3
電話　0570-002-301（ナビダイヤル）

角川文庫 20664

印刷所●株式会社KADOKAWA
製本所●株式会社KADOKAWA

表紙画●和田三造

ISBN978-4-04-400292-3　C0121

角川文庫発刊に際して

角川源義

第二次世界大戦の敗北は、軍事力の敗北であった以上に、私たちの若い文化力の敗退であった。私たちの文化が戦争に対して如何に無力であり、単なるあだ花に過ぎなかったかを、私たちは身を以て体験し痛感した。西洋近代文化の摂取にとって、明治以後八十年の歳月は決して短かすぎたとは言えない。にもかかわらず、近代文化の伝統を確立し、自由な批判と柔軟な良識に富む文化層として自らを形成することに私たちは失敗して来た。そしてこれは、各層への文化の普及滲透を任務とする出版人の責任でもあった。

一九四五年以来、私たちは再び振出しに戻り、第一歩から踏み出すことを余儀なくされた。これは大きな不幸ではあるが、反面、これまでの混沌・未熟・歪曲の中にあった我が国の文化に秩序と確たる基礎を齎らすためには絶好の機会でもある。角川書店は、このような祖国の文化的危機にあたり、微力をも顧みず再建の礎石たるべき抱負と決意とをもって出発したが、ここに創立以来の念願を果すべく角川文庫を発刊する。これまで刊行されたあらゆる全集叢書文庫類の長所と短所とを検討し、古今東西の不朽の典籍を、良心的編集のもとに、廉価に、そして書架にふさわしい美本として、多くのひとびとに提供しようとする。しかし私たちは徒らに百科全書的な知識のジレッタントを作ることを目的とせず、あくまで祖国の文化に秩序と再建への道を示し、この文庫を角川書店の栄ある事業として、今後永久に継続発展せしめ、学芸と教養との殿堂として大成せんことを期したい。多くの読書子の愛情ある忠言と支持とによって、この希望と抱負とを完遂せしめられんことを願う。

一九四九年五月三日

角川ソフィア文庫ベストセラー

日本人はなにを食べてきたか
原田信男

縄文・弥生時代から現代まで、日本人はどんな食物を選び、社会システムに組み込み、料理や食の文化をかたちづくってきたのか。聖なるコメと忌避された肉など、制度や祭祀にかかわった食生活の歴史に迫る。

和食とはなにか
旨みの文化をさぐる
原田信男

世界無形文化遺産「和食」はどのようにかたちづくられたか。素材を活かし、旨みを引き立て、栄養バランスにすぐれた食文化が、いつどんな歴史のもとに生まれたかを探り、その成り立ちの意外な背景を説く。

新版 遠野物語
付・遠野物語拾遺
柳田国男

雪女や河童の話、正月行事や狼たちの生態——。遠野郷（岩手県）には、怪異や伝説、古くからの習俗が、なぜかたくさん眠っていた。日本の原風景を描く日本民俗学の金字塔。年譜・索引・地図付き。

雪国の春
柳田国男が歩いた東北
柳田国男

名作『遠野物語』を刊行した一〇年後、柳田は二ヶ月をかけて東北を訪ね歩いた。その旅行記「豆手帖から」をはじめ、「雪国の春」「東北文学の研究」など、日本民俗学の視点から東北を深く考察した文化論。

山の人生
柳田国男

山で暮らす人々に起こった悲劇や不条理、山の神の嫁入りや神隠しなどの怪奇談、「天狗」や「山男」にまつわる人々の宗教生活などを、実地をもって精細に例証し、透徹した視点で綴る柳田民俗学の代表作。

角川ソフィア文庫ベストセラー

海上の道　柳田国男

日本民族の祖先たちは、どのような経路を辿ってこの列島に移り住んだのか。表題作のほか、海や琉球にまつわる論考8篇を収載。大胆ともいえる仮説を展開する、柳田国男最晩年の名著。

日本の昔話　柳田国男

「藁しび長者」「狐の恩返し」など日本各地に伝わる昔話106篇を美しい日本語で綴った名著。「むかしむかしあるところに――」からはじまる誰もが聞きなれた昔話の世界に日本人の心の原風景が見えてくる。

日本の伝説　柳田国男

伝説はどのようにして日本に芽生え、育ってきたのか。「咳のおば様」「片目の魚」「山の背くらべ」「伝説と児童」ほか、柳田の貴重な伝説研究の成果をまとめた入門書。名著『日本の昔話』の姉妹編。

日本の祭　柳田国男

古来伝承されてきた神事である祭りの歴史を「祭から祭礼へ」「物忌みと精進」「参詣と参拝」等に分類し解説。近代日本が置き去りにしてきた日本の伝統的な信仰生活を、民俗学の立場から次代を担う若者に説く。

毎日の言葉　柳田国男

普段遣いの言葉の成り立ちや変遷を、豊富な知識と多くの方言を引き合いに出しながら語る。なんにでも「お」を付けたり、二言目にはスミマセンという風潮などへの考察は今でも興味深く役立つ。

角川ソフィア文庫ベストセラー

昔話と文学
柳田国男

「竹取翁」「花咲爺」「かちかち山」などの有名な昔話（口承文芸）を取り上げ、『今昔物語集』をはじめとする説話文学との相違から、その特徴を考察。丹念な比較で昔話の宗教的起源や文学性を明らかにする。

小さき者の声
柳田国男傑作選

柳田国男

表題作のほか「こども風土記」「母の手毬歌」「野草雑記」「野鳥雑記」「木綿以前の事」の全6作品を一冊に収録！ 柳田が終生持ち続けた幼少期の直感やみずみずしい感性、対象への鋭敏な観察眼が伝わる傑作選。

ジャパノロジー・コレクション
和菓子 WAGASHI

藪光生

季節を映す上生菓子から、庶民の日々の暮らしに根ざした花見団子や饅頭まで、約百種類を新規に撮り下ろし、オールカラーで紹介。その歴史、意味合いや技などもわかりやすく解説した、和菓子ファン必携の書。

ジャパノロジー・コレクション
京料理 KYORYORI

千澄子
後藤加寿子

京都に生まれ育った料理研究家親子が、季節に即した京都ならではの料理、食材を詳説。四季折々の行事や風物詩とともに、暮らしに根ざした日本料理の美と心を、美しい写真で伝える。簡単なレシピも掲載。

ジャパノロジー・コレクション
根付 NETSUKE

駒田牧子
監／渡邊正憲

わずか数センチメートルの小さな工芸品・根付。仏像彫刻等と違い、民の間から生まれた日本特有の文化である。動物や食べ物などの豊富な題材、艶めく表情など、日本人の遊び心と繊細な技術を味わう入門書。

角川ソフィア文庫ベストセラー

ジャパノロジー・コレクション
千代紙　CHIYOGAMI
小林一夫

眺めるだけでも楽しい華やかな千代紙の歴史をひもとき、「麻の葉」「七宝」「鹿の子」など名称も美しい伝統柄を紹介。江戸の人々の粋な感性と遊び心が表現された文様が約二百種、オールカラーで楽しめます。

ジャパノロジー・コレクション
古伊万里　IMARI
森由美

日本を代表するやきもの、伊万里焼。その繊細さ、美しさは国内のみならず海外でも人気を博す。人々の暮らしを豊かに彩ってきた古伊万里の歴史、発展を俯瞰し、その魅力を解き明かす、古伊万里入門の決定版。

ジャパノロジー・コレクション
金魚　KINGYO
岡本信明
川田洋之助

日本人に最もなじみ深い観賞魚「金魚」。鉢でも飼える小ささに、愛くるしい表情で優雅に泳ぐ姿は日本の文化の中で愛でられてきた。基礎知識から見所まで、美しい写真と共にたっぷり紹介。金魚づくしの一冊！

ジャパノロジー・コレクション
切子　KIRIKO
土田ルリ子

江戸時代、ギヤマンへの憧れから発展した切子。無色透明が粋な江戸切子に、発色が見事な薩摩切子。篤姫愛用の雛道具などの逸品から現代作品まで、和ガラスの歴史と共に多彩な魅力をオールカラーで紹介！

ジャパノロジー・コレクション
琳派　RIMPA
細見良行

雅にして斬新、絢爛にして明快。日本の美の象徴として、広く海外にまで愛好家をもつ琳派。俵屋宗達から神坂雪佳まで、琳派の流れが俯瞰できる細見美術館のコレクションを中心に琳派作品約七五点を一挙掲載！

角川ソフィア文庫ベストセラー